거짓말하지 않고 회사를 구하는 방법

이 책은 다음 독자들을 위해 출간되었습니다

□ 불철주야 노심초사하며 뛰고 있는, 각 기업의 커뮤니케이터

□ 회사의 성장과 미래를 책임진, 전문경영인 CEO, 오너 및 회장

□ 의사결정에 참여하는, 주요 책임 간부 및 고위급 임원

□ 애사심을 지닌, 모든 현장의 실무 사원

□ 기업 커뮤니케이션의 세부를 알고 싶은 관심 독자들

거짓말하지 않고
회사를 구하는 방법

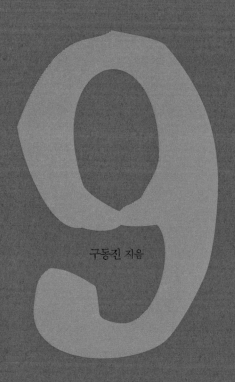

구동진 지음

살얼음판을 걷는 기업들을 위한 커뮤니케이션 전략

Remarkable

CONTENTS

커뮤니케이터

영업부서에서 일하는 사람들은 영업이라는 말 못지 않게
마케팅이라는 말을 즐겨 쓴다. 단지 표현이 촌스러워서가 아니다.
마케팅은 단순한 판매 범주를 넘어 제품을 생산자로부터 소비자에게
원활하게 이전하기 위한 기획, 시장조사, 상품화 계획, 광고, 판매 촉진 등의
폭넓은 활동을 아우른다. 이런 활동을 하는 사람들을 마케터라고 부른다.
이렇게 마케터는 좀 더 넓은 업무 영역의 전문가를 지칭한다. 마찬가지로
한 기업의 홍보부서 또는 홍보맨이 하는 일은 단순히 기업의 PR에만 그치지 않는다.
조직 내·외부의 다양한 이해관계자들과의 소통을 비롯하여 정보 수집, 기획,
조사, 광고, 위기관리 등 복잡다단한 활동이 기업 커뮤니케이션이다.
그런 활동을 하는 전문가를 커뮤니케이터라고 부르고자 한다.

기업 커뮤니케이션은 돈보다 중요하다

돈이 돈을 낳고 돈이 돈을 부르는 것처럼 기업에는 돈이 돌아야 성장하고 성공한다고들 믿는다. 하지만 더 중요한 것이 있다. 혈관처럼 얽히고설켜 있는 커뮤니케이션이다.

공자는 무신불립(無信不立)을 강조했다. '꼭 버려야 한다면, 먼저 군대를, 다음은 식량을 버려라. 하지만 백성의 신뢰는 끝까지 지켜라.' 직원과 회사, 기업과 기업, 소비자와 기업, 국가와 기업 간의 신의와 믿음은 무엇보다 중요하다.

한두 해 적자가 나도 문을 닫지 않는다. 사회와 소비자의 신뢰를 잃으면 회사는 그걸로 끝이다. 순간을 모면하기 위한 행동이나 말이 더 큰 화를 불러올 수 있음을 우리는 너무나 많이 봐왔다. 돈이 넘쳐나는 기업일지라도 안팎의 커뮤니케이션이 단절되면 앞날은 불을 보듯 뻔하다.

나는 비즈니스 커뮤니케이션 분야에서 20년을 굴렀다. 회사와 고락을 함께 겪었다. 대학 졸업을 앞두고 방송사 시험을 쳤지만 IMF사태가 오기 전 암울해지던 경제상황으로 당시의 방송사는 인원수를 대폭 줄이거나 거의 뽑지 않았다. 두 해 가까이 몸 고생 맘 고생을 하다 서둘러 취업을 했다.

입사한 곳은 벤처기업이었고 첫 근무는 기획부에서 시작했다. 가장 신경 썼던 업무는 정부기관들과의 커뮤니케이션이었다. 회사에서 만든 제품이 판매되기 시작하면서 엄청난 압박이 시작됐다. 찾는 사람은 폭발적이었다. 하루 판매 물량이 2시간 만에 완판되는 판매점들이 많았다. 출근할 때면 새벽부터 판매점을 내 달라며 돈을 싸들고 와서 기다리는 사람들도 있었다. 당연히 언론의 관심은 커졌고 여론은 달아올랐다.

당시 회사에는 언론을 접해본 사람이 없었다. 기자라는 타이틀에 기가 꺾여버렸는지, 단순한 취재 질문에도 제대로 답을 하지 못했다. 몇 사람을 거쳐 전화를 받고 보니 화난 기자가 수화기 저편에 있었다. 그런데 질문 내용은 의외로 기본적인 사항들이었다. 모든 질문에 나는 깔끔하게 답변했다. 그 일을 계기로 나에겐 커뮤니케이션 업무가 추가됐다. 운명처럼 그렇게, 염원하던 미디어와의 동행이 시작되었다.

업무가 몇 배로 늘어났다. 아는 사람도 없었다. 맨 땅에 헤딩하듯 부딪혔다. 처음에는 어쩌다 한두 명의 기자가 겨우 문의를 해왔지만 기사가 나가고 이슈화되면서 거의 모든 언론에서 다 찾게 되었다. 기자들만 찾는 것이 아니었다. NGO들, 정부부처, 여야당

당직자, 국회와 청와대 보좌진과 전문위원들, 그러다 국회의원과 독대하기도 했다.

논리적으로 얘기를 풀어나갈 수 있는 힘이 필요했다. 사람들이 집중해서 들을 만한 스토리도 중요했다. 때로는 텍스트를 넘어 이벤트도 진행했다. 커뮤니케이션 업무가 천직이라고 느꼈지만 불안감과 긴장감은 떠나지 않았다. 결국 지금까지 20년 넘게 한 우물을 파고 있다. 소명감으로 20년을 밀어왔다면, 책임감으로 또 다른 20년을 끌어가고 싶다.

기업의 대외 커뮤니케이션을 담당자들만의 업무로 국한하는 조직은 아직도 많다. 커뮤니케이션을 심각하게 여기는 사람들은 심각할 정도로 적다. 그 어느 때보다 커뮤니케이터가 일하기 힘든 시절을 살고 있다.

이 책은 수많은 오너와 전문경영인, 책임 임원과 간부, 사원들, 누구보다 커뮤니케이션 현장에서 진땀을 흘리고 있을 '커뮤니케이터'들을 위해 용기를 낸 결과다. 많은 가르침을 주신 사부님들—백기승 전 원장님, 심준형 감사님, 김영환 감사님, 임채균 부사장님—께 감사 드린다. 서툰 생각들이 멀쩡한 책으로 나오기까지 여러 가지 도움을 주신 김일희 대표님, 조창원 기자님, 임진택 팀장님, 서동국 대표님께도 감사의 마음을 전한다.

구동진

1장.
섹스, 거짓말 그리고 커뮤니케이션

쌓는 데 20년, 무너지는 데 5분

어느 날 퇴근 후 저녁 밥을 먹으며 TV를 보는데, 어느 고생물학 전문가의 이야기가 뒤통수를 쳤다. '공룡은 멸종되지 않았다'는 것과 '먼 훗날 코끼리 뼈를 화석으로 발견한 사람들은 코끼리의 형태를 어떻게 복원할까' 하는 두 가지 이야기에서 너무나 당연하게 알고 있던 것들이 와르르 무너졌다. 공룡은 '골반에 구멍이 나 있고, 허벅지 뼈 위쪽이 90도로 꺾여 있어 골반에 쏙 들어가는 척추동물'로 정의된다고 한다. 아무개 사우루스로 알려진 커다란 파충류만 공룡이 아니라 조류도 공룡의 범주에 포함된다고 했다. 또 그간 과학자들이 발굴된 뼈를 토대로 형태를 복원하는 데에 수많은 시행착오를 겪었는데, 만약 코끼리가 멸종되고 난 한참 뒤에 발굴된 뼈만으로 둥글고 커다란 귀의 모습과 길게 주름진 근육과 피부로 된 코끼리 코를 그대로 재현할 수 있을지에 대한 의문은 흥미로웠다. 1900년대 초기 유럽 학자들은 공룡 다리뼈와 꼬리뼈들의 조합이 맞지 않자, 자신의 이론이 맞다고 우기면서 꼬리뼈를 분질러버린 일도 있었다고 한다.

386세대들은 **어렸을 때 반공 포스터를 그리면서 북한 사람들을 무조건 빨간 피부의 뿔난 괴물로 그렸다.** 어떤 이들은 무슬림들을 모두 테러리스트로 오해하기도 한다. 우습지만 당시엔 그렇게 듣고 자랐기 때문이다. 실질이 어떠한가보다는 알고 있는 대로 행동하게 된다. 정치나 기업에 대해서도 똑같이 적용된다. 살다보면 알고 있는 것과 실제가 다르다는 것에 놀랄 때가 많다. 실질이 아무리 훌륭해도 사람들이 아는 만큼의 범주를 넘어서기 힘들다.

사람들이 보는 것은 미디어에 비친 모습

사람들은 기업의 실질이 어떤지가 아니라 미디어를 통해 투영된 모습을 보게 된다. 그렇게 본 것들로 인해 해당 기업에 대해 고착된 인식의 틀을 갖게 된다. 이런 인식의 틀을 긍정적으로 조금씩 형성시켜 나가는 것은 만만치 않은 일이다.

나는 '세녹스'를 제조 판매했던 곳에 근무했었다. 당시 몇몇 경제매체에서 '올해의 10대 뉴스'로 선정할 정도로 엄청난 반향을 불러왔다. 2002년에 지금의 '석유 및 석유대체연료 사업법'의 전신인 '석유사업법' 위반 혐의로 당시 산업자원부에서 검찰에 고발

거짓말하지 않고 회사를 구하는 방법

하면서 기소됐다. 1심에서는 승소하며 작은 기적을 연출했지만 항소심과 대법원까지 가는 상고심에서 패하면서 결국은 가짜 휘발유로 변질되어 버린 비운의 제품이었다.

당시 대중이 세녹스를 대하는 자세는 딱 두 가지였다. 첫 번째는 세금을 내지 않기 위해 편법을 동원하여 가짜 휘발유를 첨가제로 둔갑시켰다는 의혹의 물질, 두 번째는 뭐가 됐던 차에 해가 없으면서도 값싸고 차를 잘 나가게 하는 고마운 물질이었다. **회사에서 어떻게 출시했든 사람들은 자신이 알고 있는 대로 행동했다.** 첫 번째 부류는 언론이나 일반 대중들이나 마찬가지로 불법집단으로 대할 뿐이었다. 산업자원부 기자단과 첫 대면을 위해 방문했을 때, 모 기자에게 '불법집단 구성원'이라고 야단을 맞으며 과천정부청사에서 쫓겨난 적이 있었다. 그는 취재를 해야 할 입장이었으면서도 선입견 때문이었는지 대면조차 거부했다. 두 번째는 논란과는 상관없이 불법이 아닌 이상 저렴하고 차에 문제를 일으키지 않으니 최대한 사용하겠다는 부류였다. 대부분의 소비자 입장이 이랬을 것이다. 논란 속에서도 허가된 요건을 갖춰 판매를 하는 상황이라 기꺼이 사용하는 사람들이었다.

출시 초기 세녹스는 엄청나게 팔렸다. 판매점에서는 아침마다 수백미터씩 줄을 섰다. 하루치 물량이 2시간만에 매진됐다고 판매점마다 아우성이었다. 어떤 판매점에서는 낮에 단속하던 사람들이 밤에 퇴근할 땐 세녹스를 사러 오기도 했다고 알려주기도 했다. 똑같은 소식을 들어도 해석은 저마다 차이를 보였다.

기업은 루머 때문에 운다

토미힐피거라는 브랜드가 있다. 패션 디자이너이자 사업가인 토미 힐피거가 설립한 회사인데 이상한 루머로 인해 악전고투할 수밖에 없었다. 있지도 않았던 일이 널리 회자되면서 대중들로부터 낙인이 찍혔던 케이스였다. 토미 힐피거가 '자신이 만든 옷은 흑인, 히스패닉, 유대인 또는 아시아인을 위한 것이 아니라 백인 상류층을 위한 것'이라며 인종차별주의와 반유대주의적 발언을 하다가 오프라 윈프리 쇼에서 쫓겨났다는 루머였다.

비즈니스맨 입장에서는 도저히 상상조차 할 수 없는 발언이었고 분명한 루머였다. 그러나 루머는 계속 퍼져 나갔고 힐피거사에는 막대한 손실로 돌아왔다. 결국 1999년에 오프라 윈프리가 방송을 통해 그 루머가 사실이 아님을 직접 밝혔음에도 확산세는 그칠 줄을 몰랐다. 그로부터 8년이 지난 뒤에 토미 힐피거가 오프라 윈프리 쇼에 출연하여 직접 해명을 했는데도 끝내 루머가 없어지지 않았다. 그는 막대한 자금을 써가면서 루머의 진상을 밝혀내기 위해 노력하는 한편 다양한 이벤트와 사회공헌 사업을 펼치며 루머를 잠재우려 애썼다. 쉽지는 않았겠지만 초기에 즉각적이고도 적극적인 해명이 있었다면 상황은 달라지지 않았을까 싶다.

루머를 듣게 되면 사람들은 머릿속에 자신만의 기업 이미지를 그리게 된다. **한번 그려진 이미지는 웬만해선 뒤집어지지 않는다.** 기업이 아무리 선한 행동을 보이더라도 잘못된 첫 인상을 보유한 사람은 자기식으로 해석하게 되며 그가 인식한 것들이 실제가 되어 버린다. 막말로 좋은 일 99가지를 알리더라도 1가지 나쁜 일에 휘말리고 여론의 도마에 오르면 십중팔구 그 기업의 연상 이미지는 나쁘게 남는다.

쌓는 데 20년 된 기업 이미지, 단 5분이면 무너져

'피자, 헛 드셨습니다'라는 카피의 광고로 글로벌 기업인 피자헛과 맞짱을 뜨던 기업이 있었다. 당시만 하더라도 국내에서 경쟁사를 비방하거나 비교하는 광고는 하지 못하는 때였고, 지금도 공정거래위원회 심사지침의 포괄성 때문에 활발하지 않다. 기억에 의하면 결국 소송에서 지긴 했지만 오히려 회사는 입지가 달라졌다. 글로벌 기업 '피자헛'과 맞짱 뜬 회사가 된 것이다. 패소로 인해 금전적 손실이야 피할 수 없었지만 대신 무형자산을 상당히 불렸다. 나중에는 사람들이 기억하는 3대 피자 회사로 손꼽히게 된다. 물론 다른 두 회사는 미국계 글로벌 기업이다. 세 회사 모두 동급의 외국계 기업으로 아는 사람도 많았다.

그런데 이 회사는 **최고경영인의 갑질 논란이 여론에 회자되면서 기업이미지는 땅바닥에** 내팽개쳐지고 말았다. 글로벌 기업들과 어깨를 나란히 하던 기업에서 소위 악덕기업주에, 갑질의 대명사가 됐다. 때마침 부글부글 끓고 있던 가맹점주들과의 마찰이 수면 위로 부상하기도 했다. 그 여파는 국내 10대 패스트푸드 브랜드의 빅데이터를 분석한 한국기업평판연구소의 연구결과에서 적나라하게 드러났다.

2016년 초 4개월 간의 '브랜드 평판지수' 조사결과를 보면, 1~2월에는 6위, 3월에는 7위로 미국계 글로벌 기업과 국내 대기업 브랜드 사이에서 중위권을 형성했다. 하지만 4월 조사에서는 바닥인 10위로 추락했다. 4월 평판지수 점수는 그 전까지 10위를 했던 다른 기업들이 받았던 점수의 절반에도 미치지 못할 정도로 형편없었다. **그 회장이 경비원에게 폭행을 가했던 날이 4월 2일이었으니, 여론이 먼저 기업을 재판했다**고 볼 수 있다.

기업들은 좋은 이미지를 쌓기 위해 부단히 노력을 한다. 워렌 버핏은 '좋은 평판을 쌓는 데는 20년이 걸리지만 그 평판을 무너뜨리는 데는 5분이면 족하다'고 말했다. 한 사람의 머릿속에 들어있는 부정적인 인식이 긍정적으로 바뀌는 데에는 상당한 시간이 걸리지만, 긍정적인 인식이 부정적으로 바뀌는 것은 순식간이다.

기업의 실질은 바뀐 것이 없지만 사람들의 인식이 바뀌어버린 것이며, 그로 인해 사람들의 맛 지도까지 변화된 결과였다. 옛 사람들은 전쟁을 할 때, 성을 공격하는 것은 하책이요 사람의 마음을 공격하는 것이 상책이라 했다. 우리가 살아가는 세상은 실질이 지배하는 것처럼 보이지만, 여론이라는 프리즘을 통해 투영된 인식이 지배하는 곳이다.

거짓말하지 않고 회사를 구하는 방법

기업 커뮤니케이션은 짝사랑이다

'관리(管理)'라는 말이 많이 쓰인다. 경영관리, 생산관리, 사무관리, 영업관리, 인사관리 등등 기업과 관련한 웬만한 일에는 관리라는 말이 붙는다. 커뮤니케이션 쪽도 **'리스크 관리, 언론 관리 또는 여론 관리'** 정도로 관리라는 표현을 쓰고 있다. '관리는 어떤 일의 사무를 맡아 처리하거나 사람을 통제하고 지휘하며 감독함을 뜻하는 말'이다. 한마디로 이래라저래라 할 수 있을 때 관리한다는 표현을 쓸 수 있다.

경영, 인사, 생산, 사무 같은 경우야 기업이나 조직 내부 사람들을 지휘하고 감독하는 것이기에 맞는 것 같지만 언론은 사실 관리라는 것이 힘들다. 제대로 알지도 못하면서 습관적으로 관리라는 용어를 쓰면서 리스크와 여론 및 언론을 통제 가능할 것으로 생각해서 오히려 화를 키우게 된다. 항상 리스크를 주의해야 한다. 뭐가 터질지 모른다. 하지만 그게 무엇이든, 일단 발생하면 최대한 신속하고 적극적으로 대처하는 것이 좋다.

미디어와 여론은 '관리'되지 않는다

예전에는 불리한 뉴스의 확산을 막기 위해 윤전기에서 막 인쇄되어 나오는 수십만 부의 신문을 사서 모조리 폐기해 버렸다는 무용담이 있었다. 확산의 속도와 폭을 줄일 수 있었을지는 몰라도 완벽하게 틀어막을 수는 없었다. 아마 그런 시대였다면 뉴스타파에서 보도했던 S그룹 L회장의 동영상 파문이나 아무개 고위 교육공무원이 술자리에서 발언했던 개 돼지 막말 파문이 지금처럼 사회적인 문제로 확산되지는 않았을 것이다.

하이 리스크 하이 리턴이라는 말처럼 리스크가 없는 일은 성과도 별볼일 없는 일일 경우가 대부분이다. 그러나 기업 성과와 상관없이 오랜 기간 노력으로 쌓아온 기업 이미지를 한순간에 갉아먹는 사고도 많다. **특히 최근 부쩍 늘어난 오너 리스크처럼 기업 주변에는 수많은 리스크 요인들이 잠재한다.**

기업에서 가능한 리스크 관리는 정해진 시간에 정해진 사람들과 사업장의 범위 내 정도다. 실상 그 범위를 벗어나면 통제불능이다. 리스크는 사전 예방과 통제도 중요하지만 사후에 얼마나 유효적절하면서도 신속하게 대응하느냐가 중요하다. 이는 평소에 시장과 대중에게 신뢰감을 줄 수 있도록 얼마나 노력해왔고 여론

거짓말하지 않고 회사를 구하는 방법

을 주도하는 언론과도 얼마나 잘 커뮤니케이션해 왔는지에 좌우된다.

영화나 드라마에서 보듯 주인공의 말 한마디로 여론이 조용해지거나, 전화 한 통화로 배달음식 주문하듯이 언론 기사나 여론을 맥락도 없이 주무를 수는 없다. 감히 상상도 하기 힘들다. 절대 불가능하다. 절대라는 말 한 번으론 부족하고 절대라는 말을 백 번 정도 반복해야 한다. **대통령도 언론과 여론을 마음대로 할 수 없는 세상이다.** 요즘은 다양한 형태의 수많은 제도권 언론사들뿐만 아니라 1인 방송 시스템인 BJ들과 파워블로거들도 많다. 또한 이를 확대 재생산하는 SNS 네트워크에 엮여 있는 사람들까지, 미디어 분야도 실로 다양해졌다. 1인 시스템으로 움직이기 때문에 그들의 취향과 관점도 다양 다종하다.

심심하면 연예인 관련 사고가 터지는데, 단지 연예인 한 사람의 문제가 아니라 연예기획사라는 기업집단의 매출과 직결된다. 어떤 여자 아이돌 가수가 일본 욱일승천기를 디자인화한 이미지를 SNS에 올린 사건이 있었다. 이 일로 그녀는 출연하던 방송 프로그램에서 하차했다. 미국서 나고 자라서 역사적인 배경지식이 없었기에 한편으로는 이해도 되지만 이런 것조차 대중과 여론은 가만히 두지 않는다. 또 일본 예능 프로그램에 출연해 일본의 국가(國歌)인 기미가요를 듣고 웃으며 박수 친 것 때문에 여론의 도마 위에 오른 연예인도 있었다. 유명인과 기업과 비즈니스의 주변에 도사리고 있는 리스크 요인은 끝이 없다.

영화 '베테랑'에서 주인공이 한 말이지만, 조정래 작가도 '정글

만리'에서 여러 차례에 걸쳐 중국 사회를 꼬집으며 했던 말이 있다. '문제 삼지 않으면 아무 문제가 없는데, 문제 삼으니까 문제가 된다.' 이 말은 중국만이 아니라 우리 현실에도 그대로 적용된다. 피할 수 없는 리스크도 많지만 어떤 경우는 그냥 넘어갈 수도 있는데 누군가가 문제로 지적하면서 큰 이슈로 발전하는 경우도 많다. 또 어떤 때는 심각하리라 예상했는데, 조용하게 넘어가는 경우도 있다. 어느 구름에 비가 들었는지 알 수 없는 것과 같다. 어디서 리스크가 어떻게 터져 나올지도 알 수 없다. 그럼에도 관리라는 표현을 사용하는 이유는 이슈가 잦아들 때까지는 긴밀하게 후속 대응을 해 나갈 수밖에 없기 때문이다.

임직원 상대로 교육하고 책자로 만들어 숙지시키기도 하지만 항상 사고는 예상 가능한 범주를 벗어난 곳에서 터진다. 뉴욕 공항에서 비행기를 되돌린 사건, 운전기사에 대한 비인간적인 대우, 술에 취해 비행기에서 난동을 부렸다거나 술집 종업원을 폭행한 일도 사실 임직원들이 아무리 주의한다고 해도 막을 수 있는 사안들이 아니었다.

여론과 언론은 짝사랑하는 사람 대하듯

여론을 주도하는 언론을 어떻게 대해야 하는가는 전문가들이 제각기 터득한 방법들이 있겠지만, 쉬운 방법은 '짝사랑하는 사람 대하듯'하는 것이다. 자주 보고 자주 연락하고 관심을 가져주면 반드시 그에 부합하는 리액션이 나오게 되어 있다. 짝사랑하는 사

거짓말하지 않고 회사를 구하는 방법

람들의 공통점은 그 사람을 위해 뭔가 하면서도 특별한 보상을 바라지 않는다는 것이다. 이런 점은 인풋이 있으면 반드시 적당한 아웃풋이 있어야 한다는 기업 논리에 어긋나기에 어렵다.

당장의 보답을 기대하기보다는 끊임없이 다가서야 한다. 받아주지 않더라도 반드시 진솔함이 담겨 있어야 한다. 몸에 배어 있는 권위의식을 버리고 먼저 뭔가를 얻어내려 하지 말고 부족한 뭔가를 채워줄 수 있도록 노력해야 한다. 기자들은 많은 사람들을 만난다. '기자는 그 어떤 기관의 기관장보다 높고, 그 어떤 사람들보다 낮은 사람이다'라는 말을 들었다. 그런 자세를 유지하라는 뜻일 것이다. 또, 많은 사람들이 기자를 만나고 싶어한다. 대부분 뭔가 알리고 싶어 부탁하거나, 골치 아픈 문제 때문에 이해를 구하기 위해서다.

짝사랑을 쟁취한 사람들의 또 하나의 공통점은 반복에 있다. 데이트 한번 했다고 성공이라고 할 수 없다. 사랑하는 사람을 위해 끊임없이 생각하고 노력하고 실행한다. 가끔 그 마음을 알아주지 않더라도 실망하지 않고 그 사람의 마음을 얻을 때까지 중단하지 않는다. 한 번의 만남을 가지기 위해 무던히도 노력하고 애쓴다. 전화, 문자, 이메일, 가끔은 우연을 가장하여 만날 기회를 가지기도 한다. 첫 만남부터 마음을 터놓기는 힘들다. 하지만 부족했던 첫 만남을 감사히 여기고 두 번째 만남 세 번째 만남으로 진전시킨다.

딱 한 번 만났는데 마치 오랜 지기가 된 것처럼 말하는 사람도 있다. 마치 잡아 놓은 물고기라도 되는 것인 양 관리라는 표현을 서슴없이 하는데 실상은 전혀 그렇지 않다. 수박 겉핥기로 한 번 읽은 책을 마치 통달한 것처럼 생각하는 우는 범하지 말아야 한다. **짝사랑을 표현하는 길은 무척 어렵다. 덜하면 관심이 부족해 보이고 과하면 스토킹이다.** 까칠한 성격의 기자일수록 평계 거리가 없으면 만남 자체가 부담일 수밖에 없다. 개인적인 감정과 느낌 그리고 개인사에 대해 진솔하게 주고 받기 위해서는 시간이 필요하다. 때로는 나의 이야기를 먼저 들려줄 필요도 있고, 만나면 도움이 되는 사람이라는 것을 부각시킬 필요도 있다. 사실 연애와 별반 다르지 않다. 굳이 이렇게까지 할 필요가 있느냐 하고 생각할 수도 있겠지만, 서로 잘 통하는 사이가 될수록 어떤 일을 보고 이해하는 시각의 차이가 줄어든다.

리스크를 대처해나가는 기술적인 방법들은 많이 알려져 있다. 리스크 상황이 발생하면 주관부서의 주도하에 상황을 파악하고 개요를 작성하고 내부 입장을 정리, 공유하며 대변인을 선정하고 외부 대응에 돌입해야 하는데, **이 과정에 24시간을 넘겨서는 안 된다.** 그리고 이후 적절한 대응과 조치를 취해 나가야 한다. 이런 것들이 공식 용어로 '관리'에 해당될 것이다. 복잡다단한 것을 한마디로 표현할 방법이 없어 관리로 대신하는 것이다. 그래서 많은 사람들이 잘못 이해할 수도 있다. 이렇게 관리하기 위해 평소 언론과의 커뮤니케이션 채널이 제대로 구축되어 있어야 한다.

커뮤니케이션 채널을 구축하는 것이 리스크를 제대로 대처하는 첫 단추이다. 첫 단추를 꿰는 것만도 상당한 노력과 투자가 필요하다. 세월을 두고 투자해야 하는 짝사랑이기 때문이다. 그렇다고 보고서에 짝사랑이라고 쓸 수 없기는 하다.

100년 공든 탑도 한 방에 훅 간다

교육은 바뀌고 있지만 사람들은 여전히 복잡한 것을 잘 이해하려 들지 않는다. 그냥 결론만 알고 싶어하지 구구절절 내용은 생략해 버린다. 농담 같지만 우리 주위에 흔하다. 미팅을 하고 나서 친구들에게 설명을 한다. "공부는 그럭저럭 잘하는 편이고, 키는 좀 작지만 분위기가 있고…." 얘기를 듣던 친구들이 알고 싶은 것은 하나였다. "그래서? 예뻐?" 또 어느 식당을 방문했는데 분위기, 가격, 직원들의 친절 같은 설명을 하려던 찰나 사람들이 다시 물었다. "그래서? 맛있어?"

기업 이미지는 '모' 아니면 '도'

여론의 속성도 이와 다르지 않다. 어떤 상황이나 대상에 대한 보도가 나오면 이를 접한 사람들의 머릿속에는 즉각적으로 'Good' 아니면 'Bad' 불이 켜진다. 기업 관련 보도도 마찬가지다. 사람의 마음속에는 자연적으로 'Good Company'인지 'Bad Company'인지 선이 그어져 버린다. 어정쩡하게 'Good은 Good인데 Bad에 가까운 Good' 같은 느낌은 사람들 마음속에 들어갈 틈이 없다.

수출 계약, 실적 향상, 사회 봉사활동과 같은 긍정적인 소식에는 누가 뭐라 하지 않아도 'Good Company' 불이 켜진다. 반대로 부채가 늘거나 오너 리스크가 터졌을 경우, 그 동안 여러 번 'Good Company' 시그널이 있었다 할지라도 그 기사 하나로 'Bad Company'의 신호등이 켜지고 만다. 이렇게 **한번 Bad Company 신호등이 켜진 기업에 다시 Good Company 신호가 켜지게 하는 일은 훨씬 더 힘들다.** 기간도 몇 배로 더 길어질 수밖에 없다.

'사람이 미래다'라고 광고하던 기업이 있었다. 그런데 한동안 그 회사와 관련한 댓글에는 꼬집는 글들이 많았다. 1890년대 후반에 설립되어 100년이 넘는 기간 동안 기술소재, 정보유통, 종합식품, 금융 및 생활문화 등 산업 전반에서 두루 사업을 펼쳐온 기업이었다. 1995년에는 한국기네스협회에서 국내의 가장 오래된 기업으로 선정하기도 했다.

따지고 보면 무리해서 인수했던 해외의 큰 기업 때문에 대규모

부채가 쌓였고 불경기에 해가 거듭되어도 줄지 않는 금융비용이 문제였다. 불황의 골이 깊어지자 구조조정 외에는 타개책이 없었다. 어쩔 수 없이 구조조정을 강행하는 가운데 신입사원까지 대상으로 삼았다가 여론의 도마 위에 오른 것이다.

많은 사람들이 분노했다. 그 동안 사람이 중요하고 사람이 미래라고 강조하면서 그려 둔 선한 기업 이미지 위로 '회사가 어려울 때는 직급 여하를 구분하지 않고 내친다'는 Bad Company의 적신호가 너무도 강하게 켜져버렸다. 그뒤 한동안은 회사가 아무리 선하게 다가가려고 해도 사람들은 믿지 않았다. 결국 신입사원을 희망퇴직 대상에서 제외했지만 사후약방문이었다. 대중은 그 회사를 '사람은 지켜야 할 가치가 아닌 덜어내야 할 비용이라고 치부하는 회사'로 낙인을 찍어 버렸다. 빚이 많아 힘든 상황에서도 어렵게 위기를 넘어가고 있는 회사에서 '사람을 함부로 대하는 회사'라는 인식을 피할 수 없게 된 것이다.

서서히 가는 기업보다 한 방에 가는 기업이 많다

우리 주위에 너무나 흔한 음식이 라면이다. 흔하디 흔한 라면이지만 사람들은 아무 라면이나 잘 먹지 않는다. 자신이 선호하는 라면이 정해져 있다. 라면에 대한 사람들 입맛이 바뀌게 된 것은 세월이 흐른 탓도 있지만 그보다는 대형사고 영향이 컸다.

우리나라에 라면이 처음으로 생산 공급된 때는 1963년 9월 15일로, 삼양라면이 그 시작이었다. 국내 라면시장을 처음 열었고 한

거짓말하지 않고 회사를 구하는 방법

때는 90%에 육박하는 점유율을 보였지만 갑자기 한없이 추락했다. 1985년만 하더라도 40.9%의 시장점유율이었는데 어느 틈엔가 만년 2등 농심에게 1위를 내주더니 2013년부터는 오뚜기에게도 밀려서 3위로 처졌다. 이제 2위 오뚜기와의 격차도 점점 벌어지고 있다. 2016년 상반기에 10.3%까지 떨어졌는데 시장점유율 한 자리 수를 염려하는 상황이다.

라면시장의 절대 강자였던 삼양식품이 이렇게 된 것은 두 가지 이유가 있다. 시장점유율의 감소는 1986년 아시안게임과 1988년 올림픽에서 공식라면 스폰서가 된 농심에게 적극적인 광고 마케팅이라는 잽을 연이어 허용했기 때문이다. 그리고 결정타를 맞은 것은 1980년대 말에 터진 우지파동 사건이었다. 공업용 쇠고기 기름으로 라면을 만들었다고 보도되면서 세상이 발칵 뒤집혔다.

1989년 11월 삼양식품이 '공업용 우지'로 면을 튀긴다는 익명의 투서가 검찰에 날아들었다. 삼양식품이 수입해 사용하던 2, 3등급의 우지는 식용을 목적으로 도살한 소에서 채취한 지방부분이다. 해당 부위는 지금도 튀김용으로 사용하고 있는 식용기름으로 문제될 것이 없었다. 당시 미국에서는 우지를 16단계로 분류하고 있었고, 2등급 우지는 쇼트닝이나 마가린에도 사용했는데, 팜유를 사용하던 농심 외에 국내 라면회사와 일본에서도 사용했다. 수입 절차와 세금 측면에서도 공업용으로 등록할 경우 여러 모로 유리한 측면이 있었다.

우지등급표

등급	명칭	등급	명칭
1	Edible Tallow	9	Special Tallow
2	Top White Tallow	10	No.1 Tallow
3	Extra Fancy Tallow	11	No.2 Tallow
4	All Beef Packer Tallow	12	Intermediate Special Tallow
5	Industrial Extra Fancy Tallow	13	"A" Tallow
6	Fancy Tallow	14	Choice White Tallow
7	Bleachable Fancy Tallow	15	Yellow Grease
8	Prime Tallow	16	Feed Grade Fats

1등급은 Edible Tallow라 표기한 그대로 식용이다. 삼양식품은 2등급 'Top White Tallow'와 3등급 'Extra Fancy Tallow'를 사용했다. 이에 대해 미국동물유지협회와 한국식품과학회에서 공식적으로 '정제 과정을 거치면 2, 3등급 우지도 식용으로 사용이 가능하다'고 결론을 내렸다. 하지만 투서를 계기로 삼양식품은 도마위에 올려졌고, 여론의 십자포화를 맞았다. 사장 이하 간부들이 줄줄이 구속되었고, 100억원 대의 재고가 수거됐다. 3개월의 영업정지와 수천 억원의 추징금이 뒤를 이었다. 국민 정서는 마그마처럼 폭발했다. 대중은 불매운동으로 차갑게 등을 돌렸다. 주가 폭락, 시장점유율 추락이 이어졌다. 그러면서 매출이 90% 이상 줄었다.

7년 9개월 간의 법정공방 결과 1995년 7월 14일, 서울고법에서 **무죄 판결이 나온 것을 아는 사람들은 의외로 많지 않았다.** 추진력을 잃어버린 사업은 좀처럼 회복하지 못했고, 다른 라면 회사에서 소위 대박제품을 줄줄이 내놓으며 시장의 트렌드를 바꿔갈 때도 삼양식품은 소비자의 입맛을 사로잡지 못했다.

거짓말하지 않고 회사를 구하는 방법

2004년에는 '쓰레기만두' 파동이 있었다. 이젠 오해하고 있는 사람들이 없겠지만, 당시엔 방송을 보고 역겹다고 만두를 버리고 태우고 기피하는 현상으로 이어졌다. 전국 130여 만두 제조업체는 줄도산의 위기에 처했고 단무지 공장 매출도 70%나 줄었다. 30대 초반의 젊은 기업가 한 명은 결백을 주장하는 유서를 써놓고 스스로 목숨을 끊은 일도 있었다. 버리려고 내놓았던 쓰레기를 취재하는 과정에서 만두소로 사용하는 것으로 오해하여 시작됐고, 전말이 해프닝으로 밝혀지면서 막을 내렸다.

미국이나 일본 같은 선진국에서도 식품 관련 해프닝은 종종 벌어졌다. 1970년대에 미국에서 맥도날드가 햄버거 패티를 만들 때 지렁이를 사용한다는 악성루머에 시달렸다. 지렁이를 넣을 리도 만무하지만 안내문을 내걸고 호소를 해도 등 돌린 고객들은 돌아오지 않았다. 고심 끝에 햄버거는 제쳐두고 밀크셰이크와 감자튀김을 집중 홍보했고 사람들은 지렁이 패티를 기억에서 지워가는 듯했다. 그런데 2000년대에 지렁이나 벌레로 패티를 만든다는 루머가 또 터졌다. 잡고기를 갈아서 만든 '핑크 슬라임'을 패티 원료로 사용한 탓이었다. 지렁이나 벌레의 오해에서 벗어나기 위해 핑크 슬라임의 제작과정을 여과 없이 보여준 것이 파장을 걷잡을 수 없게 만들었다. 결국 2012년 맥도날드는 핑크 슬라임의 사용을 중단했다.

신속, 실질적 보상 그리고 진정성 있는 사과

일본 맥도날드도 상황은 비슷했다. 특히 2014년에서 2015년을 지나면서 위기의 골은 더 깊어졌다. 2014년에 유통기한이 지난 닭고기를 사용해 구설수에 올랐는데, 여기에 감자튀김에서 사람의 치아가 나오면서 사람들이 경악했다. 그 여파로 일본 맥도날드 CEO가 경질됐고, 2016년 초에는 190여 곳에 이르는 대대적인 점포 폐쇄가 추진됐다. 이는 건강 음식을 찾게 된 경향도 있었지만, 이물질 사태로 홍역을 치르면서 일본 사람들이 예전처럼 저녁식사를 위해 더 이상 마음 편히 맥도날드를 찾지 않게 된 때문이었다. 이 자리를 편의점 음식이 치고 들어와 저녁 문화를 바꿔 놓기도 했다.

일본 맥도날드의 경우 사람들의 입맛의 변화와 이물질 사고가 직접적인 원인이 되긴 했지만, **더 큰 문제는 기업이 적절히 대응하지 못한 것이다.** 사람들은 당시 CEO였던 사라 카사노바 사장이 문제가 발생한 직후 직접 공개적으로 사과하지 않았다는 점을 지적했다. 맥도날드의 실적 부진은 일본이나 우리나라를 포함해서 세계 공통적으로 나타난 현상이긴 하지만 일본에서 유독 더 크게 욕을 먹었던 이유는 발생한 리스크도 리스크려니와 이에 대한 적절한 커뮤니케이션이 부족했기 때문이다.

유튜브에 'United Breaks Guitars'라는 뮤직비디오가 있다. 데이비드 캐럴이라는 캐나다 가수가 2009년 7월에 올린 이 동영상은 2017년 초 1,600만 이상의 조회수를 기록하고 있었다. 2008년

거짓말하지 않고 회사를 구하는 방법

3월 유나이티드항공을 이용했는데, 수화물로 보내진 수제 기타가 파손됐다. 항공사는 회피, 묵살 그리고 보상 거절로 맞섰는데, 데이비드가 공개한 뮤직 비디오는 하루 만에 15만 건, 1달에 500만 건의 조회수를 기록했다. 이로 인해 3,500달러짜리 기타의 보상을 거부한 대가로 1억8,000만 달러어치의 시가총액 손실을 입었다.

2016년 9월 창업 회장의 별세로 인해 상속분에 대해 1,500억 원대에 달하는 상속세를 분할 납부하기로 한 오뚜기가 화제가 됐다. 상속세 납부 외에도 1992년부터 진행해 온 심장병 어린이들 지원, 모든 직원의 정규직화 등으로 소비자들로부터 '착한 기업'으로 평가를 받고 있다. 또한 신속하고도 실질적인 소비자 보상 활동도 있다. 액상 스프가 새어나온 제품에 대해 오뚜기 소비자센터에서는 진정성 어린 사과문과 함께 소비자가 기대하지 못한 실질적인 보상을 진행했으며, 이러한 선행은 SNS를 통해 다른 보상 경험담들이 줄을 이으면서 '갓뚜기'라 불리는 등 고객이 대신 그 미담을 선전하고 있다.

좋은기업, 나쁜기업, 아까운 기업

어렸을 때부터 어둠은 무서웠는데, 극장 암전은 이상하리만치 아늑했다. 1983년 중학생 때 혼자 극장에서 '람보'를 두 번 연속으로 본 이후 웬만한 영화는 혼자서 섭렵했다. 캐나다 가수 던힐(Dan Hill)이 부른 주제곡 'It's a long road'에 마음을 빼앗겼다. 어디서도 들을 수가 없어서 김광한의 '팝스다이얼'에 엽서를 몇 번이나 보내 라디오에서 겨우 들었던 기억이 있다. 부산 남포동에 몇 개 안 되는 개봉관 순례가 끝나면 다음작이 걸릴 때까지 기다릴 수가 없어서 재개봉관과 동시상영관까지 돌았다. 헐리우드 아니면 홍콩 액션이 대부분이었는데, 영웅본색을 시작으로 주윤발과 류덕화 같은 액션 느와르가 줄을 이었다. 거의 매달 두세 번은 극장을 찾았다.

거짓말하지 않고 회사를 구하는 방법

그러다 주성치라는 배우가 등장했다. 비장한 분위기에서 실소를 자아내게 하는 장면에 황당했다. 어린 마음에도 정통 액션이 아닌 코믹물은 성에 차지가 않았다. 개연성 없어 보이는 전개가 못마땅했다. 강렬하고 비장한 액션물의 감동을 갈구하는 마음에 주성치의 실없어 보이는 장면들은 비정상이었다. 주성치 영화는 극장에 걸렸지만 극장에서 돈 주면서 보기엔 아까웠다. 그뒤로 소림축구, 쿵푸허슬 등 주연뿐만 아니라 각본에 감독까지 맡은 영화들이 계속 나왔다. 우습고 황당하지만 볼수록 빠져드는 뭔가가 있었다. 곱씹어 볼수록 정통 액션에서 느끼지 못했던 묘한 감동이 전해졌다. 어느 틈엔가 못 보고 지나간 그의 걸작 서유기 선리기연, 월광보합 같은 작품들도 다시 찾아 보게 됐다.

Good News보다 훨씬 긴 생명력을 지닌 Bad News

사람들은 어떤 현상에 대해 기억할 때 '선' 아니면 '악'의 이분법적 단순한 인식을 가진다. 어릴적엔 모든 영화를 액션 아니면 멜로로 구분한 것처럼, 복잡한 내용 속에서 다양한 사안들이 얽혀 있지만 **디테일은 날아가 버리고 결국 Good 아니면 Bad로 기억된다.** 특히 뉴스를 대할 때, 기업이 봉사를 펼치고 수주에 성공했거나 수출이 늘어나고 매출이나 실적이 호전되면 Good 이미지가 남지만, 오너 리스크를 비롯하여 사건 사고가 있거나 매출이나 실적이 줄어들고 주가가 하락하게 되면 이유가 어찌됐건 Bad 이미지만 남는다. 그런데 Good은 기억하고자 해도 쉽게 지워지지만, Bad는 그 힘이 강해서 웬만해선 사라지지 않는다. 또 잊혀진 듯하다가도 되살아난다.

대한전선은 국내 두 번째의 종합가전 회사였다. 가전 외에도 방직, 전선, 제당 등 1960년대와 1970년대 당시 알짜 사업군을 거느렸다. 하지만 오일쇼크에 이은 세계 금융위기는 삼성전자의 가세로 가뜩이나 힘들어진 국내 가전사업에서 대한전선을 더욱 힘들게 했다. 그리하여 1983년 대우그룹과의 빅딜을 통해 가전사업부 전체가 대우로 넘어갔다. 전체그룹 사업의 60% 이상과 인원이 대우로 이름을 바꿨다. 이후 B2B 전선사업만 집중하면서 사람들의 뇌리에서 잊혀져 갔다. 그러다 2000년대 초반 다시 주목을 받게 됐다.

다시 미디어에 등장한 대한전선은 Good Company의 대명사였다. 막강한 자금력으로 소리소문 없이 재계의 강자로 부상했고, 1990년대부터 수출로 막대한 달러를 벌어들이고 있었다. 국내 전선업에서는 확연한 선두를 계속 유지했다. 2대 회장이 2004년 3월 뇌출혈로 갑작스럽게 사망했을 때, 상속세 1,355억원을 자진 납세를 했는데, 이는 재계에서 쉽게 찾아볼 수 없는 모범이었다.

그랬던 대한전선이 국내 대기업들 중에서도 가장 짧은 시간에 완전 드라마틱한 풍파를 겪게 된다. 불과 몇 년이 지나지 않아, Good Company의 꼬리표는 온데간데 없이 사라져 버리고 Bad Company의 낙인이 찍힐 수밖에 없는 운명이었다.

'재계의 돈주머니'가 빚더미에 올라앉기까지

당시 보유자금이 많아서 '재계의 돈주머니'로 불렸다. 2005년 초 소주로 유명한 진로의 인수전이 있었다. 큰 기업들만 참여했다. 후보들은 두산, CJ컨소시엄, 하이트맥주컨소시엄 그리고 대한전선이었다. 3조 2천 억원을 제시한 하이트맥주컨소시엄으로 결정됐는데, 이 컨소시엄엔 하이트맥주, 교원공제회, 산업은행, 군인공제회에 새마을금고연합회까지 참여했다.

사람들이 놀란 것은 대한전선의 단독입찰이었다. 더 큰 회사도 산업은행을 비롯한 대형 은행이나 군인공제회 또는 교원공제회 같이 대규모 자금을 굴리는 기관들과 손을 잡는 것이 보통이었는데, 대한전선은 혼자서도 진로 정도는 인수할 수 있다는 능력을 보여줬다. 그런 자금력에 많은 사람들이 놀라고 또 부러워했다. 흉내낼 수 없는 자금력, 탄탄한 주력사업, 모범적인 납세기업 그러고도 그런 걸 드러내거나 자랑하는 법이 없었다.

진로 인수전은 무위에 그쳤지만 그런 배경을 바탕으로 전선업종 세계 제패라는 야망을 불태웠다. 삼성전자를 제외하면 글로벌 1위를 꿈꿀 수 있는 국내 기업은 거의 없었다. 그런데 대한전선이 2007년 11월 글로벌 1위의 야망에 발동을 걸었다. 대상은 세계 2위의 이탈리아 전선회사 프리즈미안이었다. 인수하면 8위였던 대한전선과 합쳐 단박에 1등으로 부상할 수 있었다.

글로벌시장에서 프랑스 넥상스가 1등이었고, 2등은 프리즈미안이었다. 지금은 LS가 3등이지만 당시엔 3등부터는 독일과 일본 기업들이 있었고, 8위권에 대한전선이 겨우 이름을 올려놓고 있었다. 유럽의 선진 전선 시장은 넥상스와 프리즈미안 같은 선두권 유럽 회사들이 독식하고 있어서, 대한전선은 동남아나 중동권의 험지에서 피 튀기는 경쟁을 할 수밖에 없었다. 프리즈미안을 인수하면 선진 시장을 무대로 삼을 수 있는 절호의 찬스였다.

프리즈미안의 최대주주는 골드만삭스였다. 대한전선은 1차로 골드만삭스로부터 9.9%의 지분을 6천억원에 사들였다. 세계 최강으로 점프하기 위한 필사의 카드였다. 그 돈은 안양공장 부동산을 유동화한 자금이었으니 정말 소중했다. 금융회사인 골드만삭스는 차익이 발생되면 얼마든지 지분을 넘기고 떠날 수 있었다. 문제는 골드만삭스의 옵션이었는데, 2년간은 추가적인 지분을 인수해서는 안 된다는 조항이었다. 눈 앞에 보이는 야망의 실현에 조급해진 대한전선은 그 시간을 기다릴 수 없었다. 이듬해에 6,000억원을 더 쏟아부었다. 직접적 지분이 대상이 아닌 관련 파생금융상품 매입이었다.

대한전선은 불운하게도 이 시간의 함정에 빠졌다. 2008년 가을 갑자기 금융위기가 닥쳤다. 리만브라더스라는 어마무시한 회사가 파산했는데 이를 신호탄으로 세계 곳곳에서 곡소리가 흘러나왔다. 그 전까지 대한전선은 프리즈미안 외에도 국내 여러 건의 인수 합병과 투자를 진행했는데 금융위기라는 태풍이 몰려오자 한방에 녹다운되고 말았다.

자신의 생존을 위한 은행들의 BIS 비율 준수는 절대적이었다. 자금줄을 조일 수밖에 없었다. 그걸로 게임은 끝이었다. 대한전선이 국내외 여기저기에 인수하거나 투자한 돈은 자고 나면 손실을 보거나 가치가 증발했는데, 줘야 될 돈은 쌓여만 갔다. 2009년 초가 되자 프리즈미안의 주식이 처음에 매입했던 가격의 3분의 1 이하로 떨어졌다. 시간이 지나면 떨어진 주가야 회복할 테지만 채권단은 기다려주지 않았다. 인수한 여러 기업들도 풍전등화였다. 빌려주거나 투자했던 돈은 만기까지 한참을 기다려야 했다.

Good Company와 Bad Company 사이에 무엇이 있나?

급한 대로 사옥부터 처분하고 땅, 계열사, 보유지분 같이 돈 되는 것들은 다 팔았다. 세계 1등의 꿈은 날아가고 프리즈미안 투자금의 절반만을 겨우 건졌다. 갈수록 상황은 악화됐다. 빚을 갚을수록 부채비율이 더 높아졌다. 그럴 수밖에 없는 것이 자산을 팔아서 빚을 갚으면 부채가 줄기는 하지만 자본금도 깎아 먹기에 분모가 줄어든 만큼 부채비율은 더 높아지는 악순환이었다. 팔 수 있는 건 줄어드는데 빚은 생각보다 줄지 않았다.

　　1955년 창립이래 단 한 번도 적자 없이 운영되던 기업이었다. 첫 적자를 엄청난 규모로 기록할 수밖에 없었다. 여기저기서 우려의 목소리가 커졌다. **재무제표의 숫자로 기업의 모든 것을 평가하는 금융쪽 기자들 시각이 특히 무서웠다.** 오죽했으면 이미 십수 년째 커뮤니케이션을 담당해왔으면서도 6개월간 불면증에 시달렸을까? 아침이 두려웠다.

　　대한전선은 어떤 수를 쓰더라도 Good Company로는 포장이 불가능했다. 이때 주목한 것이 'GCBIM(Good Company but in Misfortune)'이었다. 한마디로 '아까운 기업'이다. Good Company 라 할 수 없는 곳이 Good Company라고 우기면, 듣는 사람은 정 반대로 받아들인다. 그렇다고 스스로 Bad Company로 규정할 수 도 없는 노릇이었다.

스토리를 만들어 공감을 사는 전략으로 나갔다. 그 스토리의 힘 이 Bad Company라는 절벽의 끝으로 떨어지지 않도록 받쳐주고 있었다. 누구나 인정하던 Good Company였지만 **한 순간 Bad Company의 나락으로 떨어질 뻔 했는데, 적극적인 커뮤니케이션을 통해 '아까운 기업'으로 인식시켰다.** 그 렇게 심각한 이미지 훼손은 피했다. 그 옛날 액션과 멜로밖에 없 던 시대에서 코믹 액션이 파고들기까지는 이해의 기간이 필요했 던 것처럼 '아까운 기업'의 스토리를 받아들이는 데도 시간이 필 요했다. 실적 발표를 수개월을 앞둔 시점부터 거의 모든 기자들을 만났다. 적극적인 GCBIM 커뮤니케이션으로 성공한 대표 사례가 아닐까 생각한다. 2016년 이후 대한전선은 그간의 자구책의 충실 한 이행으로 다시 살아나고 있다.

여론에서 십자포화를 맞아 Bad Company의 굴레를 뒤집어 쓴 기업들 중에는 실상 어쩔 수 없었던 아까운 기업들이 숱하게 많 다. 그런 기업들은 실질에 의해 짓밟히는 것이 아니라 인식과 이 미지에 의해 펀치를 맞고 나가떨어진다.

프로야구팀 한화 이글스의 경기는 한동안 방송사의 중계 1순위 였다. 순위는 거의 매년 바닥을 기었는데, 방송사 중계순위뿐만 아니라 한국프로스포츠협회가 발표한 프로구단 성과 평가에서 한화는 최고 등급을 받기도 했다. 그건 구단의 마케팅전략도 전략이지만 두터운 팬층 때문이라 생각된다. 팬들의 가슴속에 한화는 잘하는 팀은 아니지만 애정이 가는 아까운 팀이 아니었을까? 프로 스포츠라는 냉정한 승부의 세계에서 패배가 반복되면 팬들은 떠나기 마련이다. 꼴찌팀의 경기를 보기 위해 만원 관중을 기록하는 흔치 않는 상황이 벌어지곤 하는데, 전략적 포지셔닝의 효과다.

기업 커뮤니케이션도 마찬가지다. 역사가 오랜 기업들은 잘 나갈 때도 있었고 힘들 때도 있었다. **어려운 상황임을 누구나 알고 있는 데도 담당 커뮤니케이터가 '괜찮다'고만 얘기하면 오히려 역효과가 난다.** 지금은 달라졌지만 예전 금호그룹이 대우건설 및 대한통운 인수라는 하늘의 기회를 잡았던 반면, 경기악화에 이은 주가 하락으로 풋백옵션의 덫에서 빠져나오지 못해 힘들어졌을 때가 기억난다. 이미 심각한 상황이라는 신호를 여기저기서 감지했음에도 회사는 '괜찮다, 좋다'는 소식만 연발하고 있었다.

그러던 어느 날 출근해서 신문을 펼쳐보니 한 지면 전체에 광고가 실려 있었다. 다른 매체들도 마찬가지였다. 광고 내용은 희망을 품게 하고 있었지만, 그 광고를 접한 순간 '일주일 내로 사단 나겠군!'하는 감이 왔다. 그날 연배가 좀 있는 기자들로부터 비슷한 느낌이라는 연락을 몇 번 주고 받았다. 아니나 다를까 그로부터 얼마 지나지 않아 워크아웃을 선언했다.

투자한 주식이 떨어질 때면 쉽사리 처분할 수 없는 것이 본전 생각이다. 다시금 오를 것만 같다는 욕심 때문이다. 현명한 투자자는 무릎에서 사서 어깨에서 팔고, 손실을 보더라도 과감한 손절매로 더 큰 손실을 줄인다. 커뮤니케이션도 마찬가지여서 Bad 인식을 거짓으로 포장하다가는 오히려 더 큰 사고를 만나게 된다. 그럴 때는 아까운 회사 포지셔닝 전략으로 다가서야 한다.

기업을 둘러싼 여섯 개의 R(Relation)

기업은 뭔가 만들어 팔거나 서비스를 제공하고 수익을 얻고자 하는 조직이다. 사전적 의미는 영리를 위하여 재화나 용역을 생산하고 판매하는 조직체다. 그래서 사람들이 오해하기도 한다. 스스로 구한 원료나 재료로 물건을 뚝딱 만들어 팔고 남는 이윤은 수익으로 챙기면 된다는 것처럼 말이다. 맞는 말 같지만, 지금은 그렇지 않다. 오늘날의 현실에서는 단지 상품을 만들어 파는 행위만 할 수도 없을 뿐만 아니라, **아무리 작은 규모의 기업이라도 여러 기관이나 사람들과 관계를 맺을 수밖에 없다.** 심지어 등산로 초입에서 김밥과 음료수를 파는 작은 가게도 예외일 수 없다. 관공서, 농협 같은 은행이나 재료를 대주는 도매상, 동네 텃밭에서 채소를 경작하는 사람과도 거래하게 된다. 하물며 조직이 커지면 그 관계의 폭과 깊이는 더욱 넓고 깊어질 수밖에 없다.

　이런 점에서 기업 경영은 한마디로 기업 내 외부의 다양한 관계 운영이라 해도 과언이 아니다. 등록이나 허가와 관련해서 정부 부처를 비롯해 각 기관들이 있어 먼저 방문해야 한다. 금융거래도 필수적이라 은행이나 증권사 같은 곳, 거래처나 협력업체와 같이 비즈니스 파트너십 관계에 의한 곳도 많다. 제품이나 상품을 구매하는 고객이 있고, 주주나 그밖의 직간접 투자자도 있다. 내부 임직원들과의 관계도 중요하며, 광고나 마케팅 그리고 여론의 향방을 가늠할 언론을 포함한 대외적인 채널도 빼놓을 수 없다.

관계는 오랜 노력을 요구한다

모든 만남을 다 관계라 할 수는 없다. '만남'과 '관계'의 차이는 영문으로 보면 더 빨리 이해된다. 'Meeting with new people happens any time but building a relationship calls for long and hard effort.' 언제 어디서건 만나는 일이 생기긴 하지만 이를 관계로 유지 발전시켜 나가기 위해서는 오랜 노력을 통해야 가능하다. 기업을 둘러싸고 있으면서 노력해 나가야 할 관계들을 정리해보면 대략 6가지로 정리되는데 이것을 6R이라고 부르겠다. 내가 기업 커뮤니케이션 분야에서 일해 오면서 그간의 경험과 자료를 토대로 후배들을 위해 정리해 본 것들이다.

　기업을 위해서는 필수적으로 이 6가지의 관계를 잘 유지하고 발전시키는 데 특별히 신경써야 한다. 대기업은 역할을 세분화하여 각 파트별로 담당자를 지정하고 운영하지만 웬만한 규모에 이르지 않은 기업들이 담당을 따로 두기는 쉽지 않다. 기업 규모에 **상관없이 제대로 된 커뮤니케이터라면 6R의 업무를 수행할 수밖에 없다.** 기업의 승패가 여기서 갈린다.

관계라는 것이 잘 유지 발전됐을 때는 일에 힘을 보태주지만, 그 반대의 경우에는 하나에서부터 열까지가 다 난관이다. 힘을 보태든지 발목을 잡든지 거미줄 같이 복잡한 관계망에서 하나 둘의 힘만으로 다 되는 일은 없다. 크고 어려운 일이 순탄하게 진행된다는 것은 평소 관계를 위해 많은 노력을 들였다는 증거이고, 사전 노력이 장애물을 미리 치워준 것이나 다름없다.

일이 잘 풀릴 때는 '저절로 잘 되는 것인 양' 착각하고 주위 사람들의 공은 모르고 자기 혼자 열심히 한 덕분이라 생각할 때가 있다. 일이 저절로 잘 되는 법은 없다. 반면에 두 번째 세 번째 하는 일인데도 오히려 처음보다 못하거나 더 힘들게 진행되기도 한다. 여기에서 기업 경쟁력이 나오고 경영진의 안목과 능력이 가늠된다.

어느 R 하나도 무시할 수는 없다

6R을 하나 하나 뜯어 보자. 우선 PR이 있다. Publicrelations이고 우리는 흔히 '피알'이라고 부른다. 나머지는 IR, CR, GR, BR, ER이다. 기업의 규모나 처한 상황이나 사람들의 판단에 따라 중요도가 조금씩 달라질 수 있겠지만, 이 6개 Relation 중에서 무시되어도

괜찮은 것은 없다.

IR은 Investor Relations로 주식시장에서 투자자들을 대상으로 기업의 경영활동 및 각종 정보를 커뮤니케이션하는 활동을 말한다. 기업 규모가 커질수록 자기 자금 외에 주주들의 투자금, 금융권에서의 대출이나 그 외 각종 투자를 받게 되는데, 이런 자금 형성을 위한 일련의 활동이 된다. 시장은 꽉 막힌 기업보다 소통하는 기업을 원한다. 상장회사의 주식 가치는 기업의 실질이 반영된 결과다. 시장과 개인 투자자들도 기업에 투자할 때 대상 기업의 원대하고 실현가능성이 높은 꿈에 투자하기를 원한다. 그 꿈을 외부에서는 알 길이 없는데, 그래서 적극적 소통이 필요하다.

비상장기업의 경우 IR팀을 따로 두는 기업들은 잘 없지만 그렇다고 IR 기능이 없는 것은 아니다. 비상장사라도 유가증권 발행 경험이 있으면 주요 사항을 공시하게 되어 있어, 대외적인 커뮤니케이션 채널은 필요하다. 또, 비상장사도 증시가 아니더라도 투자는 필요하다.

CR은 Customer Relations로 대고객 관계를 말하는데, 어느 기업이나 고객 없이는 기업 활동 의미가 없다. 기업의 제품, 상품, 서비스도 구매하는 고객이 있어야만 매출을 올리고 이윤을 만들며 유지 발전하는 원천이 된다. 온 오프라인을 통틀어 고객의 마음을 조금이라도 가져오기 위해 사용하는 방법들 모두가 해당하며, 마케팅이라는 이름으로 운영되는 조직활동 대부분이 CR이다.

GR은 Government Relations이며 Government라고 해서 꼭 정부만이 아니라 시, 군, 구청, 세무서, 소방서 같은 관공서부터 국회, 전경련, 중견련, 중소기업중앙회, 상공회의소, 무역협회 같은 정부 또는 준정부조직 및 각종 민간 협회 등이 대상이 될 수 있다. 법적인 문제나 혜택, 지위 확보 등을 통해 기업 활동을 하는 데 직간접적인 영향을 받는다. 대관업무 조직을 운영하는 기업이 많은데, 대관이라고 해서 꼭 정부나 공공기관들만을 대상으로 하지 않고 NGO나 업계 사람들 누구와도 만나게 된다. '부정청탁 및 금품 등 수수의 금지에 관한 법률' 즉 김영란법 시행으로 가장 많은 영향을 받는 업무 중의 하나가 아닐까 싶다.

BR은 Business Partner Relations이다. 어느 기업이나 협력 관계에 놓여 있는 곳들과의 관계가 기업 운영에서 제일 두드러져 보인다. 원료나 재료를 구매해 제품을 만든 뒤 물류를 통해 보내는 기업 본연의 일을 수행하기 위해 제공되는 각종 서비스에 대해 대가를 치르는 관계들이다. 이런 관계를 잘 가져감으로써 기업 운영의 효율성이 커진다.

예전과 달리 요즘은 협력업체간의 상생활동이 상당히 다채롭다. 명절을 앞두고 결제 대금을 조기에 지급하거나, 어음 만기를 단축하거나 수수료율을 낮추기도 한다. 임직원들이 직무 교육을 통해 제품 단가, 공정 개선 및 개발 노하우를 전수 받기도 하고, 심지어 펀드를 조성해 낮은 이자율에 자금지원까지 하는 곳도 있다. 협력업체와 긴밀한 협업 없이는 지속가능한 성장을 기대하기 힘들다. 전에는 하청업체라 불렸지만 함께 성장해가는 동반자이자 공동운명체라는 인식이 널리 퍼지고 있다.

직원은 가장 잘 대해야 할 소중한 내부 고객

마지막으로 ER은 Employee Relations이다. 요즘 직원은 그냥 직원이 아니다. 잘 대접해야 하는 내부 고객이다. 직원은 더 없이 소중한 존재다. 직원들의 성장 없이 기업의 성장이 이루어질 수 없다. 항상 회사의 전반적인 경영상황을 투명하게 공유하고 자발적인 참여를 이끌어내야 한다.

웬만한 기업들은 이 6가지 관계를 다 가지고 있다. 문제는 시스템화하지 못한 기업이 많다는 것과 어떤 R은 중요하고 다른 R은 중요하지 않다고 하는 오해다. 사업 초기에는 대표가 직접 구청이나 세무서에서 서류도 떼고 하겠지만, 어느 정도 규모에 이르면 일과 시스템의 체계를 잡아 나가야 한다. ·

어떤 사람들은 회사 내부에 있는 자기 사람들이 미덥지 못하여 큰 일이 닥치면 무작정 외부 전문가에게 기대기도 한다. 반대로 외부로 나가는 돈이 아까워서 무작정 경험도 지식도 없는 직원들을 달달 볶기도 한다. 어떤 식으로든 일이야 진행되겠지만, 기업과 직원들의 성장을 도모하기 힘들다. **직원들을 무시하며 몰아세워서 고객만을 위할 수 없고, 기업이 시장과 적극 소통은 않고 먼저 알아주기만을 기대해서도 곤란하다.**

결국 회사를 잘 경영한다는 것은 관계를 잘 유지 발전시켜 나간다는 것이다. 모든 관계를 잘 가져가는 것이 기본적이면서도 어려운 문제다. 기업 경영의 답은 관계, 즉 6개의 R에 있다.

거짓말하지 않고 회사를 구하는 방법

영화도 커뮤니케이션도 디렉터가 필요해

커뮤니케이션 아이디어는 개념적으로 어렵다. 마케팅이나 커뮤니케이션이나 아이디어는 인식을 다루는 것이기 때문에 개념 접근 자체부터 쉽지 않다. 대부분 실체가 없는 추상적인 것들로 채워진다. 얼핏 쉬워 보이는데도 결코 쉽지가 않을 뿐만 아니라 의도한 대로 움직이지도 않는다.

회의실에서 커뮤니케이션 분야 사람과 경영 분야 사람이 대립하면 커뮤니케이션 쪽에 힘을 받기는 좀처럼 힘들다. 아이디어도 선택되는 경우가 잘 없다. 기업이 어려울 때 해결책으로 채택하는 것들은 눈에 보이고 손에 잡히는 것이어야 한다. 상식적인 해결책일 수밖에 없다. 제품을 개선하고, 비용을 절감하고, 가격을 낮추는 길이다. 거기에 직원들의 열정과 단합된 힘을 불러 모은다. 어찌 보면 너무 당연하다.

커뮤니케이션과 마케팅에서 중요한 것은 '감'

경영진들과 호흡을 맞추는 사람들 대부분은 이런 당위성을 좇는다. 법률 문제에 부딪히게 되면 변호사를 불러 자문을 구하고 따른다. 회계 문제에는 회계사 자문을 구한다. 그리고 예외 없이 그 조언에 따른다. 영업 문제는 고객이 왕이라는 인식과 영업이 회사를 먹여살린다는 생각에서 담당자 의견이 그대로 받아들여지는 경우가 흔하다.

하지만 커뮤니케이션 문제에서는 양상이 다르다. 법률처럼 당위적이지도 않고, 재무표처럼 알아보기 힘든 것도 아니고, 회계처럼 딱딱 맞아 떨어지지도 않을 뿐만 아니라 고객처럼 감사하지도 않는 대상에게 공을 들이기도 안 들이기도 뭣하기 때문이다. 얼핏 보면 보고서상에 나열된 용어들 중 해석 안 되는 것도 없다. 취향의 문제도 다분하다. 인풋과 아웃풋이 딱 떨어지지도 않는다. 결과도 예측불허다. 만만해 보이기도 하고 재미있어 보이기도 해서 입 대기도 쉽다. **커뮤니케이션 전문가의 자문을 실컷 구한 뒤에 결국 최고경영자가 하고 싶은 대로 하는 경우가 많다.**

긍정적인 인터뷰를 한 번 했던 매체라도 그 다음에 생기는 이슈에 대해 그냥 넘어가지 않는다. 예외없이 뼈아픈 기사를 써댄다. 봐 달라고 할 땐 외면하더니, 왜 보냐고 하면 더 파고 든다. 커뮤니

거짓말하지 않고 회사를 구하는 방법

케이션이나 마케팅에서는 '감'을 따라가야 한다. 돌아가는 상황에서 여론의 분위기, 매체와 매체 간, 매체와 회사 간, 그밖의 매체와 독자 간의 정서적인 면까지 고려하여 틈새를 잘 파고 들어야 제대로 효과를 본다.

대박 영화들도 유사하다. 영화가 대박 나는 방법은 시대적으로 맞물려 관객의 정서적인 면을 잘 파고드는 스토리, 배우, 화면 구성 그리고 이 모든 것을 적절히 녹여내는 감독의 손에 있다. 영화 전문가들의 악평에 시달렸지만 흥행에 성공하는 영화도 많고, 호평 속에서도 흥행은 참패를 면치 못한 작품도 많다. 그럼에도 영화사는 감독의 '감'에 모든 것을 맡긴다. 영화 만드는 방법이야 누구나 알 수 있지만 잘 만드는 '감'을 가진 자는 드물다. 커뮤니케이션 역시 마찬가지여서 오랜 경험과 네트워크를 바탕으로 제대로 된 '감'을 가진 사람이 진행해 나가야 한다.

기업 일은 책임이 뒤따르기에 시작하기 전부터 결과를 보고 싶어 한다. 그래서 모든 사업부서가 사전에 '사업계획서'를 정밀하게 만든다. 추정이긴 하지만 결과를 먼저 보여준다. 그 '결과'를 보고 착수한다. 반면에 커뮤니케이션 사업계획은 그에 비하면 구름 속 이야기이다. **'긍정의 극대화와 부정의 극소화.'** 숫자로 보여줄 수도 없다. 숫자에 익숙한 기업인들에게 착 와닿지가 않는다.

커뮤니케이션은 여름날 지리산 등산과 같다. 아침에 출발할 때는 안개로 앞이 보이지도 않다가 낮에는 뙤약볕에 고생하고, 하필 가파른 길에서 소나기를 만나기도 한다. 하지만 정상을 향해 계속 오르고 또 오르다 보면 오르게 되어 있다. 길을 잃고 헤매게 되는 수도 있고, 처음 생각과 달리 다른 길을 가야 할 때도 있다. 중요한 것은 정상이라는 꼭지점을 바라고 한결같이 가다 보면 이르게 된다는 믿음이다. 그래서 어렵다고들 한다.

전세계 어디서나 컴퓨터나 스마트폰으로 온 세상 돌아가는 일들을 들여다 볼 수 있는 시대다. 손 끝에서 정보를 얻고 투자하고 이체하고 결제한다. 전에는 기업 커뮤니케이션이 소비재 기업만 해당되고, B2B 기업에선 필요 없다고도 했다. 소비자 접점이 없기 때문에 마케팅이나 광고를 따로 할 필요가 없고, 기업 고객들이 알고 찾으면 그만이라는 생각에 굳이 드러내고자 하지 않았다.

공교롭게도 근무했던 기업들이 대부분 B2B 기업이었다. 상품 광고 기회가 별로 없었다. 그래서였는지 회사의 커뮤니케이션 인식 수준은 필요할 때만 잠깐 하면 되지, 하는 정도였다. 사실은 '할 필요가 있나?'는 생각이 많았다. 하지만 얼마 되지 않아서 커뮤니케이션은 절대적인 것으로 인식 수준이 바뀌었다.

2005년까지만 해도 유진그룹은 어느 정도 규모의 경제를 이룬 데다가 안정적인 수익을 창출하고 있었고, 외부에 잘 알려져 있지 않았기에 외부의 간섭에 신경 쓰지 않았다. 대중들이 잘 모르는 흔치 않은 업종에 B2B 기업이었지만 돈을 잘 벌었기에 어쩌다가 기자가 먼저 연락해오더라도 최소한의 응대 정도에 그쳤다.

하지만 2006년 초 대우건설 인수전에 뛰어들면서 양상이 바뀌었다. 재무적 이슈가 크게 불거지기 시작했다. 유진그룹은 대우건설의 글로벌 비즈니스 능력이 필요했다. 인수에 성공하면 단번에

거짓말하지 않고 회사를 구하는 방법

국내 최고 건설사로 발돋움할 수 있었다. 그 전까지는 다들 수면 아래서 조용히 지내는 것이 최선이라 생각했는데, 판이 벌어지고 나니 예닐곱 후보 기업들 중에서 가장 낮은 인지도가 치명적인 약점이었다. 잘 알려지지도 않은데다가 규모도 작은 편이어서 인수 이후 경영 능력에 대한 의구심이 툭하면 제기되곤 했다.

큰 프로젝트에서는 기업의 평판이 상당한 비중을 차지한다. 특히 규모가 작은 회사가 큰 회사를 인수하고자 할 경우나 잘 알려져 있지 않던 회사가 큰 일을 겪게 될 경우에는 중요한 판단 근거가 된다. 정성적 평가의 비중이 갈수록 높아지는 추세다. **평판이라는 것은 회사와 직접적 이해관계가 없는 제3자의 입을 통한 것이라야 하는데, 대표적인 것이 여론이다.**

여론을 이끌고가는 문제에 정답은 없다. 과하면 아니한 만 못하기 때문에 적절한 선을 잘 유지하는 것이 최선인데, 그게 바로 '감'이다. 당시엔 짧은 기간 동안 기업 인지도를 올려야 했기에 그야말로 빡세게 할 수밖에 없었다. 닥치는 대로 만나고 부딪혀야 했다. 기업 인지도가 낮아서 기자들도 그 기업을 모르고, 모르는 만큼 관심도 적기 때문에 기자들 만나는 일에도 상당한 노력이 필요했다. 결국 그 인수 프로젝트는 성공하지 못했다. 입찰 금액에서 3순위였다. 하지만 회사는 그때의 인지도 상승과 평판을 발판으로 이후 다른 프로젝트들에서 큰 성과를 거둘 수 있었다. 되팔긴 했지만 하이마트 인수도 성공했었다.

욕 먹더라도 제대로 된 디렉팅을 유지하라

대한전선도 전형적인 B2B 기업이었다. 보수적인 기업문화로는 국내에서 둘째가라면 서러워할 정도였다. 오죽했으면 '밖에 나가서 회사 자랑하지 마라'는 선대 회장의 유훈에 따라 커뮤니케이션 부서가 아예 없을 정도였다. 게다가 당시 '재계의 돈 주머니'로 불릴 정도로 회사가 보유한 자금이 넉넉했고, 잘 벌고 있었기에 여론에 신경 쓸 필요도, 답답할 것도 없었다. 용케 알고 연락하는 기자들에게 겨우 몇 마디 응대하는 것 정도가 전부였다. 기업의 핵심역량을 키워나가야 하는데, 많은 보유 자금이 있었음에도 더 큰 수익을 위해 본업은 등한시하고 부동산이며 기업인수 같은 투자에만 집중하던 때가 있었다. 그게 문제였다. 본업이 국내 1위에서 2위로 밀렸고, 여론이 심상치 않음을 간과하고 있었다.

2008년 글로벌 금융위기의 직격탄을 맞고 국내외 여러 투자 건들이 말도 안 되는 수준으로 가치가 떨어지면서 졸지에 회사는 가장 돈 많은 기업에서 '한 푼이 아쉬운 회사'로 전락했다. 전에는 언론에서 찾아보기 힘들던 회사 이름이 하루도 거론되지 않는 날이 없었다. '손실', '위기'와 같이 부담되는 제목으로 하루에만 수십 개씩 기사가 나올 때도 있었다. 기사 하나 하나가 날이 선 무시무시한 것이었다. 1957년 설립이래 60년의 세월 동안 게재된 기사 건수보다, 2008년 금융위기부터 겨우 5년간의 기사가 몇 곱절은 많았다.

상황을 반전시킬 묘책은 없었다. 실질을 무시하고 '뻥'치는 커뮤니케이션은 절대 금물이었다. 회사가 보유 자산을 빨리 매각하고 부채를 갚아서 개선하는 데에 중점을 두고 있었지만 불경기라 생각처럼 쉽지 않았다. 수백억원 또는 수천억원 하는 자산을 처분하는 것도 어려운데, 언론은 지켜보고 있지, 또 급한 상황이라, 가격을 떨어뜨려서라도 매각해야만 했다.

스치는 바람도 뼈아플 시기였기에 어떻게든 여론의 물꼬를 돌려야 했다. 전 임직원들도 몇 차례에 걸쳐 증자에 참여했기에 개개인의 재산도 걸려있었다. 외부도 부담이지만 내부 분위기에도 촉각을 곤두세울 수밖에 없었다. 여론의 칼날이 직원들에게는 더 뼈아팠다. **한시가 급한 상황이었지만 하나 하나 해나갈 수밖에 없었다. 기본적인 여론부터 공략해나갔다.** 경영진들과 힘겨운 마찰이 있을 때도 많았고, 열심히 하고도 번번이 욕을 먹었다. 그렇다고 중단하거나 포기할 수 없었다. 1년여를 넘기면서 내부 갈등은 커뮤니케이션 부서에 대한 인정으로 기류가 바뀌었다.

회사의 상황을 해외 발주처에서도 알게 되었는지 반증할 자료를 요구했다. 뉴질랜드 오클랜드 지역의 '북섬 업그레이드 프로젝트'가 진행되고 있어 대규모 수주에 희망을 걸고 있었다. 그 프로젝트는 수년에 걸쳐 여러 건이 대규모로 계획되어 있었기에 첫 수주 성공이 중요했다. 기업 전망이 나쁘지만은 않다는 내용으로 제3자가 작성한 자료여야 했는데, 영업 담당들의 고심이 대단했다. 하지만 요청을 받고 반나절도 채 지나지 않아 자료를 제공했다. 언론에 비친 긍정적인 내용의 기사는 꽤 많았다. 그 중에서 실질적인 성과와 사회공헌 활동에 대한 자료를 몇 가지 추렸다. 수주는 성공했고, 그뒤로도 계속 이어졌다. 시련의 상황에서도 웃음짓게 만든 케이스였다. 모두가 커뮤니케이션의 성과였다. 함께 고민하고 기획하고 준비해서 만든 결과물이었다.

단체로 등산을 갈 때 앞에는 길잡이 역할을 하는 선두가 있고, 그뒤를 사람들이 따르게 된다. 길잡이는 산길을 아는 사람이 주로 맡게 되는데, 아는 길이라도 갈림길에서는 이쪽으로 갈지 저쪽으로 갈지 신경도 쓰고, 헷갈리는 곳에서는 먼저 가서 살펴본 뒤에 사람들을 이끌기도 한다. 당연히 뒤에서 따라만 오는 사람들보다 훨씬 활동량이 많음에도 대부분 따라오는 사람들이 먼저 지치게 된다. 리더가 사람들에게 가야 할 길에 대한 브리핑을 하지 않을 때 더욱 지친다. **사람들이 지치지 않고 등산을 다 같이 잘 할 수 있게 하려면, 제대로 알려주는 것이 필요하다.**

사전 인지가 있어야 한다. 그게 제대로 된 디렉팅이고 커뮤니케이션이다. 신뢰에 기반한 커뮤니케이션은 갈등의 폭을 크게 줄여준다. 쉽지는 않지만 말이다. 개인적인 일이든 회사 일이든 상호 커뮤니케이션을 통해 예측 가능할 때 갈등은 훨씬 줄어들게 되어 있다.

거짓말하지 않고 회사를 구하는 방법

2장.
그 회사엔
뭔가 특별한
커뮤니케이션이 있다

아무 일 없어야 잘 된 일이다

일 잘하는 목수와 그렇지 못한 목수는 연장의 날을 세우는 시기가 다르다. 잘하는 이는 일하기 전에 연장 손질하고 작업 중에는 일에만 몰두한다. 못하는 이는 일을 하다가 잘 되지 않을 때 연장 탓하며 그제서야 날을 세운다. 작업시간 다 까먹고 결국 허둥지둥 서둘러 일할 수밖에 없다.

커뮤니케이션 담당의 경우도 마찬가지다. 언론 매체에 근무하는 기자들이나 데스크들은 일반 기업들보다 부서(인사) 이동이 잦다. 출입기간은 짧으면 6개월이고 길어야 2~3년 정도로 계속 바뀌고 부서도 바뀐다. 한동안 신경 쓰지 않고 있다가 갑자기 자료를 보내면 인사 이동으로 인해 자료 처리가 안 될 경우가 많다. 이때 부랴부랴 새로 담당 출입기자를 찾게 되는 것은 꼭 일 못하는 목수 꼴이다.

보이는 '돈'의 무게와 보이지 않는 '관계'의 무게

초년병 시절 산업자원부 기자실에서 문전박대 당할 때 그나마 도움을 준 사람은 당시 모 일간지의 산업부 차장이었다. 출입처와 상관없이 그뒤로도 일년에 한두 번씩은 만나곤 했다. 심지어 세녹스가 2심에서 패소하고 암울해졌을 때에는 나를 광화문으로 불러내 식사에 맥주까지 사주면서 '어려운 상황에서도 뭔가 하려는 것'이 보여 좋았다고 위로를 아끼지 않았다. 그리고 몇가지 애정어린 충고도 덧붙였다.

대기업들도 저마다 커뮤니케이션 스타일이 달라서 어떤 회사는 얘기가 잘 통하고, 어떤 곳은 큰 일이 터져야 비로소 호들갑을 떤다는 얘기였다. 평소에는 누가 담당기자인지 신경도 쓰지 않다가, 회사에 호재가 있거나 부정적 이슈라도 생기면 그제서야 임원부터 담당자까지 찾아와서 기사를 내달라고 자료를 내민다는 것이다. 사람 면상에 대놓고 딱 잘라 싫다고 할 수 없기에 '알겠다'고 하지만, 그 사람들이 나가는 순간 자료는 바로 휴지통에 던진다고 했다. 그런 회사들 중에는 이름만 들어도 알 만한 회사도 있고, 연간 광고비를 꽤 많이 쓰는 회사도 있다고 했다.

언론사도 주식회사이고 기자들도 직원 신분이기에 광고주가 신경쓰일 수밖에 없다. 하지만 결국 돈보다도 관계에 무게가 쏠리게 된단다. 평소 신경 많이 써주고 기사에도 도

거짓말하지 않고 회사를 구하는 방법

움되는 관계일수록 좀 더 귀 기울이게 된다. 굳이 언론과 커뮤니케이터의 관계만이 아니라 사람과 사람 사이의 어떤 것이든 해당될 것이다. 당연한 얘기지만 내게 조언해주던 그의 진정 어린 마음을 늘 가슴에 새기고 철칙으로 삼고 있다.

그 시절 궁금한 것이 하나 있었다. 기자들과 자주 만나다보니 어느새 친구처럼 가까워지기도 했는데 공과 사의 영역에서 혼돈을 느끼게 된 것이다. 고지식한 성격상 공적인 업무로 만나게 된 사람인데 가까운 사이가 되었으니 **사적으로 어느 정도까지 선을 그어야 하는가**에 대한 고민이 들었다. 존경하는 사부님께 조심스레 털어놓았다.

"자주 만나 친해진 기자들과 너무 가까워지는 것도 문제가 되지 않을까요? 친구처럼 마음의 문을 열어도 될까요?"

"하하하, 사람 만나면서 그렇게 고민해가면서까지 선을 그어놓을 필요가 있겠어?"

"업무상 만나는 사람인데, 친분이 문제를 유발할 수도 있지 않습니까? 공과 사는 구분해야 된다고 생각합니다."

"사람이 사람을 만나서 마음을 열고 친해지는 건 당연한 거고, 회사 기밀이야 알아서 조절해야지."

너무나 당연한 것을 그때는 왜 그렇게 고민했는지 모르겠다. 하지만 그때까지 나에겐 조언해주는 선배가 없었기에 몇년 동안 마음속에 의문을 드리우고 지냈다. 사소한 것조차 어떻게 조율해나가야 할지 경험을 하면서 스스로 터득하는 수밖에 없었다. 처음엔 만나는 주기를 두 달 정도로 정해두었다. 너무 자주 만나는 것도 그렇고 적당하게 시기를 조절하여 나름 선을 지킨다는 생각이었다. 당시엔 별 것도 아닌 것을 가지고 혼자서 끙끙댔다.

평소 부담없는 만남이, 천군만마가 되어 돌아온다

커뮤니케이터들은 습관적으로 아침 일찍 출근을 한다. 전날 야근과 술자리로 몸이 파김치가 되더라도 일찍 출근하는 것이 나름대로의 프라이드다. 남들보다 먼저 나와서 정부를 접하는 것이 첫 번째 기본 자세다. 신문을 볼 때 기사도 중요하지만 인사와 부고를 반드시 점검한다. 습관화되는 데도 적잖은 시간이 걸렸다.

요즘은 김영란법이 생기면서 인사와 부고 문화도 조금씩 바뀌는 중이지만, 근본적으로 바뀐 것은 없다. 관심과 정성의 크기가 꼭 화환이나 접대 음식의 고급스러움과 비례하지는 않는다. 3, 5, 10만원으로 대표되는 김영란법, 사실 나에게는 그 법 시행 전에도 이 범주를 과히 벗어나지는 않았다. 물론 술자리를 즐겨온 입장에서 2차 3차로 이어지기 쉬운 날은 예외였지만 말이다.

개인적인 대소사를 챙기는 것이 관계를 향상시키는 데에 무엇보다 중요하다. 기왕이면 남보다 조금이라도 먼저 챙기는 것이 좋다. 열심히 하다보면 무슨 정보가 되었든 먼저 알 수 있다. 초기엔 기사든 인사 부고든 빨리 확인을 하는 편이었는데도 항상 먼저 알고 있는 선배들이 놀라웠다. 그땐 조금이라도 지체되면 여지없이 책망을 듣는 것이 원망스러웠는데, 오래 열심히 하면 자연스레 된다는 것을 나중에야 알게 됐다.

팀원이 부족하다보니 조문은 항상 밤 시간이었다. 전라도 광주나 울산, 부산, 아마도 제주도 빼고는 다 다녀본 것 같다. 퇴근하고 가서 새벽 기차나 버스를 타고 돌아와 한두 시간 쪽잠이라도 잘 수 있으면 다행이었다. 옷만 갈아입고 바로 출근한 경우도 많았다.

점심은 늘 한두 달 전에 스케줄을 채워놓는다. 평소 미리 만나는 것이 가장 중요하다. **정상적인 회사의 모습, 사람에 집중하며 대화를 나누는 것이 친분을 쌓고 서로 통하는 지름길이다.** 처음엔 약속 하나 잡기가 왜 그렇게 힘들었는지, 하지만 이력이 붙은 뒤로는 스케줄이 쌓였다. 스케줄 중간중간 약속이 없는 날을 배치하는 요령도 생겼다. 그렇게 하기까지 십년 이상의 내공이 필요하다.

한 명의 기자가 담당하는 출입처는 수십 군데에서 많게는 수백 군데까지 이른다. 세상 어느 곳이나 20:80 법칙이 존재하듯이 그 중에서도 상위 20%의 기업에서 벌어지는 일들이 겨우 관심을 받는다. 나머지 기업들까지 세세하게 관심을 가지는 것은 쉽지 않다. 언뜻 기자 수가 엄청 많아 보이지만, 우리 사회를 구성하는 기업이나 기관 수와는 비교할 수도 없다. 그래서 규모가 크지 않은 기업과 기관들일수록 커뮤니케이터의 노력이 중요하다.

평소 미리 만나는 것이 나중에 큰 일이 터졌을 때 천만금을 쓰는 것보다 더 효과적이다. 마음에서 우러나는 진정성이 통했다면 더할 나위가 없다. **큰 일이 터졌을 때 시끌벅적하게 돈을 써가면서 일하는 사람들이 아니라 미리 미리 술술 풀어나가는 사람이 능력 있는 커뮤니케이터다.**

일을 처리하다보면 일을 잘해 놓고도 잘 드러나지 않는 안타까운 경우가 있다. **회사가 발칵 뒤집어지게 되었을 때 지금까지 동원해 일을 한다면 티도 많이 나고 주목도 받겠지만 그것은 하수의 방법이다.** 어떤 커뮤니케이터들은 자기의 입지를 위해서 일부러 문제가 터질 날을 기다리기도 한다. 불이 날 곳을 예측하고 불이 크게 붙기 전에 진화하는 것이 진짜 전문가가 할 일 아닌가? 대부분의 사람들은 불이 날 가능성이 있다는 것조차 모를 때가 많다. 그것이 커뮤니케이터의 숙명이자 운명이다.

서로의 입장을 고려하되 순리대로 잘 풀어가는 사람이 능력자다. 이런 능력은 어느날 갑자기 생기지 않는다. 또 혼자만 가진 능력은 아무 쓸모도 없다. 서로가 능력을 인정해주어야 발휘된다. 겨우 몇 개월 반짝 만나고 다녀서 그런 능력이 생기는 것도 아니다. 꾸준히 하다보면 어느새 만남의 인연들이 씨줄과 날줄처럼 직조되어 촘촘하게 네트워크가 형성되는 것이다. 자연히, 일도 그 속에서 풀린다.

커뮤니케이션하는 후배들뿐만 아니라 지인들에게 늘 강조하는 말이 있다. "가장 중요한 커뮤니케이션 업무는 아무 일도 없을 때 아무런 이슈도 없이 그 사람에게 온전히 집중하기 위해 만나서 인사하고 먹고 듣고 말하는 것이다."

'회장님 주재의 식사라도 곤란합니다'

2008년 말부터 회사는 지진으로 지반이 꺼져가는 땅처럼 한없이 붕괴될 조짐만 나타났다. 당시 만나는 사람마다 회사 형편에 대해 '어떻게 회사가 그 지경에 이를 수 있나?' 하면서 안타까워했다. 프리즈미안을 인수해 세계 1위 기업으로 도약하고, 이어서 펼칠 글로벌 커뮤니케이션이라는 청운의 꿈을 안고 이직한 직장이었기에 기대와 달라진 현실을 대했을 때 망연자실할 수밖에 없었다.

하늘이 무너져도 솟아날 구멍이 있을 것이라는 희망은 있었다. 빠른 시간 내에 회사가 보유한 자산들을 처분해서 재무 건전성을 회복한다면 재기할 거라 기대했다. 커뮤니케이터 입장에서 **이미 벌어진 일이야 어쩔 수 없더라도 그로 인해 다른 일에 악영향이 가는 것은 최소화**하고 싶었다. 여론으로 인해 초

래되는 2차 위기를 막는 것이 급선무라 생각했다. 불철주야 뛰어
다녔다. 덕분에 5년동안 겨우 이틀의 휴가와 오전 반차 2번이 쉬
어본 전부였다.

선입견과 오해가 담긴 기사는 폭탄과 같다

예산도 예산이지만 늘 속타고 초조한 마음에, 버스나 택시를 기다
리는 잠깐도 견디지 못하고 너댓 정거장 정도는 뛰어다녔다. 바삐
움직여야 걱정이 덜 됐다. 번지르르한 식사나 술을 대접해본 적도
거의 없다. 그마저도 음식은 먹는 둥 마는 둥하고 회사의 입장을
옹호하고 상황을 이해시키는 데에만 집중했다. 필요한 약속들을
미리 잡아나갔는데, 스케줄이 많을 때에는 석달치 이상 빽빽하게
채워져 있었다.

회사 취재에는 산업부가 주 출입기자단이지만 재무관련 이슈
들이 끊이지 않았기 때문에 증권, 금융, M&A, 채권 등 재계 및 금
융시장과 관련 있는 거의 전 부서 기자들을 염두에 두었다. 그들
중 누가 하든 매일 기사를 쓰고 있었기에 모두가 담당기자나 마찬
가지였다. 수주나 계약체결, 신제품 개발과 같은 소식이야 산업부
기자들 차지였지만, 어려워진 회사 사정을 다룬 기사들은 금융이
나 증권부에서 나왔고 부담되는 내용들이 많았다.

한 사람이라도 더 만나기 위해 동분서주했다. **아 다르고 어
다른 법이라 기사에서 조그만 뉘앙스 차이로도 엄청난
충격파가 전해졌다.** 종합지, 경제지, 온라인, 전문지 등에서 산

거짓말하지 않고 회사를 구하는 방법

업부, 금융부, 증권부, 그리고 기타 부서에 소속된 데스크, 영향력 있는 고참 기자와 시장을 주름잡고 다니는 기자들을 모두 다 만나기란 불가능하다. 출입처도 계속 바뀌는데, 긴장해서 동향을 주시하지 않으면 놓치기 십상이었다. 놓치면 사고로 이어질 공산이 컸다. 금융전문가라 하더라도 자세한 상황을 모르는 상태에서 내놓는 의견은 회사에 도움은 커녕 악재가 되기도 했다.

회사가 짧은 몇 년 동안 겪은 엄청난 일들은 직접 듣지 않고서는 이해가 불가능했다. 2000년대 초반까지 한창 잘 나가던 회사가 무분별해 보이는 여러 건의 기업인수와 투자를 반복하다가 엉망이 된 모양은 부정적인 이미지를 불러오기에 딱이었다. 그런 선입견을 깔고 오해의 감정이 바탕이 되어 나온 기사는 폭탄과도 같았다.

이런 일들을 겪어오면서 체득한 것은 미리 밑품을 파는 것이었다. 예상치 못한 특별한 이슈가 생기기 전에 편하게 만나서 납득을 시켜나가는 것은 커다란 숙제였다. **회사가 걸어왔던 행로와 정당성에 대해 설명해두는 것이 이후의 관련 기사에서 엉뚱한 방향으로 튀는 일을 막아주었다.**

매일 약속을 잡는 것도 보통 일이 아니다. 어떤 경우에는 이른 저녁과 늦은 저녁으로 약속이 이중으로 잡히는 경우도 있었고, 약속 잡기가 어려워 우연을 가장해서 불쑥 나타나기도 했다. 어렵게 잡은 약속이고 회사를 위기에서 구해내기 위해 발버둥치는 상황인만큼 약속 하나 하나가 소중했다.

회사 내 임원이나 최고 경영진에서 팀장들을 대상으로 갑작스런 식사 소집을 하는 경우가 가끔 있었다. 이런 자리를 통해서 평소에 부족했던 소통도 하고 격려도 했다. 월급쟁이 치고 이런 자리를 등한시하는 경우는 없다. 최고 경영진에게 성과를 인정받을 수도 있고 존재감을 드러낼 수 있는 자리이기 때문이다. 무엇보다 한국인의 정서상 그런 자리에 불참한다는 것은 마치 윗사람의 지시를 거역하는 것처럼 비춰질 수도 있기 때문이다.

하지만 나는 그런 자리에 참석한 적이 거의 없다. 피하거나 무시해서가 아니라 야전에서는 매일 같이 전투가 벌어지고 있었고, 그런 전투 상황에서 잠시라도 몸을 빼내기가 쉽지 않았다. 내부 사람들끼리 친목을 도모하는 자리에 참석하기 위해서 중요한 외부 전투를 희생하는 것은 사치라는 생각이었다. **최고 경영진과의 식사에 빠지면 나 혼자만 욕을 먹지만, 이해를 시켜야 할 기자들과의 약속을 저버리면 회사가 위기에 빠질 우려가 있었다.**

커뮤니케이터에 대한 내부의 오해

일년이면 점심 약속이 250개씩 생기는데, 그 약속 하나 하나가 적어도 한 달 또는 두어 달 전에 잡은 약속들이었다. 닥쳐서 취소하기도 어려울 뿐더러, 다시 만나기 위해서는 또다시 두어 달을 기다려야 하는데 그 당시 두어 달이면 회사에 이슈가 터져도 몇 번은 능히 터질 기간이었다. 내일 당장 무슨 일이 벌어질지 알 수 없는 악재 상황 속이라 비서실에서 소집하는 연락에 몇 번을 불응했다. 그러다보니 이후에는 비서가 '오늘도 안 되죠?'라고 물었다.

연락을 받고 나면 마음이 편할 수가 없다. 하지만 어쩔 수 없었다. 처음에는 회사를 위하는 마음을 조금은 알아주겠지 하는 기대도 했다. 그런데 그게 아니었다. 어느날 한 임원으로부터 상상도 못할 이야기를 들었다. **"회장님 식사 초대도 거들떠보지 않는다며? 그렇게 잘났나?"** 순간 너무 당황스러웠다. 적어도 회사를 위해 불철주야 뛰어다니는 마음 정도는 알아줬으면 했는데, 전혀 아니었다. 섭섭한 감정이 들었다. 하지만 뾰족한 수가 없었다. 식사 스케줄이 언제 잡힐지 알 수도 없고 스케줄을 비워둘 수도 없었다. 그러기에는 회사 상황이 너무 급박했다.

최고경영진과의 식사 자리보다 외부 언론과의 약속이 과연 더 중요한지 혹자는 의문을 가질 수도 있겠다. 하지만 전장에서 매일 전투를 벌이는 장수가 함부로 전선을 비워서는 안 된다는 것이 커뮤니케이터로서 나의 신념이었다.

사실은 정해진 식사 자리에 나가기는 힘들었지만 하루에도 몇 차례씩 최고경영진을 마주할 때가 많았다. 전략이나 재무 상황을 주제로 진행하는 임원회의에 배석도 해야 했고, 우려스러운 기사가 예견될 경우에는 최고경영진에게 지체 없이 달려가야 했다. 대내외적인 주요 메시지라도 만들 경우에는 단어 하나 조사 하나가 가지는 의미에 대해 심각하게 의논해야 했기 때문이다.

번번이 참여는 못했지만 오해는 줄일 수 있도록 노력했다. 상대에게 양해를 구하고 얼굴만이라도 비추고 나왔는가 하면, 일부러 임원들이 듣도록 너스레를 떨고 다니기도 했다.

기업의 커뮤니케이션 담당 자리가 얼마나 마음과 몸이 고달픈지 웬만한 직장인들은 잘 알고 있다. **사내 리크루팅을 실시하면 커뮤니케이션 업무는 기피 1순위로 꼽힌다.** 아흔 아홉 번의 우려되는 기사 상황을 잘 막고 대처해왔다가도 단 한 번의 이상한 기사로 그 동안 열심히 일한 것은 온데 간데 없어진다.

우려되는 기사를 막는다는 것은 대단히 힘든 일이지만 사실 막고 난 후에는 그 공을 딱히 증명할 방법도 없다. 여론이 오해할 수 있는 기사에 부담되는 이슈를 해소했을 경우에도 어떻게 노력해왔는지 주위에 이해시키기도 어렵다. 커뮤니케이션을 맡은 팀이지만 실상은 가장 오해를 많이 받는 팀이다. 그게 팀의 숙명이다.

한번은 모 임원이 회사의 치부를 확인할 목적으로 방문한 기자를 맞아 저녁 때까지 일련의 과정을 우연히 옆에서 지켜보게 되었다. 하루종일 옆에 붙어 온갖 이해와 설득을 통해 기자는 회사의 노력에 대해 긍정적인 인식을 가지게 되었다. 자리는 저녁 식사로 이어졌다. 밤이 되고 한참 늦은 시각에서야 기자는 얼큰한 취기를 가지고 돌아갔다. 평소 '커뮤니케이션 담당들은 법인 카드로 그냥 맛있는 것이나 먹고 다닌다'고 농담을 던지기도 했던 임원이었는데, 그 일이 있은 후로는 우리를 대하는 눈빛부터 달라졌다.

"기자랑 얘기는 잘 됐어? 또 큰 일 생기는 건 아니겠지?"

"장담은 못해도 아마 그런 일은 벌어지지 않을 겁니다."

"맛있는 거라도 사주고 어떻게 돼가는지 자주 만나 듣도록 해."

"그 기자만 그런 것이 아니죠. 그런 기자가 몇 백 명은 됩니다."

"그래? 참 쉽지 않은 엄청난 일을 하고 있구먼. 고생해."

거짓말하지 않고 회사를 구하는 방법

'톡 까놓고' 숨기는 법

절대로 밝혀지지 않을 것 같은 일도 언젠가는 밝혀진다. 절대 권력의 비호 아래 수십 년간 비밀리에 진행했던 일들도 세월이 흐르면 자연히 드러나게 된다. 2016년 겨울 대우조선해양 경영 비리 의혹을 수사하던 검찰 부패범죄특별수사단이 부실기업에 부당 대출을 지시하고 지인 기업에 이권을 몰아준 대가로 억대 뇌물을 받은 혐의 등으로 K모 전 산업은행장을 구속했다. 그가 산업은행장으로 있었던 시절은 글로벌 금융위기 여파로 재계의 많은 기업들이 생존과 부활을 위해 몸살을 앓던 때였다. 산업은행장은 국내 굴지의 4대 금융그룹 중에서도 기업들의 생사여탈권을 한 손에 쥐고 있는 사람이었다.

어떻게 해서든지 산업은행 관계자를 만나서 이자율이라도 조금 낮춘다면, 기존 대출의 조건 변경 없이 연장이라도 할 수 있다면 좋을 것이다. 자구책으로 이행하고 있는 재무개선 사안에 주채권단으로서 산업은행이 거절하지나 않을까 하는 마음에 재무쪽 사람들은 산업은행 그림자만 봐도 절을 하던 시기였다. 영원할 것 같았던 그런 위세가 몇 년도 채 지나지 못해 영어의 몸이 되어버렸다.

잘 통해야 잘 숨길(?) 수 있다

국정농단 사태만 보더라도 영원할 것 같은 일도 따지고 보면 처음엔 바늘 구멍 같은 틈과 갈등에서 증폭되어 낱낱이 까발려진다. 기업 관련 일들도 마찬가지다. 어떤 CEO는 SNS에 함부로 정치적인 발언을 한 것이 여론의 반감을 불러왔는가 하면, 모 의류회사 대표는 대학생들을 상대로 강의실에서 쓸데 없는 이야기를 했던 일로 궁지에 몰리기도 했다.

간장회사 회장이 승용차 안에서 운전기사를 구타하고 함부로 대했던 일이며, 피자회사 회장이 야밤에 경비원의 뺨을 때린 일로 그 기업은 순식간에 급전직하의 내리막길을 탔다. 예전 같으면 밝혀지지 않거나 알려지는 데에 한참이 걸렸을 것인데, 요즘은 거의 실시간으로 전파된다.

이젠 뭔가를 숨기는 것이 참으로 어려운, 무시무시한 시절이다. CEO는 단순한 개인이 아니라 기업을 대표하는 공인의 신분이기 때문에 언제 어디서나 조심해야 한다. 그들의 말은,

거짓말하지 않고 회사를 구하는 방법

말 그대로 회사의 방침이 되고 대외적인 공약이 된다.

사람들은 커뮤니케이션을 쉽게 생각한다. 외국어가 아닌 다음에야 내가 얘기하면 상대방은 다 이해할 것이고, 또 상대방이 하는 말도 다 이해할 수 있다고 생각한다. 하지만 생각처럼 쉽지 않다. 분명 이런 뜻을 실어서 말을 했는데, 청취한 사람은 다른 의미로 해석하기도 한다. 사람들은 말을 들어도 전부 기억하지는 못한다. 오히려 듣고 싶은 말만 기억하는 경향이 강하다. 여러 사람이라면 서로 이해하는 정도의 차이가 많다는 것을 종종 느낀다. 직접 전달하는 말이 그럴진대 글을 써서 의사를 전달할 때는 더 심하다.

잘 숨기려면 우선은 잘 통해야 한다. 잘 통하기 위해서는 또 숨김이 없어야 한다. 서로 상반되는 것 같지만, 이것이 커뮤니케이션의 기본이다. 커뮤니케이션 관련 부서가 없다가 새로 생긴 조직에서 겪는 어려움은 커뮤니케이터에 대한 오해다. 일단 주요 사항에 대해 커뮤니케이션 담당에게는 제일 나중에 알려주거나 일부만 알려주는 식이다. 미리 전부 다 알려주면 외부로 노출 될 우려가 있기에, 비밀 유출 상황을 막기 위해 외부 언론과 접촉하는 커뮤니케이터조차 몰라야 한다는 무지에서 비롯된 현상이었다.

사내에서 쉬쉬하면서 진행하던 프로젝트가 외부로 노출되는 사건이 번번이 터졌고 그러면 꼭 그 사안에 대해 알지도 못하는 커뮤니케이터에게 불호령부터 떨어졌다. 모르는 사안까지 외부로 노출시키는 신기한 재주가 있다고 믿는 것일까? 말도 안되는 호통도 들었다.

"대체 왜 그런 것을 외부에 노출시키나?"

"예? 무슨 말씀이십니까? 저는 그 사안에 대해 알지도 못하는데 어떻게 유출시키겠습니까?"

"아니 그럼, 대체 어디서 새 나간 거야? 암튼 막아."

"예, 이미 나간 것은 어떻게 할 수 없지만 확산되지 않도록 막겠습니다."

그럴 때마다 프로젝트를 진행하는 임원들이나 해당 부서장들을 만나서 설득을 해나가야 했다.

"커뮤니케이션 담당은 절대로 비밀사안을 노출하지 않습니다."

"그러면 대체 어디서 말이 새 나간 거야?

"은행, 증권사, 자산운용사와 함께 진행하는 사인이 아닙니까?"

"아, 그 쪽은 비밀유지 계약서를 다 쓰고 하니까."

"우리 회사와 일을 같이 진행하는 부서야 비밀을 지키겠죠. 하지만 한두 다리 건너다보면 여의도에 말 퍼지는 것은 시간 문제입니다. 기자들이 마음만 먹으면 내용을 훤히 알 수 있을 겁니다."

"그러면 어떻게 해야 하는 거요?"

"처음부터 저에게 모든 사안을 알려주십시오. 내용을 잘 알수록 잘 막을 수 있습니다."

"그게 말이나 되는 소리요?"

"저희가 내용을 모르니까 당하는 거지요. 내용을 알아야 길목을 차단할 수 있습니다."

처음에는 믿기 어려워들 했지만 몇 번 겪고난 뒤에는 어떤 프로젝트든 커뮤니케이터에게 오픈됐다. 중요 전략회의에도 자유로이 참석하게 됐다. **커뮤니케이션 담당의 참여가 허락되고 더 많이 알게 될수록 외부로 노출되는 횟수도 훨씬 줄었다.** 또 예상치 못한 노출이 생긴 경우에도 바로 바로 대응이 가능했다. 이미 커뮤니케이터가 프로젝트 내용과 전략적인 방침까지도 알고, 전략회의에 참여해 노출 상황에 대해서 논의를 했었기에 시간을 허비할 필요가 없었다.

신뢰한다면 칼 자루를 쥐어주어라

비상장사였거나 언론의 관심을 전혀 받지 못하던 기업이라, 프로젝트를 비밀리에 잘 진행하기 위해 오히려 커뮤니케이션 담당이 모든 것을 알아야 한다는 것을 공감하기까지는 한참 걸렸다. 큰 대가를 치르고서야 인식이 달라졌다. 큰 조직이나 성공한 조직들은 내부 사안을 공유하는 그들만의 시스템을 가지고 있다. 그 시스템을 보호하기도 하지만 시스템에 의해 보호받기도 한다.

아무리 뛰어난 커뮤니케이터라도 기자들의 입을 막무가내로 막을 수 있는 것은 아니다. 세간의 관심을 끌만한 이슈에 언론은 득달같이 달려든다. 다른 매체가 채 가기 전에 먼저 취재해서 한 시라도 빨리 기사화하려고 고군분투한다. 크고 중요한 프로젝트일수록 은행, 증권, 자산운용, 회계, 법무법인 등 관여하는 기업들도 늘어나기 때문에 어디가 구멍이 될지 알 수 없다.

이럴 때 기자들의 입을 막는 것은 의외로 간단하다. 미리 프로젝트의 진행 사항을 이야기를 해준다. 그러고 나서 이해를 구한다. 아예 '지금 어느 단계에 와있다'는 것을 솔직하게 알려준다. 이 단계에서의 외부 노출은 프로젝트에 치명적인 해가 된다는 것도 함께 알려야 한다. 언제쯤 되면 프로젝트의 향방을 알 수 있으니 기다려 달라고 하는 것이다. 기자가 궁금해하기 전에 미리 알려줘야 한다.

진행 단계에 사안에 대해 미리 알려주는 것은 기자에게 칼자루를 쥐어주는 것처럼 보일 수도 있다. '가뜩이나 위험한 기자들에게 칼자루를 쥐어주면 어떻게 하나?'는 사람이 많겠지만 그게 바로 '톡 까놓고 숨길 수 있는 최선의 방법'이다. 잘 생각해보면, 이렇게 해야 취재에 끌려다니지 않고 정보의 주도권을 커뮤니케이터가 쥐게 된다. 넘겨준 것 같지만 실제론 칼자루를 더 오래 쥐고 있는 셈이다.

기자나 언론은 절대 프로젝트의 진행까지 망치려 하지는 않는다. 오히려 도와주고 싶어하고 산업 발전에 도움을 주고 싶은 열망이 가득하다. 그런 상황에서라면 끌려다니는 것이 아니라 함께 머리를 맞대는 것이 낫다. 무엇보다도 신뢰 관계가 밑바탕이 되어야 한다. 그러면 오히려 톡 까 놓는 것이 때로는 가장 잘 숨기는 방법이 된다.

거짓말은 절대 안 돼, 하지만 사실도 안 돼!

이해하기 쉽지 않은 말이지만, **사실대로 알려지면 곤란해지는 일이 세상에 너무 많다.** 그래서 알릴 만한 것만 골라서 알리는 것이 좋다. 피할 것은 피하고 알릴 것은 알리라는 것이 피알(PR)이라는 농담 같은 말이 회자되는 것도 그 때문이다.

거짓말은 절대 안 됩니다. 그런데, 사실을 얘기해도 안 됩니다.
말할 수 없습니다. (= 예, 사실입니다.)
왜 그런 걸 알고 싶어하나요? (= 예, 사실입니다.)
꼭 얘기해줘야 하나요? (= 예, 사실입니다.)

내가 커뮤니케이션 강의를 할 때면 강조하는 말이다. 이 말을 처음 듣는 사람들은 누구나 의아하게 생각한다. 거짓을 말해도 안 되고, 사실을 말해도 안 되고, 말할 수 없다고 해도 안 되고, 왜 그런 것을 묻냐고 따져도 안 되니, 대체 어떻게 해야 한다는 말인가? 하고 말할 것이다.

전에 다니던 회사가 M&A를 상당히 많이 했다. 잦은 기업 인수로 인해 불과 한두 달 사이에 계열사가 몇 개씩 늘어나 있는 경우도 있었다. 회사에 변화가 너무 많아서 그룹 홈페이지를 한 번 업그레이드해서 정리할 기회를 본다는 것이 2년을 넘게 기다렸을 정도다.

간 보기, 넘겨짚기에 장난은 없다

언론에서 회사의 동향을 예의주시하고 있었기에 한시도 긴장을 늦출 수가 없었다. M&A와 관련해 섣부른 기사가 나가기라도 하면 프로젝트는 정상적으로 진행할 수가 없었다. 사는 쪽은 싸게 사고자 하고 파는 쪽은 비싸게 팔고 싶은데, 중간에 진행과정이 외부로 알려지면 협상이 제대로 진행될 수 없어 그대로 덮어버리는 일이 생기기도 했다.

어느날 야근을 하고 있는데, **전화가 왔고 낯익은 기자의 목소리가 들려왔다.**

"회사에 좋은 일 있더군요!"

"예? 무슨 말씀이신지요?"

순간 머릿속으로는 온갖 사항들이 파노라마처럼 스치고 지나갔지만 짚이는 것이 없었다. 내용을 그대로 순진하게 물어볼 수는 없었기에 이런 저런 대화를 하면서 어떤 이슈를 염두에 두고 연락했는지를 알아보기 위해 살살 유도했다. 그 당시 회사는 여러 가지 크고 작은 프로젝트들을 동시에 진행하고 있었기 때문에 자칫하다가는 대형 사고로 이어질 수 있었다. 한마디 한마디가 조심스러울 수밖에 없었다.

"괜찮은 회사 하나 인수했다고 들었어요."

한참을 요리조리 몰고 다닌 끝에 단서를 포착했다. 그룹의 모기업이 아니라 계열사를 통해서 물류회사 하나를 인수하고자 추진 중이었는데, 거의 막바지 단계에서 노출이 된 것이었다. 그냥 끊을 수는 없고 어디서 노출되었고 상황이 어느 정도인지를 먼저 파악해야 했다. 몇 마디 더 주고받는 과정에서 내가 정곡을 찔렀다.

"이미 기사 다 써놓으셨고, 마지막 멘트 따려고 하시는 거군요."

"이야, 역시 귀신이셔."

"저도 보고하고 내용도 정리해야 하니 30분만 시간을 주세요."

바로 옆 동에 있던 계열사 기획실로 달려갔다. 마침 기획부장이 자리에 있었는데, 다짜고짜 물었다.

"혹시, 좀 전에 기자와 통화하셨나요?"

"아, 예, 전부터 좀 알던 기자와 간만에 통화를 했는데, 이미 내용을 알고 있어서 사실대로 털어놓을 수밖에 없었습니다."

재무실로 달려가서 임원들에게 상황을 설명하고 대응방안을 협의했다. 다행히 인수 협상도 끝났고 서류적인 절차가 남아 있긴 했지만 보도를 해도 무방한 상황이었다. 원래 며칠 뒤 공개할 예정이었으나, 그날 저녁으로 앞당겨 긴급 회의를 가졌다. '기왕에 노출되는 거라면 차라리 정식으로 기사화시키는 방향으로 가자'는 결론에 이르렀다. 하지만 나는 먼저 전화한 그 기자와 해결할 문제가 남아있었다.

독점이나 특종, 지킬 건 지켜줘야 한다

각 언론매체들은 특종이나 독점 보도를 아주 자랑스럽게 여긴다. 그래서 기사 제목 앞에 빨간 글씨로 'Exclusive' 또는 '독점' 또는 '단독'이라고 달아둔다. 기자에게는 너무나 민감한 사안이기 때문에 존중해 주지 않을 수가 없다. 전화를 걸었다.

"내용은 맞습니다. 아직 다 끝난 것은 아닙니다만 저희 계열사가 인수했습니다. 그런데 한 가지 부탁이 있습니다."

"무슨 부탁인데요? 팀장님 말씀이라면 들어 드려야죠."

"제가 보도자료를 아직 경영진까지 컨펌받은 상황이 아니라서요. 지금은 밤이 너무 늦어 곤란하니 내일 아침까지는 해결하겠습니다."

"에이, 내일 아침에 자료 뿌려서 기사 뜨면 내 기사는 물 먹는 거잖아요."

"그게 아닙니다. 윤 기자님께서 내일 아침 일찍 기사를 올리시면 그 직후에 자료를 내겠습니다."

거짓말하지 않고 회사를 구하는 방법

웬만한 기자라면 그런 제안을 거절하는 경우가 많다. 분명 자기가 최초로 취재해서 단독으로 보도를 하게 되는 입장인데, 해당 기업에서 전 매체에 자료를 먼저 뿌려서 자신의 특종이 날아갈 우려가 있기 때문이었다. 하지만 수년 간에 걸친 신뢰가 있었기 때문에 기자는 흔쾌히 그러겠다고 답을 줬다. 일단은 시간을 조금이라도 버는 것이 중요했다. 통화한 직후에 재무쪽과 경영진에 보고를 하고 다음날 기사화에 대한 확인도 받았다. 일찍 퇴근한 팀원들에게 상황을 전파하고 아침 일찍 출근하도록 했다. 다음날 새벽에 출근해서 전날 통화했던 기자에게 먼저 자료를 보냈다.

오전 8시반에 작지만 붉은 글씨로 'Exclusive'라는 표시를 단 기사가 뜬 직후에 전 매체에 자료를 배포했다. 그러자 거의 순식간에 여러 매체에서 기사들이 쏟아져 나왔다. 독점 기사를 쓴 기자는 간발의 차이로 독점권을 지키는 순간이었고, 다른 매체들은 그 기사보다는 약간의 시간 차는 있지만 늦지 않은 타이밍이었다.

며칠이 지난 뒤 계열사 기획부장과 함께 차를 마시면서 얘기를 나눴다.

"기자가 알고 전화한 것이 아니었습니다. 그런데 팀장님이 지레 겁을 먹고 다 털어놓았던 거죠."

"아뇨, 인수 축하한다는 말을 먼저 꺼냈는데요?"

"동물적 감각이 있어서 그랬는지는 모르지만 기자는 그냥 별다른 일이 없던 저녁이라 여기저기 전화를 하던 참이었는데, 팀장님과 통화를 하면서 팀장님 옆에 있던 사람들이 '인수 어쩌고' 한 이야기가 얼핏 들려서 넘겨짚었다고 합니다."

그 말을 듣는 순간 팀장은 뒤통수를 한 대 얻어맞기라도 한 것처럼 한동안 말이 없었다. 이와 비슷한 사안들은 너무 많아서 헤아리기 힘들 정도다. 의외로 기업의 비밀은 최고 경영진이나 기획 또는 재무부서같이 가장 안쪽에 있는 사람들로부터 새어나가는 경우가 많다.

'기사를 쓸 생각은 아니라고 해서 얘기했는데'라거나 '내가 얘기한 것은 아주 조금밖에 안 되는데' 또는 '그냥 인사만 나눴을 뿐인데'라며 의아해들 한다. 그러나 자초지종을 파악해보면 사실 그 안에 힌트는 다 있다.

여러 프로젝트를 의욕적으로 추진하던 대형 기업의 대표이사가 있었다. 마침 호텔 로비에서 안면이 있는 기자를 만났는데, 기자가 **'잘 되어 가시죠?'**라고 인사를 해서 **'예, 열심히 잘하고 있습니다. 감사합니다'**라고만 했는데, 그날 오후에 회사에서 추진하고 있는 여러 프로젝트들이 기사에 거론되면서 **'회사는 잘 추진해나갈 것'**이라고 나왔다. 그러고는 엄한 커뮤니케이션 팀장이 동네북처럼 닦달을 당했다.

언론으로부터 연락이 온다면 방법은 단 하나, **묻지도 따지지도 말고 회사의 공식 채널인 커뮤니케이션 담당에게 넘겨야** 한다. 아무리 논리적으로 대응을 하더라도 숙련된 커뮤니케이터가 아니라면 말려들기 십상이다. 자기 딴에는 엎질러진 물을 주워 담기 위해 이야기하면 할수록 더 많은 정보를 제공하게 될

거짓말하지 않고 회사를 구하는 방법

뿐이다. 언제 어디서든 그런 일이 벌어질 수 있다는 것을 모든 임직원이 공유해야 함은 물론이다.

먹고 기도하고 기획하고 사랑하라

커뮤니케이션 일을 하면서 제일 많이 들었던 말 중의 하나가 '언론사가 왜 이렇게 많은 거야?'라는 질문이다. IT기술의 발달과 산업의 세분화로 종합언론에서부터 경제일간지, 전문지들 그리고 각종 온라인매체가 등장하며 더 복잡해졌다. 하나의 언론사라도 매체가 종류별로 다양하다. 경제신문, 온라인 유료회원용 프리미엄 경제보도, 속보 위주의 보도 채널, 방송, 주간지, 월간지, 기타 사이트 등. 예전에는 그냥 ○○신문 하면 끝이었는데, 지금은 백화점식 매체들과 또 그속에 숍인숍 형태의 특수매체들까지 있다. 블로거들도 무시할 수 없고, SNS 트렌드에 맞춰 페이스북이나 네이버 포스트, 브런치, 카카오스토리, 카드뉴스 등에 회자되는 것을 목적으로 한 새로운 성향의 매체들까지 등

거짓말하지 않고 회사를 구하는 방법

장했다.

예전에 선배들은 팩스로 자료를 보내거나, 출력물과 사진을 봉투에 담아서 일일이 방문해 자료를 전달했다. 또 저녁 시간이면 추우나 더우나 매일 광화문 근처에서 바닥에 쭈그려 앉아 가판 신문을 펼쳐놓고 기사 확인을 했다. 팩스로 자료 보내고 사진이라도 내려면 후배 손에 들려서 급히 심부름을 보내던 것이 그리 오래 전 일이 아니다. **짧은 세월 동안 바뀌어도 너무 많이 빨리 바뀌는 것을 몸으로 실감하고 있다.**

그때는 인쇄도 필름 작업을 해야 했고, 필름판을 짜기 위해서는 식자작업이 필요했다. 글자를 하나 하나 찍어서 본을 만들고 필름으로 만든 뒤에 인쇄에 들어가는 형태였기 때문에 기사를 수정하는 것이 상당히 힘들었다. 오탈자 한두 개 정도를 교체하는 것이라면 필름을 오려내고 다른 글자를 붙여넣으면 되지만 어중간하게 문장의 중간부터 고치려면 칼질로 필름이 누더기가 되었다. 미묘하게 글자가 삐뚤어져 있거나 아니면 서체가 조금 다른 글자가 끼워져 있던 신문기사도 이젠 추억으로만 남아있다.

사진도 필름 카메라로 찍어야 했기 때문에 셔터를 누를 때는 남은 필름이 몇 컷인지 계산해야 했던 시절이다. 행사의 클라이맥스 상황을 대비하기 위해서는 어중간하게 남은 필름은 과감하게 버렸다. 마감시간을 맞추려면 필름 현상과 사진 인화에 걸리는 시간까지 고려해야 했다. 그래서 카메라 기자들은 때가 되면 바람같이 사라졌다.

요즘은 그럴 필요가 없다. 용량 두둑한 메모리만 있으면 셔터를 얼마든지 눌러대도 상관없다. 마감시간이 닥쳐도 노트북에서 확인한 이미지들을 바로 전송하면 되니까 시간과 장소에 구애도 없다. 스마트폰 카메라도 성능이 좋아져서 웬만한 경우엔 폰으로 찍어서 전송한다.

그때는 마감시간이 중요했다. 특히 꼭 나가야 할 기사가 있거나, 나가면 곤란한 내용들이 있는 경우 마감시간이 되어가면 커뮤니케이터들 역시 기자들과 마찬가지로 피가 마르고 머리카락이 곤두설 수밖에 없었다. 작은 기사 하나가 불러올 파장을 늘 생각해야 하기 때문에 추운 날씨에도 땅바닥에 쭈그리고 앉아서 가판신문 구석구석을 점검했고, 급한 경우엔 아예 윤전기 앞에 서서 신문이 나오기를 목이 빠져라 기다리기도 했다.

요즘은 죄다 바뀌어버렸다. 기사가 온라인으로 먼저 업로드될 때가 많고, 기사를 수정하는 것도 웬만해서는 바로 이루어진다. 예전엔 편집의 권한은 절대적인 것이어서 편집 기자들은 지면을 꾸미기 위해 기사에 과감하게 칼질을 했다. 기자가 쓴 기사 원고와 신문에 게재된 내용이 다를 때가 많았다. 뭉텅 잘려나간 기사를 확인하고 안타까운 커뮤니케이터들은 기자들에게 하소연할 수도 없었다

하루종일 분주하지만 점심식사 후부터 마감시간인 서너 시까지는 초긴장 상태다. 기자와 커뮤니케이터의 하루는 마감시간대에 이르면 누구나 할 것 없이 긴장감이 극에 달한다. 가판이 나오는 시간대에 긴장감은 재상승했다. 그런데 지금은 긴장을 풀 수 있는 시간대가 아예 없어졌다. 전에는 기자 옆에 붙어서 기사를

보내지 못하게 묶어둘 수 있었지만, 지금은 언제 어디에 있더라도 기사를 쏜다. 노트북이나 휴대폰으로도 보낸다.

술자리 파한 밤늦은 시각에도 긴장을 풀 수 없다

2003년 SK㈜의 지분 15% 정도를 보유하고 있던 영국계 투자회사인 소버린이 경영권 분쟁을 시작했다. 이로 인해 7천원대였던 SK(주)의 주가는 이듬해에 9만원대까지 치솟았다. 분쟁을 장기화하면서 잔뜩 주가를 올린 뒤 2005년에 소버린은 지분을 4만9천원대에 전량 처분해 8천억원 가까이 차익을 남기고 떠났다. 이런 상황이었기에 정유사 출입 기자들은 서린동 SK빌딩 기자실에 모일 수밖에 없었다.

　그날도 광화문 인근에서 기자 한 명을 만나 저녁을 같이 했다. 저녁시간이면 긴장 풀고 대화도 나누고 술도 주거니 받거니 하는데 그날따라 별일 없다면서 술을 거의 입에 대지도 않았다. 대화는 계속 세녹스와 후속제품에 초점이 모아졌다. 대화의 방향을 아무리 바꾸려고 해도 결론은 회사 얘기였다.

　그러더니 서둘러 일어나자고 했다. **식당을 나서는데 다시 기자실에 올라간다고 했다.** 모처럼 일찌감치 귀가할까 싶어 돌아서려는 그때 **불길한 예감이 엄습해왔다.** 곧바로 광화문 대로를 건너 오던 길을 다시 갔다. 그리고 빌딩 1층에서 전화를 했다. 기자가 식사하면서 나눴던 대화 내용을 쓰기라도 할까 걱정이 되어 부리나케 달려간 것이었다. 그냥 기다리겠다고 하면 기사를 쓰고 내려올 수도 있겠다 싶어 올라갈 것 같은 분위기를 잡았다.

"아무래도 섭섭해서 그냥 못 가겠습니다. 입가심으로 맥주 한 잔만 하시죠? 기자실로 제가 올라가겠습니다."

"노트북 정리해서 가방 싸고 있습니다. 잠시 기다리세요. 바로 내려갈게요."

"일찍 가려는데 발이 떨어져야 말이죠. 맥주 한 잔만 더 하시죠."

마다할 수 없었던지 근처 맥주집으로 향했다. 기자를 눈 앞에 계속 붙잡아두고서야 마음이 놓였다. 온갖 얘깃거리를 짜내다시피 해서 억지로 즐거운 분위기를 만들었다. 기자도 가방까지 정리하고 와서인지 긴장 풀고 한참 동안 같이 시간을 보냈다. 그렇게 2차도 파했지만 긴장을 늦출 수 없어서 택시에 같이 올라탔다. 나는 은평구에 살고 있었고, 일산에 살았던 기자와 가는 방향이 같았다. 온라인매체의 무서운 점이 바로 이것이다. 잠시도 긴장을 늦출 수 없다.

기획하고 시도하고 노력해야 결실이 온다

커뮤니케이션에서도 아이디어가 중요하다. 구슬이 서 말이라도 꿰어야 보배이듯 아무리 좋은 이슈가 있어도 스토리로 잘 기획해서 엮어내지 못하면 소용이 없다. 그게 능력이고 노하우다. 많은 기업들이 '우리 회사 큰 일'이라면 큰 기사감이 되겠지 하고 생각하지만 사실 그렇지 않다. 그런데 그런 큰 일도 자주 일어나지 않는다. 신문엔 다른 회사의 별스럽지 않은 이슈도 대서특필이 잘만 되는데 우리 회사 큰 일은 한 줄 올리기도 쉽지 않다. 그게 현실이다.

기획을 하고 성사시키는 것은 사실 발품을 얼마나 파느냐에 달렸다. 기사를 쓰는 사람들과 머리를 맞대고 고민하는 것이 답이다. 기자들이 관심을 두고 있는 부분이 무엇인지, 매체가 관심을 가지고 진행하는 일이 무엇인지 알아야 한다.

벌꿀 성분이 들어간 감자칩이 대박 난 일이 있었다. 여러 해가 지나면서 인기가 시들해졌지만, 여전히 시장점유율은 높았다. 역사상 과자 하나로 그렇게 광풍에 가까울 정도로 인기몰이를 한 사례가 있었나 싶다. 그 감자칩은 어느 날 갑자기 인기몰이를 한 것이 아니었다. **세심하게 기획되었고 시간과 노력이 투자된 산물이었다**는 것을 이제 아는 사람은 안다. 단, 운도 상당히 작용했다는 것은 분명하지만 말이다.

감자칩이 출시되고 후기글이 조금씩 올라온 것은 2014년 8월 말이었다. 블로그 포스팅을 통해 글이 공개되었는데, '업체에서 제품 및 활동비를 제공받아 작성되었다'는 표시가 있었다. 9월에 접어들면서 글들이 조금씩 늘어났고, 블로그를 통해 긍정적인 리뷰들이 올라왔다. 10월 하순경에 한 트위터에서 편의점 알바생 추천 리스트에 포함되어 주목을 받았고, 그달 말쯤에는 사고 싶은데 구할 수가 없다는 반응들이 나타났다.

그러다 11월 초엔 '생산 풀 가동을 하다가 공장에 화재가 났다'는 트위터 글이 화제가 되면서 감자칩을 찾는 사람들이 폭발적으로 늘어났다. 그 소식이 언론에 등장하면서 과자 인기는 물론 기업 주가도 오르고, 전국은 '감자칩 광풍'으로 번졌다. 중간 중간 연예인들도 광풍에 가세해 '인증샷'을 올리는 등 행운도 함께했다.

맛있으니까 하고 생각할 수도 있지만 사실 커뮤니케이션 기획이 바탕이 된 것이다. SNS 마케팅으로 기본적인 인지도를 형성하며 존재감을 알렸고, 다음 단계로 소비자 리뷰가 전파되고 그 다음엔 신뢰를 줄 수 있는 업계 종사자들이 나타났고, 이어서 셀럽들이 가세했다. 처음부터 광풍을 예견하지는 못했겠지만 여러 요인들이 플러스되면서 기획의도를 넘어서는 성과를 냈다.

많은 기업들이 대형 마케팅을 기획하지만 이런 큰 성공은 흔치 않다. 실제 커뮤니케이션에는 변수가 너무 많기 때문이다. 하지만 대중과 여론을 향해 항상 기획하고 꾸준히 시도하는 자만이 성공을 맛볼 수 있다.

발길 닿는 곳마다 우군을 만들어라

대형 건설사 인수 프로젝트가 시작되면서 찐하게 술을 먹어야 하는 횟수도 부쩍 늘었다. 그럴 수밖에 없는 것이 초대형 프로젝트였기에 담당하는 기자들이 각 매체의 주요 선수들이었다. 주로 부동산부서 고참들이 기사를 썼는데, 초기엔 안면 있는 사람이 하나도 없었다. 6개월도 안 되는 짧은 프로젝트 기간동안 일을 원활하게 이끌어 나가기 위해서는 첫 만남에서 강한 임팩트가 필요했다.

술이 방법이었다. 기자가 쓰러지든 내가 쓰러지든 강한 첫 인상이 필수였다. 한 사람이라도 더 만나고, 어떻게 해서든지 자리를 만들어 소개받아서 네트워크를 넓히는 것이 숙제였다. 기자들과 함께라면 시간은 중요하지 않았다. 이미 2차 3차의 술자리를 가진 뒤라도, 다른 술자리에 끼일 기회를 마다하지 않았다.

회사가 종로구에 있기도 했지만 많은 언론사가 광화문을 중심으로 위치해 있기 때문에 저녁 자리는 주로 종로통 맛집이었다. 자주 찾는 집들을 주르르 꿰고 있다가 약속이 생기는 경우 기왕이면 더 맛있는 음식을 접대하기 위해 항상 신경썼다.

식당 종업원까지 내 편으로 만들어라

소문난 맛집일수록 저녁에 한창 손님들이 몰리는 시간이면, 가끔씩 푸대접을 받는다. 숨은 단골 식당이 접대하기에는 훨씬 유리하다. 그냥 단골 정도가 아니라 식당 주인이나 종업원에게도 정성을 쏟아서 그들을 내 편으로 만들어두는 것이다. 종업원들도 나와 함께 손님을 접대하게 하는 셈이다. 친절한 정도를 넘어 정중하고 세심하게 신경 써주어 덕을 많이 봤다.

기억에 남는 식당이 하나 있는데, 얼마나 자주 갔던지 전화 목소리만 듣고도 누군지 알아챘다. 전화를 걸어서 '여보세요' 한마디면 끝이었다. 항상 원하는 자리를 챙겨주었다. 그 식당은 재개발로 이전하기 전까지 피맛골 좁은 골목 안에 위치했었다. 교보문고 뒤편에 복잡한 골목들이 이리저리 얽혀 있었는데, 그 안에는 아는 사람들만 찾는 맛집들이 많았다. 복잡한 골목길이라 아는 사람도 한두 번 정도 가서는 찾기 힘들었다.

특수 부위 고기를 파는 한식집이었는데, 아는 사람들만 찾는 부위여서 가격도 저렴했다. 낡은 한옥이었던 그 식당은 큰 방과 홀들이 여러 개가 있었고 내부 공간도 꽤 넓었다. 마당 한쪽 구석에 허름하고 조그만 방 하나가 별채로 나와 있었다. 방이 얼마나 비좁던지 방 가운데에 테이블을 놓고 다섯 명이 앉으면 빈틈이 없을 정도였다. 따로 떨어져 있어서 조용했고, 마당에 있는 화장실을 이용할 수 있어 편했다. 시골 사랑방 느낌이었다. 마당에 조그만 우물이 있었는데, 보는 사람들마다 신기해 했다.

같이 갔던 사람들은 그 집만의 분위기를 오롯이 즐겼다. 거기다 식당 직원들은 그저 손님을 대한다는 느낌이 아니라 내집에 찾아온 손님 대하듯 했다. **이 모든 것은 함께 자리한 기자들을 무장해제시키기에 충분했고, 처음 만난 사람이라도 그곳에서 시간을 보내고 나면 훨씬 가까워져 있었다.** 따로 불러 주문 하지 않아도 적당한 타이밍에 알아서 술과 안주를 내왔다. 혹시 숨겨둔 주문 버튼이라도 있는지, 사람들이 의아해하기도 했다. 일주일에 두세 번씩 몇 년 동안을 이용하다보니 자연스레 이력이 난 덕분이었다.

또 한 군데 기억나는 곳은 종로소방서 옆 조그만 지하 카페다. 그 집도 역시 쉽게 찾기 힘든 곳인데 자주 가다보니 사장과 친구가 되었다. 조그만 지하 카페였는데도 한쪽 벽에는 LP와 CD들이 많아서 신청곡을 들려줬다. 저녁식사 후 2차로 가는 곳이었는데, 국수 같은 야참을 종종 얻어먹었다. 기름진 저녁을 실컷 먹고도 밤 늦은 시각이면 속이 허해지기 일쑤였다. 한 번은 카페 직원들이 야식으로 먹을 국수를 만들었는데 단골이 눈에 밟혔는지 사람 숫자대로 국수 몇 그릇을 가져왔다. 모두 게 눈 감추듯 먹었고, 덕분에 사람들과의 관계가 훨씬 돈독해졌다. 그뒤로도 국수나 라면을 꼭 권했고, 나중엔 오히려 내가 안주 외에 야식거리를 부탁하기도 했다. 물론 돈은 받지 않았다.

다음 만남이 더 기대되는 관계

이런 것들은 아무것도 아닌 것 같아도 함께한 사람들에게는 흔하지 않은 경험이 된다. '그 사람을 알려면 그 사람의 친구를 보라'는 말이 있다. 친한 대학 친구가 또래 중에서 좀 일찍 장가를 갔는데, 당시 데이트 장소가 학교 주변일 때가 많아 가끔 친구들이 함께 만나기도 했었다. 결혼식을 올리기 직전 즈음, 친구의 아내 될 사람에게 결혼을 결심하게 된 이유를 물었다. 그녀의 대답이 예상과는 사뭇 달랐다.

"함께 만나는 친구들이 하나같이 좋은 사람들이더군요. 친구분들을 만나보니 그 사람에 대한 신뢰가 더 생겼어요."

약간은 립서비스 같기도 했지만 그 얘기를 듣고 더 할 말이 없었다. 꼭 친구가 아니더라도 그 사람 주위를 보면 그에 대해 알 수 있다. 평소 어떤 행실을 하는지 그가 가는 곳에 함께 가보면 알 수 있다. 밥 먹는 곳에서 어떤 대접을 받는지, 술을 마시거나 차를 마시는 곳에서도 얼마나 귀한 대접을 받는지를 보게 된다. 귀한 사람 옆에 있으면 함께 귀한 대접을 받게 되고 신뢰도는 올라가기 마련이다. 주위 사람들의 말 한마디가 평판이 된다. 그런 면에서 나는 주로 혼자서 여러 기자들을 상대했지만 가는 곳마다 단골 집의 우군들과 함께한 셈이다.

거짓말하지 않고 회사를 구하는 방법

기자가 약속된 장소를 찾아와서 예약자의 이름을 대는 순간부터 환한 얼굴로 안내해주는 우군, 마치 모든 것을 사전에 주문하고 짜 놓기라도 한 것처럼 착착 맞아떨어지는 서비스, 중간중간 함께한 손님들에게 한마디씩 거들어주는 강력한 우군이었다. 국수나 라면 값이야 얼마 되겠냐만 기대하지 않았던 특별한 대접은 그만큼 더 특별한 기억으로 남는다. 그런 사소한 긍정이 쌓여서 다음 만남이 더 기대되는 관계로 발전한다.

커뮤니케이터가 개인적인 만남조차 기대되는 사람이 되면 기업과 관련한 소통에도 많은 도움이 된다. 사실 기자의 표면적인 목적은 좋은 취재원과의 만남이다. 이것은 인간 대 인간으로서 다음에 또 만나고 싶은 기대감에서 비롯된다. 인간관계가 바탕이다. 그러면 취재와 기사는 덤으로 얻게 된다.

회사 규모도 돈 아닌 관계 우선

대형 기업 인수가 진행되던 2006년, 그 해에 딱 한번을 제외하면 광고나 협찬을 티 나게 진행했던 적도 없었다. 한마디로 비즈니스에서는 전혀 도움이 되지 않는 취재원이었다. 기자를 만나도 비싼 음식과 술을 대접하지도 못했다. 하지만 많은 기자들이 언제 어디서나 반갑게 맞아주고, 지위 고하를 떠나 모두가 오랜 친구처럼 대해주는 것은 인간관계 덕분이었다.

2010년 봄 무렵, 한 방송사 데스크의 부친상이 있었다. 당시 회사는 아주 힘든 상황이었다. 가벼운 봉투와 무거운 마음만 가지고 조문했는데 이른 저녁시간이었음에도 북적거렸다. 조문을 하고 자리를 잡았는데, 출입 기자를 비롯해 친한 기자들이 테이블로 몰려와 함께했다. 주위엔 쟁쟁한 기업들에서 온 조문객도 많아서 인사만하고 가겠지 싶었는데 모두들 자리를 뜰 생각을 하지 않았다. 상주가 조문객이 뜸한 틈을 타 인사를 다녔는데, 다른 테이블에서는 눈 인사 정도만 하고 내가 있는 테이블에 와서는 함께 앉았다. 기자들이 나와 얽힌 에피소드며, 고생하는 이야기로 거들었다. 그때 광고도 제법 많이 하고 업계 1위로 있던 경쟁사의 임원과 부장이 들어섰다. 의식하지 않을 수가 없었다. 하지만 상주는 잠깐 일어서서 눈 인사만 나누고 계속 함께했다. 출입 기자들이 우군이 되어 준 덕분이었다.

그건 숱하게 많은 날들을 서로 부대끼며 살아왔기 때문이라 생각한다. **싸구려 음식을 먹더라도 한 번 더 얼굴 보고, 한 번 더 목소리 듣고**, 약속 장소에는 항상 먼저 나가 기다리고, 나이 어린 사람에게도 함부로 대하지 않고, 개인적인 고민도 터놓고 의논할 수 있는 상대가 되기 위해 이십 년 넘게 지내온 덕분이고, 그렇게 맺은 관계들이 다 우군이 된 덕택이다.

밥상 차린 사람보다 치운 사람이 더 고맙다

연중 바쁘지 않을 때가 없지만 기자나 커뮤니케이션 담당들은 연말연시가 되면 더 바쁘다. '악' 소리 날 정도로 정신 없는 생활이 된다. 평소 만나기 힘들었던 사람들, 해가 저물어감을 핑계 삼거나 새해가 왔음을 구실로 한 번씩 봐야 한다. 사내에서 진행되는 행사도 많고, 내부 회식도 늘어난다. 거기에 언론사들도 한 해를 마감하는 일들로 정리가 필요하기 때문에 수시로 이런 저런 요청을 할 때가 많다.

 개인적으로도 챙기고, 보고 넘어가야 하는 사람들도 있기 마련이어서 평소보다 스케줄이 몇 배로 늘어난다. 매일 술자리로 이어지기 십상이다. 어떤 회사는 스케줄이 한꺼번에 몰리는 시기를 피하기 위해 11월에 미리 언론과의 송년행사나 연말행사를 진행하기도 한다. 큰 돈 들여서 감동 깊은 행사를 준비하는 회사도 있다. 일년 동안의 일들을 독특한 형식의 동영상이나 인쇄물로 만들기도 하고, 정성스런 선물로 고마움을 표하기도 한다. 비싸고 좋은 음식과 술로 흡족하게 만드는 것은 두말 할 필요도 없다.

취하게 해준 사람, 깨게 해준 사람

사회에 나와서 한번도 경기가 좋다는 얘기를 들어보지 못했다. 늘 그때가 나았다는 이야기만 들었다. **어려운 시국일수록 여론에 잘 보여야 하기 때문에 회사가 아무리 어렵다고 해도 커뮤니케이션 담당은 가만히 앉아 있을 수 없다.**

하지만 나는 연말 시기가 되면 의도적으로 저녁 약속을 줄였다. 몸 담았던 회사들이 대부분 예산도 부족했을 뿐만 아니라 스스로도 그런 방법을 택하고 싶지 않았다. 술 약속이 넘쳐나는 그런 시기에 남들처럼 화려하고 비싼 술을 선택한다고 해서 더 기억에 남으리라는 보장도 없었다. 그래서 언제부터인가는 반대로 가는 것이 더 효과적이라는 생각을 했다. **효과를 톡톡히 본 것은** 연이은 술자리로 불편해진 사람들의 속을 풀어주는 **해장 미팅**이었다. 다년간의 각종 술자리 경험에 의해 알게 된 노하우로 해장에 좋은 음식을 먹으며 한 해를 마무리했다.

추운 계절, 뜨끈하고 칼칼하고 시원한 국물요리 싫어하는 사람은 없다. 12월이 넘어서 기자들과 점심식사를 위해 만나면 열에 아홉은 쓰러질듯 피곤하고 초췌한 얼굴이었다. 다들 쓰린 속을 부

거짓말하지 않고 회사를 구하는 방법

둥켜안고 사는 시기다. 이럴 때 맛있는 복국이나 매운탕으로 속을 달래주면 효과 만점이었다. 전날 저녁 엄청난 비용으로 호사스런 저녁자리를 가졌지만 쓰린 속 때문에 다음날은 여지없이 힘들어지기 마련이다. 얼마 되지 않는 가격이지만 해장국으로 속을 달래준 사람에게 더 고마움을 느끼게 된다.

약속했던 기자가 점심시간에 쪽잠이라도 좀 더 자기 위해 양해를 구하는 경우 오히려 더 적극적으로 식사를 유도한다. 숙취에 핏기 없는 몰골로 나타나지만, 뜨끈한 탕 한 그릇이면 얼굴에 금방 화색이 돈다. 식사 마칠 무렵이면 원기를 회복하기 마련이고 그뒤에 잠깐 눈을 붙이는 것이 훨씬 낫다. 그렇게 회복한 기자들은 어김없이 하루 저녁에 수십만원 어치 술을 대접한 사람보다 겨우 해장국 한 그릇 같이 먹은 사람을 더 기억하곤 했다.

술 깨는 노하우를 살짝 전수하기도 했는데, 자는 것보다 뭔가 먹고 움직이는 것이 훨씬 회복이 빠르다. 차가운 것을 피하고 배를 따뜻하게 해 주는 것이 좋은데, 따뜻한 물에 적신 수건으로 배 마사지를 해주면 훨씬 수월해진다. 물을 많이 마시되 맹물만 들이켜면 오히려 속이 거북해진다. 꿀이나 설탕을 살짝 첨가해 먹으면 갈증에 훨씬 도움된다.

혹자는 전략적인 커뮤니케이션이라고 평을 하지만, 없는 형편에 기자들과 조금이라도 더 함께하고 싶은 마음에서 비롯된 것이었다. 정성들여 선물을 준비하고 거창한 행사를 마련하고 비싼 술과 고급 음식으로 극진히 대접한 것을 기억 못할까만은, 해장국으로 쓰린 속을 달래준 관계도 그에 못지 않다.

맛있는 요리를 차려준 사람도 고맙지만 귀찮은 설거지를 해결해 주는 사람 역시 고마운 법이다. 농담으로 '한국에서 해장국집 문을 처음 연 사람은 노벨평화상을 받을 만하다'고들 한다. 해장국으로 쓰린 속을 달래는 것이 치료행위는 될 수 없고 경제나 물리학에는 빗댈 것도 없겠지만, 주당들의 괴로운 속에 평화를 가져다주는 해장국이라면 상 받을 자격이 있지 않나 싶다.

명절 최고 선물은 양말

명절이 다가올 때도 정신 없다. 심적으로도 쫓기고 실제로도 일이 많다. 선물도 챙겨야 한다. 과장 때까지는 제대로 선물을 보내기도 어려웠다. 뭘 보내야 할지도 몰랐고, 친분이 두터워지지도 않았는데, 주소를 물어보기조차 쉽지 않았다. 연차가 제법 쌓이고 나서야 선물도 챙겨보냈는데, 친한 기자들 수가 늘어날수록 선물을 보내는 일이 만만치 않았다.

지금은 김영란법 때문에 선물 비용도 제한적이다. 출입기자들만 해도 수십 명이고 팀장이나 데스크, 수시로 연락하고 만나는 증권, 금융시장 담당 기자들도 그냥 넘어갈 수 없었다. 한 명 두 명 넣다보면 몇백 명은 금방이었다. 거기에 챙겨야 할 지인들까지 포함하면 그 수는 더 늘었다.

재무적으로 힘든 회사 형편에 비싼 선물은 엄두도 낼 수 없었는데, 그렇다고 아무것이나 할 수도 없었다. 마침 의류 계열사에서 스포츠 양말이 출시되던 때였다. 지금은 아웃도어 의류가 지천이고 스포츠 양말을 어디서나 쉽게 구할 수 있지만, 그때만 해도 등산양말은 뭔가 촌스러웠고, 레저스포츠 양말은 흔하지 않았다. 등산, 골프 같은 야외 활동에 딱이었다. 백화점에서는 제대로 된 브랜드 스포츠 양말 한 켤레가 만원을 호가했지만, 내부 구입가는 얼마 되지 않았기에 선물로 양말을 보내기 시작했다. 보내기는 했지만 선물치고 너무 간소해서 걱정을 많이 했다. 그런데 의외로 반응이 좋았다. 받는 데 부담 없고, 바로 착용이 가능해서다. 웬만한 선물은 먹거나 쓰면 없어졌는데, 양말은 늘 신고 다니면서 보내준 사람을 기억하게 하는 장점도 있다.

한번은 식당에서 구두를 벗고 함께 식사를 했는데 모두 같은 양말을 신고 있어서 묘한 동질감을 느끼기도 했다. 대부분의 사람들은 양말을 일부러 신경 써서 구입하지 않는다. 끼워주기도 하고, 5천원 정도면 마트에서 10켤레쯤 장만해서 일년은 버틴다. 어찌보면 **아무것도 아닌 양말이었지만 참 많은 사람들의 마음을 얻을 수 있었다.** 수많은 선물을 주고받았지만 기억에 많이 남기도 했고, 또 고맙다는 인사를 가장 많이 받았던 것이 바로 양말이었다. 그게 마음이 아닌가 싶다.

업계 대변인의 마음으로

십여 년 전과 비교해 업종이 많이 늘었을 뿐만 아니라 변화도 많았다. 산업이 세분되면서 틈새시장들이 계속 생긴다. 새롭게 조성된 업종은 처음에 있는 듯 없는 듯 보이다가도 한참 지나서 보면 당당히 새 시장을 형성하고 어마어마한 부가가치를 창출한다.

산업이 고도화되면서 별개의 시장이나 업종으로 볼 수 없던 분야들이 새로 등장하고 성장하고 발전해나간다. 그런 틈바구니에서 새 업종이 등장한다. **사업하는 사람들은 누구나 새로운 자신만의 플레이그라운드를 만들고 싶어한다.** 먼저 치고 나가야 선두가 된다. 어떤 분야든 선두주자는 여러 모로 유리하기 때문이다.

거짓말하지 않고 회사를 구하는 방법

주말 내내 발품 팔아 회사를 위기에서 건져

거쳐온 회사들 대부분이 업종 내에서 선두기업이거나 얼마 전까지 선두기업이던 곳이었다. 커뮤니케이터 입장에서는 선두기업이 좋은 것만은 아니다. 때로는 업종 전체가 여론의 질타를 받는 경우도 생기는데, 1등 기업이 대표로 욕을 먹기 쉽다. 관행적 '담합'과 같이 불명예스러운 일에서도 당연히 업종을 대표해 욕을 먹는다. **1등 기업의 커뮤니케이터는 항상 긴장해야 한다.** 몇 년에 한 번씩은 곤욕을 치렀다. 검찰 조사, 추징금 같은 일들이 있었고, 그럴 때마다 언론과 여론은 순식간에 달아올랐다.

한번은 건자재 쪽 19개 기업이 담합행위로 추징금이 부과된 적이 있었다. 공정거래위원회에서 나오는 보도자료는 1등부터 다섯 손가락 안에 드는 기업은 기업명을 나열하지만 그뒤에 있는 곳들은 '등'으로 마무리 된다. 당시 처음 경험하는 것이라 더 긴장했다. 초반에 제대로 손 쓰지 못하면 힘들어지는 상황이었기에 더 했다. 기사가 나오기 전 맨 먼저 달려간 곳이 통신사였다.

"1등 회사 이름을 빼고 어떻게 기사 제목을 뽑냐?"

말도 안 되는 부탁임을 알았지만 일단 찾아가 매달렸다. 결국 여러 가지 정상 참작이 되어 제목에서는 기업명이 빠졌다. 일단 큰 산을 넘은 셈이었다. 다음부터는 조금 수월했다. 통신사에서 써먹은 논리를 속에 담아두고 있었지만 종합일간지와 경제일간지 각종 온라인 매체와 주간지 등 남아 있는 매체들이 아직 많았다.

불안 속에서 토요일을 보내고 난 뒤 일요일 오전부터 전 매체를 돌기 시작했다. 일단 기업소식을 주로 전하는 경제지에 집중했다. 편집국은 생각보다 휑하고 담당자 만나기도 쉽지 않았다. 그런데도 주말에 쉬지 못하고 헤매고 다니는 모습이 딱했는지 신경들을 써 줬다. 쉽지 않았지만 또 큰 고비를 넘길 수 있었다. 여론에 미치는 영향이 작다고 할 수도 있겠지만 개인적인 성취감은 작지 않았다.

그깟 기사 제목에서 회사 이름이 거론되는 여부가 어떤 차이가 있냐고 하겠지만 그 영향력은 상상 외로 크다. 네이버로 검색을 해 보면 느낄 수 있다. 달라도 너무나 다르다. 담합으로 거론된 다른 기업들은 어땠을까? 1등이 기사 제목에 거론되지 않는데 2등부터는 말할 필요도 없다. 가만히 있어도 손해 볼 것 없다. 업종 내 1등 기업들은 이런 것을 감내해야 한다.

가끔 묘한 제안을 받을 경우도 있다. 기자들이 특정 기업의 문제점을 파기 위해 경쟁사에 연락하는 일이 있다. 의도적으로 약점을 추적하기 위한 것이다. 그렇게 해서 경쟁사를 깎아내리는 기사가 나간다면 단기적으로는 이기는 것처럼 보이겠지만 결국 그 업종의 전체 경쟁력을 약화시킨다. **커뮤니케이터는 결코 자기 회사의 이익만 탐해서는 안 된다.**

2011년 2분기 실적발표가 있을 무렵이었는데, 몇몇 매체 베테랑 기자들이 연락을 해왔다. 알고 싶어하는 내용은 우리 회사가 아니라 얄미운 경쟁사와 관련된 것이었다. 내용인즉슨 '경쟁사 지주회사의 2분기 실적에서 무려 500억원이 넘는 금액이 손실로 반영되었는데, 그 회사를 씹을 수 있는 내용이면 뭐든지 좀 알려달

거짓말하지 않고 회사를 구하는 방법

라'는 것이었다.

　오랫동안 알고 지내왔기에 그 기자의 성향을 잘 알고 있었는데, 좀 의아했다. '웬만해서는 기업을 조지려고 하는 사람이 아닌데'라고 생각하면서도 능청스런 말로 시간을 끌면서 의도를 계속 파악했다. **"이 참에 단단히 손을 좀 봐야겠어"라고 벼르는 기자에게 시간을 좀 달라고 하고는 전화를 끊었다.**

얄미운 경쟁사 험담, 돌고 돌아 내 발등 찍는다

공시 자료를 뒤져도 보고 회사 내의 선배들에게 자문도 구하면서 내용을 파악해나갔다. 결론은 국내 기업으로는 처음으로 장거리 해저케이블을 설치하고 있었는데, 해저케이블이라는 것이 육지의 전력케이블과는 달라서 케이블들을 이어 붙이지 않고 수십 킬로미터 길이의 케이블을 해저에 설치하는 것이 핵심이다. 그런데 케이블을 설치할 때 하필이면 태풍 '덴무'가 왔다. 가공할 만한 덴무의 위력 앞에서 어쩔 수 없이 케이블을 끊고 철수를 할 수밖에 없었다. 케이블을 끊는다는 것은 엄청난 손실을 의미했다. 재작업을 할 수밖에 없었다. 공사기간도 문제지만 일단 끊어진 케이블은 재사용할 수 없기에 발생한 손실 규모만 수백억원에 이르렀다.

　국내 해저케이블이 처음 설치된 때는 1998년이다. 당시 국내 기술로는 어림도 없어서 프랑스의 전선회사가 설치했다. 유지하고 보수하는 데에 적잖은 외화가 계속 지출될 수밖에 없었다. 그런데 2010년에는 프랑스 이탈리아 일본의 선두권 해외 기업들과의 경쟁에서 이긴 국내 기업(그 경쟁사)이 그 사업을 진행하게 됐다. 물론 우리 회사도 해저케이블은 개발해놓고 있었기 때문에 언제든 그 분야에 뛰어들어야 했다.

곰곰이 생각을 정리한 뒤에 전화했다. 경쟁사의 상황을 옹호하기 위해서였다. **기자의 생각을 바꾸기 위해 노력했고 그 경쟁사의 상황을 이해해주기를 간곡히 부탁했다.** 기자는 의아해 했다. 얄미운 1등 기업의 약점을 파고 들기 위해서 2등인 경쟁사의 담당에게 문의했는데, 기대와는 정반대 이야기를 듣게 된 것이니까.

"천재지변 상황에서 발생할 수 있는 추가적인 위기를 막았던 것은 잘한 일입니다. 거기서 발생한 손실은 어쩔 수 없는 것입니다. 그때 그런 결단을 하지 못했다면 케이블은 케이블대로 못 쓰게 되고, 인명 피해와 함께 더 큰 손실이 닥쳤을 것이 뻔합니다. 그랬다면 다음부터 세계 시장에서 누가 해저케이블 프로젝트를 한국기업에게 주겠습니까? 긍정적으로 봐주셔야 합니다."

기자는 실망하는 기색이 역력했다. 특종을 잡았다고 생각했고 여기에 경쟁사에서 제보하는 문제점들을 더 엮어서 한 방 제대로 터뜨리고자 했다. 오히려 경쟁사 담당자가 더 간곡하게 변론을 하고 나서니 어리둥절해 했다. 처음에는 그런 태도를 마뜩찮아 했다.

"자기 회사도 아니면서 뭘 그렇게까지 얘기하세요?"

"아닙니다. 아셔야 될 것은 정확하게 아셔야죠."

계속된 변론에 기자도 결국 이해해주었고 기사는 밸런스가 잡혀 나갔다. 지금 그 전선회사는 그때 해저케이블 프로젝트에서의 경험과 노하우를 바탕으로, 해저케이블 사업이 효자사업부로 탈바꿈했고 중동, 미주, 유럽 등지에서 수주를 이어가며 승승장구하고 있다.

당시 해저케이블 분야는 우리 회사도 진출을 노리고 있었다. 다만 글로벌 금융위기로 죽느냐 사느냐 하는 판국이어서 경쟁사가 먼저 치고나갔다. **사실은 부럽고 배가 아팠다. 그래도 커뮤니케이터의 입장에서 업계를 보호해야 할 의무가 있었다.** 지켜야 할 것은 지켜야 했다.

심심찮게 대두되는 문제들이 알고 보면 경쟁사를 골탕 먹이기 위해 의도적으로 만드는 사건인 경우도 많다. 한 예로 '하이마트 정품 논란'이 있다. '하이마트에서 파는 제품들은 정품이 아니다. 동일 제품도 중국산 값싼 부품들이라 싸게 판다'는 말이 퍼진 적이 있었다. 설마 삼성전자와 엘지전자가 정상 제품 따로 만들고, 하이마트에 납품할 비정상 제품을 따로 만들겠는가? 그런데 세간의 의구심은 쉽사리 사그라지지 않았다. 급기야 하이마트 측에서 신고포상금을 내걸고 캠페인까지 벌였다. '경쟁사 측에서 언급하는 사례를 증거로 제출하면 포상하겠다'는 것이었다. 지금은 중국의 전자제품도 범람하고 있어 이런 구도가 의미 없어 보이지만, 루머가 완전히 사라졌는지는 의문이다.

말만 들어도 미간이 찌푸려지는 내용이지만 2011년 제과업계에서 경쟁사를 곤란에 빠뜨리기 위해 '쥐 식빵' 사건을 일으켰다. 나중에 경쟁업체 대리점 관계자가 저지른 것으로 판명되면서 자칫 '식품관련 대형 파동'이 될 뻔하다가 겨우 잠잠해졌다.

무한경쟁 시대에 기업들은 가끔 비정상적인 방법을 동원하기도 하고, 때론 비방과 흑색선전을 하기도 한다. 기업의 약점을 들추는 데에 경쟁관계 구도를 이용하는 것이 손쉬운 방법이다. 하지만 일부러 경쟁사에 흠집을 내거나 비방하는 일을 해서는 안 된다. 당장은 경쟁사가 타격을 받겠지만 결국은 함께 가야 할 길에 스스로가 오물을 던지는 것과 같다. 커뮤니케이터는 자신이 근무하는 기업뿐만 아니라 그 기업이 속해 있는 업계를 지켜야 할 의무도 있다.

간절히 원하면 이루어진다

근무하던 회사는 한때 별명이 '재계의 돈 주머니'였다. 여러 기업들이 1금융권이나 2금융권에서도 대출이 힘들어지면 명동 사채시장으로 가는 수밖에 없었는데, 명동 좀 못 미쳐서 있던 회사로 찾아오곤 했다. 밑져봐야 본전이라는 생각으로 문을 두드리던 회사들이다. 시절이 웬만할 땐 그런 것도 쏠쏠한 사업거리였다.

그러던 회사가 2007년에 대담한 일을 벌였다. 골드만삭스가 최대주주로 있는 글로벌 2위의 이탈리아 전선회사 프리즈미안을 인수하기 위해 지분 9.9%를 확보했다. 계약을 체결하면서 6천억원이 들었다. 안양에 있던 유일한 전선공장 부동산 전체를 유동화한 자금이라, 그냥 돈이 아니었다.

위기일수록 정공법으로

골드만삭스는 계약조건에 2년동안은 추가지분을 늘릴 수 없도록 하는 제한 규정을 뒀다. 하지만 회사는 2년이나 그냥 기다릴 수 없었다. 2년 후엔 단번에 최대주주의 지위에 올라설 수 있도록 또 다시 6천억원 정도의 큰 돈을 지분과 관련된 파생금융상품에 투자했다. 순수 투입 금액만 1조2천억원이었고 각종 조달비용이나 수수료를 더하면 실로 엄청난 금액이었다. 시간만 지나면 세계 1등은 따놓은 당상이었다. 그런데 2008년 하반기에 예상치 못한 글로벌 금융위기가 닥쳐오면서 한 순간에 모든 것이 바뀌었다. 2007년 말 프리즈미안의 지분을 확보할 때 한 주당 20유로에 프리미엄 2유로까지 얹었는데, 2009년 초에는 주가가 6유로 수준으로 곤두박질쳤다. 글로벌 넘버 원이 되고자 했던 원대한 꿈은 순식간에 물거품이 되었고, 회사는 걷잡을 수 없이 힘든 악순환의 늪에 빠졌다. 하나뿐인 생산공장을 담보로 한 자금을 날린 이후에는 계속 나락으로 떨어질 뿐이었다. 한참 뒤에 손절매 처분을 해서 투자금의 절반을 겨우 건졌지만 그때까지 조달 금융비용이나 이자에 각종 수수료를 포함하면 거의 조단위의 손실을 본 것이다.

이런 상황을 짐작하고 있었기에 애간장이 타들어갔다. 해일이 덮치기 전에 모든 언론을 설득해둘 필요가 있었다. **첨엔 발뺌할까 고민도 했지만 정공법이 유일한 방법이었다.** 원대한 꿈을 위한 시도였음을 밝히며 읍소했다. 그런 대규모 투자를 하면서 최소한의 안전장치를 강구할 생각을 못했냐는 질타가 제일 무

거짓말하지 않고 회사를 구하는 방법

서웠다. 하지만 끝내 이 사안에 대한 기사가 나온 적은 없다. 몰라서 못 쓴 것은 아니었다. 그 일이 적나라하게 밝혀진다면 회사의 미래는 없다고 봐야 했다.

한 인터넷 매체 베테랑 기자의 전화를 받은 때가 2009년 3월 4일 오후 3시경이었다. 절대로 잊을 수가 없는 것이 그날은 둘째 아이가 태어난 날이었다. 12시 45분에 아기가 태어났고, 수술을 마친 아내가 마취에서 채 깨어나지도 않았던 무렵에 전화를 받았다.

"프리즈미안 지분에 투자했던 정황을 홍콩 금융가를 통해 다 취재했어요."

청천벽력 같은 소리였다. 듣는 순간 숨이 막혀왔다. 회사 관계자 멘트를 달라고 했다. '드디어 올 것이 왔구나. 관계자 멘트라면 이미 기사 작성도 다 되었다는 이야기구나.'하는 생각에 어찌할 바를 몰랐다. 기사 구조상 마지막에 관련 당사자 멘트를 넣는 것 때문에 해온 연락이라 힘이 쭉 빠졌다. 몇 마디만 들어도 그냥 하는 말이 아니라는 것을 직감했다. 기사가 나가면 회사가 재기를 위해서 발버둥치고 있던 모든 노력들이 힘을 잃을 수밖에 없었다. 메가톤급 위력을 가진 뉴스가 터지기 일보 직전이었다.

눈 앞이 캄캄했다. 더구나 회사에서 전화를 받은 것도 아니었다. 통화를 하면서 온갖 생각을 짜냈다. 뭐라도 핑곗거리를 찾아야 했다. 병실에서 길게 통화할 수 있는 입장도 아니었으니 이런 상황을 이야기하면서 시간이라도 조금 벌어보는 것이 최선이었다.

"산모 병실이라 여기서 통화할 순 없고 밖으로 나갈 테니, 끊지 마세요."

병실을 나서면서 말을 이어나갔다. 병동 바깥으로 나갔는데, 비가 추적추적 내리고 있었다.

"오늘 같은 날 전화를 주시네요. 실은 좀 전에 둘째가 태어났어요. 수술해서 낳았는데, 사내아이랍니다."

그 얘기를 듣자 살벌했던 취재 분위기가 조금 누그러졌다. 전화기를 타고 전해오는 느낌만으로도 알 수 있었다.

"팀장님, 우선 축하드립니다. 형수님은 괜찮으시죠?"

아무리 취재가 급해도 새 생명이 탄생했다는데, 그리고 가족이 수술을 해서 병실에 있는데 모른 체하는 강심장은 없을 터였다.

"어이쿠, 지금 비가 오네요. 엇! 차거."

"비 맞게 해서 죄송합니다."

기자의 입에서 죄송하다는 말이 나왔다. 좀 전보다 분위기가 또 조금 바뀌었다.

"괜찮습니다. 아까 말씀하신 내용, 다시 말씀해주세요. 제가 설명해 드릴게요."

대화를 이어나갔다. 몇 가지를 물어왔다. 듣고 있자니 취재한 내용은 다 팩트였다. 그런 와중에도 머릿속은 온갖 생각으로 복잡했다. 이런 저런 설명도 하고 떠보기도 했다. 계속 비 맞고 있다는 티도 냈다. 미안한 감정을 계속 불러일으켰다. 기자는 '미안하다'는 말을 몇 번 더 반복했고, 공식적인 멘트는 제대로 듣지도 못하고 다시 전화하기로 하고 끊었다.

바로 회사로 전화를 해 자초지종을 보고했다. 가슴이 덜컹 내려앉는 소리가 전화기를 통해 들리는 듯했다. 결론은 하나였다. '기

거짓말하지 않고 회사를 구하는 방법

사화를 막을 방법은 없다.' 문제는 여파를 줄이는 것이었다. 회사 안에서는 즉각 최고경영자까지 보고됐다. 실로 암울했다.

"제가 어떻게 해서든 시간을 좀 끌어보겠습니다만 뾰족한 방법은 없습니다."

"그렇지? 그 정도까지 파악했으면 끝난 거라 봐야지."

답답했다. 눈물이 쏟아질 것 같았다. 보통 때 같았으면 언론사로 뛰어갔을 것이다. 가서 기자 바짓가랑이라도 붙잡고 사정하고 빌기도 했을 것이고, 데스크와 주위의 친한 선후배 기자들도 붙잡고 늘어졌을 것이었다. 하지만 병실을 지키고 있어야 했다.

기사화가 어쩔 수 없다는 것을 회사에 보고했지만, 기사가 출고되면 다른 매체에서 벌떼처럼 달려들어 확산될 것은 불을 보듯 뻔했다. 그러면 회사의 자구 계획들은 심각한 차질을 빚게 될 것이었다. 회사가 회생할 방법이 없어 보였다. 한 시간 정도 초조하게 기다리던 참에 다시 전화가 왔다. '전화한 걸 보면 기사도 마무리 되었겠다'는 생각이 들었다.

낙타 텐트 안으로 들어가기 작전, 처음엔 코만 조금

자포자기한 심정으로 전화를 받았다. 아까처럼 반복했다. 산모가 깨어났는데 통증이 있어 자리를 오래 비울 수가 없으니 이해해달라고도 했다. 여전히 비가 오고 있었다. 3월초 냉기 서린 비를 또 맞으며 전화기에 매달렸다. 그런 사정을 알고 있던 기자가 더 미안해했다. 직감적으로 느껴졌다. 문의에 대해서는 일목요연하게 최선을 다해 제대로 설명했다. 그리고 모든 것을 포기하고 마지막 부탁을 할 의도로 말을 끄집어냈다.

"오늘 기사 내실 생각이시죠? 회사에 보고는 했습니다만, 기사 나가면 제가 불려들어갈지도 모르겠습니다. 그런데 병실을 비울 수가 없습니다. 집사람 수술 때문에 오늘 내일은 꼼짝할 수가 없습니다."

"그러시군요. 오늘 같은 날에 정말 죄송하게 되었습니다."

계속 미안해했다. 그러고는 기다렸다는 듯 마지막 말을 꺼냈다.

"어차피 온라인뉴스로 게재될 것인데, 하루 이틀 뒤에 나가는 것은 큰 차이 없지 않겠습니까? 다른 매체들은 아직 전혀 감을 잡고 있지도 못하니 특종을 뺏길 염려도 없고요. 오늘 말고 제가 근무하는 모레 내시는 게 어떻습니까?"

미안한 느낌으로 통화하던 기자도 상황은 충분히 이해했다. 잠시 생각하더니 제안을 받아들였다. 속으로 살짝 쾌재를 불렀다. 일이 이렇게 된 마당에, 기자를 한 번이라도 만나야 한다는 생각이 머리를 스쳤다. 그것도 기사가 나가기 전에 말이다.

"모레 잠깐 만나시죠? 점심도 좋구요. 점심 선약 있으시죠?"

낙타가 텐트 안으로 진입하기 작전이었다. 처음에 낙타는 텐트 안에 코만 좀 들여놓기를 부탁한다. 주인은 허락했고, 코가 들어간 낙타는 이어서 뺨만 넣자고 하고, 그 다음엔 얼굴만, 상체만, 앞발만 하면서 결국 비좁은 텐트 안으로 들어가는 건 낙타가 되고 오히려 주인이 밖으로 나와서 자게 된다는 이야기다. 부탁을 할 때 처음부터 큰 부탁을 하면 거절당하기 십상이다. 첫 부탁은 아주 작은 것을 시작으로 살짝 운만 떼고 그 다음에 한 발짝씩 더 진도를 나가는 작전이었다.

"점심 약속이 있는데요."

"당연히 있으실 거라 생각했습니다. 점심 약속에 지장받지 않도록 그 시간 피해서 찾아가 뵙겠습니다. 잠깐 얼굴만이라도."

상황이 이렇게 전개되자 살짝 입장이 난처해진 것은 오히려 기자였다.

"그러면 제가 선약을 다른 날로 변경할 테니, 점심 같이 해요."

또다시 속으로 쾌재를 불렀다. 기사 출고를 모레 금요일 오후로 미뤘다는 것이기도 했다. 전화를 끊고 바로 회사로 전화했다. 자초지종을 설명했다. 시간을 벌었고 모레 점심을 같이 하기로 했다고 보고했다.

"잘했어. 그럼 금요일에 나랑 같이 움직여. 고생했어."

전화를 받던 상무의 목소리가 떨리고 있었다. 병실로 올라갔다. 태어난 둘째를 보러 갔다. 유리창 너머로 간호사 손에 들려 있는 애기를 한참을 봤다. 슬픔과 기쁨이 뒤섞여 묘했다.

진인사(盡人事) 해야 기적도 생긴다

이틀을 병원에서 보내고 새벽같이 출근했다. 만나서 무슨 얘기를 할지 고민을 거듭했다. 11시를 조금 넘긴 시각에 나섰다. 을지로로 걸었다. 신세계백화점과 롯데백화점만 지나면 바로 을지로입구다. 하나은행 본점 1층에서 기자가 내려오기를 기다렸다가 인근의 작고 허름한 밥집으로 향했다. 이른 시각이어서 손님이 거의 없었다. 식당 안쪽 마루에 올라섰다.

제일 안쪽 테이블에 자리잡고 앉는다는 것이 나도 모르게 오른쪽 무릎을 꿇었다. 입에서 한마디가 저절로 터져나왔다.

"한 번만 재고해주세요. 회사에 근무하는 직원 천 명에 가족들까지 5천 명의 생사가 걸려 있습니다."

기자는 무릎까지 꿇은 것에 더 놀라며 손사래를 치고 미안해했다. 밥이 입으로 들어가는지 코로 들어가는지도 몰랐다. 기사가 나가면 기업 개선 노력이 물거품되고 회사가 최후를 맞이할지도 모른다는 생각뿐이었다. 밥을 먹는 내내 기자도 미안한 기색을 감추지 못했다.

"데스크에 보고가 되었기 때문에 어쩔 수가 없습니다. 되돌릴 수 없어요."

"그러면 데스크에서 재고해주시기만 하면 되는 거죠?"

"예?"

기자가 답한 그 말을 잽싸게 가로채서는 물귀신 작전을 펼쳤다.

"식사 마치는 대로 제가 부장님 찾아뵙고 엎드려 빌어보겠습니다. 기자님과 점심 같이 하면서 얘기나눴다고 말씀드리겠습니다."

"아, 예? 예…."

생각해볼 겨를도 없이 밀어붙였다. 이렇게까지 이야기한 것이면 기자는 기사를 재고할 용의가 있다는 것이라 판단했다. **데스크라는 가장 힘든 마지막 고비가 남아 있기는 하지만 일단 담당기자가 이해해준 것은 천운이었다.**

거짓말하지 않고 회사를 구하는 방법

기자 개인적인 걱정거리로 화제를 돌렸다. 그 역시 아내가 쌍둥이를 임신하고 있다가, 쌍둥이 태아 중 하나가 배 속에서 잘못되어 걱정하던 참이었다. 다행히 남은 태아는 건강하게 자라고 있었다. 그전부터 그 얘기를 듣고 함께 걱정하고 위로해오던 참이었다. 그렇게 식사를 마쳤다. 보통 때 같았으면 차라도 한 잔 했겠지만, 바로 대로변에 섰다. 택시를 타고 여의도로 넘어갈 요량이었다. 잠시 후 택시가 왔고 뒷문을 열었다. 그 순간이었다.

"팀장님, 아무래도 저희 부장은 제가 만나는 게 낫겠습니다. 제가 타고 갈게요."

이게 뭔 일인가 어리둥절했다. 그렇게 기자는 택시에 올라탔고, 창문 너머로 '연락할게요'라는 말을 남기고 떠났다.

사무실로 발걸음을 옮겼다. **할 수 있는 최선을 다했다. 기다리는 일만 남았다.** 맥이 풀려서 일이 손에 잡히지도 않고, 아무것도 할 수가 없었다. 3시가 조금 지난 무렵, 모니터 하단에 메신저가 깜빡였다. 기자가 보낸 메시지였다. 심장이 가슴에서 뛰지 않고 귀 옆에서 뛰듯이 쿵쾅거렸다. 메신저 창을 여는 순간 기적이 펼쳐졌다.

'와, 부장한테 엄청 깨졌어요. 이따 술이나 한 잔 사주세요.'

메시지는 간단했다. 그 짧은 메시지를 보는 순간 기자가 전하고자 하는 말을 다 들은 것이나 같았다. 기사가 그대로 출고되었다면 데스크로부터 야단을 맞을 일도 없었다. 그런데 본인이 발제해놓고 스스로 꺾어버렸기에 야단맞았다는 뜻이었다. 튕기듯 달려가 보고했다. 보고하는 사람도 받는 사람도 떨고 있었다.

"구 팀장이 기자 개인적인 가정사까지도 관심 가지고 진심으로 걱정해주고 하니 기자도 마음이 와닿았던 것이구먼. 고생했어."

짧은 보고를 마치고 자리로 와서 메신저 창을 다시 열어서 기자에게 저녁을 청했다. 기왕 이렇게 된 거 찐하게 술이라도 먹어야 했다. 기자도 시원섭섭하게 마무리된 기사 때문에 흔쾌히 응했다. 여의도 모 지하 주점에서 일찌감치 다시 만났다. 파전에 꼬막에 이것저것 시켜놓고 동동주 몇 동이를 연신 들이켰다. 기자가 미안함을 다시 표했다.

"금융부에 있다보니 기업을 숫자로만 봤습니다. 숫자로 기업을 파악을 할 수는 있지만, 그건 겨우 절반만 보는 것이라고 이번에 배웠습니다. 노력을 다했는데 여러 제약들 때문에 숫자가 안 좋아질 수도 있다고 생각합니다. 숫자는 그 결과인데, 어떤 원인이 있었고 어떻게 진행되어왔는지도 중요하다는 거, 많이 느꼈습니다."

내심 속으로 감동이 밀려왔다.

"그렇게까지 생각해주시니 감사합니다. 1차는 여기서 마무리하고 다른 데로 가시죠? 잘 아는 곳으로 모시겠습니다. 오늘은 좀 마셔야겠습니다."

기자는 한 가지 궁금한 것이 있다고 물어봐도 되냐고 했다.

"이 건을 취재하는 기자가 저만 있었던 것이 아닐 텐데요. 아무리 검색해도 관련해서 나온 기사가 전혀 없던데요?"

"왜 없겠습니까? 자금이 조 단위가 넘어가는데 관심 갖지 않을 언론이 있겠습니까? 여러 군데에서 들여다보기도 했죠."

"그런데 왜 기사는 없죠?"

"사실, …… 다른 언론사에서 취재하고자 했을 때도 지금과 비슷하게……."

"역시……."

팀 예산이 그다지 없었기에 가끔 접대를 좀 해야 할 상대일 경우엔 회사 근처 단골 주점에서 외상을 그어놓고 마셨다. 그날은 외상으로 소를 잡아먹더라도 아까울 게 없었다. 결국 새벽 3시가 다 되어서야 자리를 파했다. 집이 멀었던 기자는 집에도 못 갔다. '점심 때 뜨끈한 국물로 속 풀이 하십시오.' 출근해서 바로 메신저 메시지를 남겼다.

이렇게 또 한 차례 메가톤급 태풍을 넘겼다. 순수 투자 금액만 1조2천억원이었고, 절반인 6천억원만 건졌다. 이자며 수수료 같은 막대한 비용은 그냥 다 사라졌다. 그 이슈를 막을 수 있었던 계기가 때마침 태어난 둘째 덕분이었다. 그래서 둘째는 6천억원의 가치를 지니고 태어난 아이다. 6천억원의 사내다. 예전 미국 드라마 6백만불의 사나이(물론 그 당시 돈의 가치가 지금보다 훨씬 컸지만)는 둘째와 비교하면 쨉도 안 된다. 백 분의 일 수준이다.

지금도 그때를 생각하면 아찔하다. 만약 둘째가 태어나지 않았더라면 그 기사를 막을 수 있었을까 싶다. 막지 못했을 가능성이 높다. 그러면 오늘날 그 회사는 없을지도 모른다. 운도 능력이고 기적도 노력이 있어야 찾아온다.

3장.
회사가 뉴스에
빠진 날

여론은 판사 위의 판사

팽형(烹刑)이라는 형벌이 있었다. 말 그대로 삶아 죽이는 형벌인데, 조선시대 팽형은 실제 사람을 삶아 죽이는 것이 아니라 커다란 솥에 들어갔다 나온 탐관오리들을 죽은 사람으로 취급하는 일종의 사회적 형벌이었다. **팽형을 당하면 그날 부로 가족들에게 장례를 치르게 하고 모든 사람들은 일절 아는 체도 하지 않았다.** 그 사람에 대한 영원한 명예의 죽음이었다. 몸은 상하지 않지만 마음은 죽어 있는 형벌이었다. 팽형을 선고 받으면 자결하거나 팽형을 그대로 받는 선택이 가능한데, 자결을 선택하면 나중에 신분 복권이 가능하지만 팽형을 택하면 억울함이 밝혀지더라도 복권이나 명예회복 같은 것은 없었다.

중국 전국시대 제나라에서는 왕의 측근으로 악행을 일삼고 아부하며 속임수를 행한 아대부(阿大夫)라는 자를 가마솥에 넣어 삶아 죽였다는 실제 기록이 있다. 말로만 들어도 잔인한 형벌인데, 조선은 이를 세련되게 바꿨다. 몸은 그대로지만 정신을 죽여버리는 형벌 말이다. 가마솥에 한 번 들어갔다가 나올 뿐 신체에 해가 가지 않았고, 사람 대접을 받지 못하게 만든 것이니, 정신을 강조했던 선조들의 창조적 적용에 감탄을 금할 수 없다.

정신적 사회적 죽음인 팽형, 여론 재판과 닮았다

생각하면 할수록 탐관오리 양반들에게 너무나 적절한 벌이 아니었나 싶다. 팽형은 요즘으로 보면 여론 재판과 비슷하다. 조선시대처럼 가족이나 친구들도 죽은 사람 취급을 하는 것은 아니지만 비위나 부도덕한 일로 인해 여론의 도마 위에 오르게 될 경우 법률로는 무겁게 죄를 물을 수 없더라도 국민 정서는 차갑게 등을 돌려버린다. **살아도 산 것이라 볼 수 없다는 점에서 과거 팽형을 떠올리게 한다.**

기업의 도덕성에 있어서도 사람들은 여론을 통해 정서적 팽형을 가할 때가 있다. 월스트리트 역사상 가장 성공한 펀드매니저이자 마젤란 펀드를 세계 최대의 뮤추얼펀드로 키워낸 영웅으로 꼽히는 피터린치는 '비즈니스 세계에서 평판보다 더 중요한 것은 없다'고 강조했다. 역사와 전통을 자랑하는 기업들이 위기 상황에서 급하다고 거짓으로 둘러대거나 발뺌하다가 스스로 기업가치를 훼손하는 경우가 종종 있었다.

2016년 선망의 대상이었던 아우디나 폭스바겐이 디젤 차량의 배출가스 조작으로 전세계 사람들을 속인 것도 모자라 날이 갈수록 새로운 의혹들이 쏟아져 나왔다. 철옹성처럼 굳건했던 믿음은 한순간 배신으로 점철되기에 충분했고, 사람들의 프라이드를 세워주던 값비싼 차들은 한순간 애물단지로 전락했다. 해를 넘긴 소송에서 폭스바겐은 미국 법무부에 유죄를 인정하고 5조가 넘는 거액의 민형사상 벌금을 내기로 했다. 반면, 우리나라에서는 겨우 수백억원대의 과징금에 그쳤다. 벌금이야 그렇지만 이미 상처난 소비자들의 마음은 어쩔 도리가 없다.

2013년 봄, 서민들의 생활과 함께했던 국내 한 유제품 회사가 대리점주를 안하무인 격으로 대하며 자신들의 이익에만 급급했던 녹취 파일이 세상에 공개 되면서 업계의 지각변동을 불러왔다. 경영진이 언론 앞에 나서서 허리를 굽히고 사죄했지만 사람들은 이를 받아들이지 않았다. 사람들이 이를 기억하는 한, 매장에 진열된 상품을 고르는 손길에서 그들은 매번 벌을 받는다.

최근 무시무시한 면모가 드러났던 일은 사망자 116명을 포함해 수백 명의 피해자를 양산했던 가습기살균제 사태였다. 위험하다는 것을 뻔히 알면서도 안전하다고 속이고 판매를 했던 것인데, 기업이 자신의 이익을 지키기 위해 고객들을 볼모로 잡은 경우라면 두말할 필요도 없이 사람들은 철퇴를 날린다.

기업이 망하는 이유는 망가진 이미지 때문

근무했던 전선회사는 줄곧 잘 나갔다. 당시 국내기술로 세계 시장은 넘보기 힘들었다. 하지만 일본 설비들을 눈으로 외워서 한국에서 부품 하나 하나를 깎고 만들어 조립해 그야말로 피땀어린 노력을 통한 기술개발로 해외 수출에도 성공했다. 2009년 악화된 재무 수치에 시장은 단번에 부실하고 위험한 회사라고 경고등을 켰다. 소비재기업이 아니어서 대중이 피부로 느끼기는 힘들었지만, 증시 반응은 냉담했다. 과욕에 비해 거꾸로 나타난 결과를 여론은 가만히 두지 않았다. 여론의 물꼬가 부정적으로 흘러가는 것을 막기 위해 하루도 심신이 편할 날이 없었다.

열심히 일해온 기업들이 왜 어려움에 처하고 망하게 될까? 보통은 돈이 없어서라고 생각하겠지만 근본적인 이유는 망가진 기업 이미지 때문이다. 돈이 부족하면 빌리거나 융통해서라도 쓸 수 있다. **돈줄도 이미지가 망가진 기업에게는 냉정하게 말라버린다.** 기업 이미지는 여론에 영향을 미치는 다양한 이해관계자에 의해 좌우된다. 이해관계자들은 법적인 판결과 상관없이 기업을 재판하고 심판하게 된다.

기업을 둘러싼 이해관계자의 범위는 아주 넓다. 많은 소비자들, 주주, 직원, 지역주민 그리고 정부, 법원, 상급 관리기관 등 그 종류도 다양하다. 이들은 기업에 부정적인 상황이 닥치면 일단 기업을 심판부터 하려든다. 관심도 없던 기업이지만 Bad Company로 낙인을 찍어놓고 그동안의 모든 것에 의혹을 품게 된다. 여론은

거짓말하지 않고 회사를 구하는 방법

순식간에 얼어붙는다. 그리고 이해관계자들은 자신이 행사할 수 있는 재량권 중에서 가장 강력한 방안을 찾아 실행하게 된다.

소비자 한 명이 불만을 가진 것이라 해도 그 한 명이 어떤 역효과를 불러올지는 상상할 수 없다. 요즘은 SNS를 통해서 실시간으로 전파되고 그 반응도 실시간으로 전개된다. 변심한 소비자가 무서운 것은 혼자만의 불만에 그치지 않기 때문이다. 그가 전할 수 있는 범위가 처음에는 친구와 가족들이겠지만 몇 단계만 거쳐도 무시무시해진다.

신문사들은 부드럽고 긍정적인 이야기보다는 부정적이고 저속한 이야기를 찾고 싶어 한다. 미국의 사회학자인 마이클 셔드슨은 '신문사들은 부정적이고 저속한 이야기를 전면에 내세워 인지도를 쌓았다'고 말했다.

위기 대응의 골든타임을 지켜라

2006년, 학교 집단 식중독 사고가 있었다. 서울 경기지역 31개 학교에서 3,000여 명의 식중독 환자가 발생했고, 17개 학교의 급식이 중단됐는데, 온 나라가 발칵 뒤집혔다. 결국 수개월 만에 여야가 합의로 학교급식법 개정안을 급히 처리하면서 학교식당은 위탁에서 직영으로 전환토록 했다. 먹거리와 관련된 경우 사람들의 단죄는 무섭도록 냉정하다.

당시 상황은 6월 16일 국내 대기업 계열의 식품회사에서 급식을 하던 서울지역 학교 세 곳에서 집단증상이 처음 발생한 것이다. 어떠한 사고든 위기와 관련하여 대외 커뮤니케이션의 1단계 조치는 주관부서의 소집과 전환이고, 2단계로 상황을 대응해나갈 비상체제가 꾸려져야 한다. 3단계는 진상을 파악해서 상황에 대한 개요가 나와야 한다. 4단계는 내부입장을 정리하여 공유하고 곧바로 5단계로 언론을 포함하여 외부에 대한 대응 태세로 돌입해야 한다. 이때 보도자료와 언론 취재 문의에 대한 응대와 함께 대변인이 회사의 입장을 밝혀야 한다.

5단계까지의 진행에 하루를 넘겨서는 안 된다. 이 24시간이 바로 위기 대응의 골든타임이다. 그런데 첫날 그 식품회사 직원들이 학교에 가서 진상파악에는 나섰지만 별도의 조치를 취할 생각도 하지 않았다. 사태는 경기지역의 학교로 퍼져나갔다. 5일이 지난 21일에 더 큰 대형사고가 터졌고 급기야 22일 교육청의 발표와 함께 언론에서도 여론이 폭발했다. 그전에도 기사는 간간히 나왔지만 그날 오후 2시 40분부터 자정까지 보도된 기사만 127건에 이르렀다. 자정 무렵에야 회사는 공식사과를 포함해 발표를 단행했다. 하지만 사람들의 의혹도 불만도 그대로였다.

여론에서 재판을 받은 기업과 제품은 시장에서 외면당한다. 그건 그 기업의 이미지가 망가졌기 때문이다. 마트에서 아무리 좋은 위치에 제품들이 자리를 차지하고 있더라도 눈길조차 끌지 못한다. 마치 조선시대 팽형을 당한 탐관오리가 살아있지만 투명인간 취급을 당했던 것처럼 말이다.

거짓말하지 않고 회사를 구하는 방법

진짜 vs. 진짜 같은 거짓 vs. 진짜 거짓

사람들은 불확실한 상황일 때 뉴스에 기댄다. 뉴스가 직접 연관될 때 미치는 파장은 더욱 커진다. 사전적 의미로 뉴스는 새로운 소식을 전해주는 방송 프로그램이나 잘 알려지지 않은 새로운 소식을 말한다. 우리가 방송이나 신문을 통해 접하는 것들이 다 뉴스라 할 수 있을까? **뉴스가 모두 진실일까?**

Truth, Probability, Possibility, Lie

미국의 제3대 대통령 토마스 제퍼슨은 기사에 4가지 종류가 있다고 했다. '진실인 Truth, 있음직한 이야기인 Probability, 그럴듯한 이야기인 Possibility, 그리고 거짓말인 Lie가 있으며, 때로는 착오와 거짓으로 점철된 신문을 매일 읽는 사람보다 전혀 읽지 않는 사람이 진실에 가까이 있다'고 했다. 제퍼슨이 살았던 19세기와는 비교할 수 없을 만큼 많은 미디어와 뉴스 속에서 살고 있는 요즘, **받아들일 것과 버릴 것을 제대로 구분하기는 너무 어렵다.**

'선풍기 괴담(Fan Death)'이라는 제목의 동영상이 유튜브에 공개된 적이 있었다. 짧은 기간 동안 50만이 넘는 조회수를 기록하면서 한 순간에 IT강국 한국이 세계인들의 조롱거리로 전락했다. 문 닫은 방안에서 선풍기를 틀어놓고 자면 질식사 할 수 있다는 이야기를 어떤 외국인이 조잡한 그림체로 그려 한국인만 이런 미신을 믿으며 살인무기로 변한 선풍기가 세상을 지배할 것이라고 비꼬는 내용이었다. 국내 언론도 많은 기사를 냈다. 의료진의 자문까지 곁들여서 자못 심각한 기사 톤을 유지했음은 물론이다.

한국 성인들은 이런 얘기를 자주 듣고 자랐기에 지금도 머리맡에 선풍기를 켜놓고 잘 엄두를 내지 못한다. 잠들고 나면 꺼지도록 타이머 조절을 잊지 않는다. 국내 뉴스 대부분은 밸런스를 유지해 선풍기는 위험할 수도 그렇지 않을 수도 있다는 내용이었다. 어느 기사에서도 정작 알고 싶은 내용에 대해서 명쾌하게 결론을 내리지는 않았다.

때론 말도 안 되는 루머가 기업을 위기로 내몬다

때로는 근거 없는 루머가 독이 된다. 앞서 얘기한 의류회사 토미 힐피거의 유언비어성 악성루머와 같은 사례가 심심찮게 불거진다. 2015년 중반, KFC가 중국에서 악성 루머를 유포한 미디어업체 3곳을 고소하는 일이 있었다. 이들 업체가 마이크로블로그 등에서 'KFC는 다리가 8개, 날개가 6개씩 달린 닭을 팔고 있다'고 주장하는 기사와 함께 합성사진까지 내보냈다는 이유였다. 언뜻 들어도 이해가 가지 않는다. 닭이 다리가 8개, 날개가 6개씩이나 있을 수가 없으니 루머임이 분명한데도 '괜한 찜찜함'과 '혹시 하는 의구심'이 남아 기업에 적잖은 해를 입힌다. 미국의 웬디스는 칠리 요리에서 사람의 잘린 손가락이 나왔다는 신고가 접수되는 바람에 발칵 뒤집어진 일도 있었다. 결국 우연한 사고로 잘린 손가락을 요리에 집어넣고 거금을 뜯어내려는 사기극으로 밝혀졌지만 그 피해는 해당 기업에 고스란히 돌아갔다.

2007년 7월, 중국에서 엄청난 뉴스가 전세계를 강타했다. 북경의 어느 식당에서 고기 대신 골판지 종이로 속을 채운 만두가 팔리고 있다는 것이었다. 중국은 가짜 계란으로 유명세(?)까지 탄 마당이라 '가짜의 천국'이라는 오명을 뒤집어쓰기에 충분했다. 예외 없이 우리나라에서도 한동안 여론이 들끓었다. 사람들은 밑도 끝도 없이 중국이라면 충분히 그럴 수도 있을 것이라며 혀를 찼다. 그런데 얼마 지나지 않아 새로운 뉴스가 나왔다. 당시 파트타임 리포터가 특종을 찾아야 한다는 압박에 시달리다 못해 조작해 낸 허위보도라는 것이다. 정작 이 '제대로 된 뉴스'는 매체들이 적극적으로 보도하지 않았고 그닥 호응도 불러오지 못했다. 아직도 허위보도였음을 모르는 사람이 있을 정도다. 조작으로 밝혀졌음에도 넓디 넓은 중국 어딘가에 있을지도 모른다는 반응도 있다.

악성 루머 기사는 100년 동안 유지해왔던 유명 레스토랑을 몇 개월 사이에 문 닫게 만들기도 하고, 기업을 일순간 나락으로 밀어내기도 한다. 미국 한 음료회사가 저가의 대용량 과일음료를 출시하면서 자연히 수요가 높은 빈민가를 1차 타깃시장으로 삼았다. 그런데 출시 직후 이상한 루머가 나돌았다. '흑인들의 생식 능력을 저감시키기 위한 음료'라는 설이 번지면서 매출의 급감을 맛봐야 했던 것이다.

우리나라도 군에 보급되는 건빵 속 별사탕에 남성 생식능력을 감퇴시키는 약이 있다는 루머가 있었다. 군인들은 건빵만 먹고 정작 달콤한 별사탕은 버렸는데, 건빵 회사에서 별사탕 속에 든 것은 설탕물을 뭉치게 만드는 좁쌀이라고 밝혔음에도 별사탕은 인기가 없다. 이렇게 출처와 근거가 불분명한 루머가 주위에 너무 많다. '당연히 아닐 것이라고 생각하지만, 왠지 찜찜한 느낌' 때문에 그 제품과 기업을 멀리하게 된다.

언론사는 주식회사고, 뉴스는 비즈니스다

뉴스 중에는 정작 '나(불특정 개인)'는 알고 싶지도 않은 것들이 많다. 인기 연예인 스캔들도 별로 흥미를 끌지 못하는데 실명을 피하다보니 'A가 B와 만나다가 지금은 C를 만난다'는 것이 왜 중요한 뉴스가 될까? 의미 없는 낚시 기사도 상당하다. '배우 ○○○, 알몸으로…'라는 선정성 제목을 클릭해보면 여지없이 영화나 드

거짓말하지 않고 회사를 구하는 방법

라마 얘기다.

국내 유수의 일간지부터 연예전문 매체까지 언론은 연예 기사 생산에 목을 메고 있다. 돈이 되기 때문이다. 언론사들의 주요 수익에서 온라인 광고 비중이 늘고 있다. **낚시질이든 스스로 찾아오든 간에 클릭 수가 늘어날수록 벌어들이는 수익이 증가하고, 언론사 홈페이지 트래픽이 높아질수록 수익이 증가한다.** 복잡하고 어려운 것을 싫어하는 독자들의 특성상 이들을 유인하는 데에 가장 좋은 미끼는 가십성 연예기사다. 포털의 맨 앞자리에서 언론사 수익의 첨병 노릇을 하게 된다. 그래서 방송, 종합일간지, 경제지, 온라인 매체 할 것 없이 연예 매체를 사이드로 끼고 활용한다.

런던올림픽 당시 중계 현장에서 모 방송국 여성 아나운서가 연일 이례적인 패션 감각을 선보이며 여론의 도마 위에 올랐다. 여러 차례 이해할 수 없는 모자와 옷차림이 계속되자 사람들이 이를 못마땅하게 여기며 지적했다. 그런데 실상은 경쟁관계에 있는 다른 방송국 관계자들이 한숨을 내쉬었다고 한다. 악평이 오히려 관심을 끌어내면서 시청률이 더 높아졌기 때문이었다. 시청률에 목숨을 거는 방송사의 특성상 욕을 먹더라도 차라리 시청률이 높은 것이 낫다는 것이다.

뉴스는 비즈니스다. 언론사는 뉴스를 제공하고 수익을 창출하는 비즈니스 집단이다. 하지만 사람들은 오해를 한다. 언론사는 공공 또는 공익을 추구하는 기관이나 집단이고 독자를 위해 취재해서 알 권리를 채워주고, 알아야 하는 정보를 제공해주는 곳이라고.

TV에 나오거나 신문에 실린 뉴스가 청문회 증거로 채택되기도 하고 주식투자의 근거가 되기도 하는 것처럼, 뉴스는 진실이거나 진실에 가까운 것으로 받아들여진다.

지난 십여 년간 언론에 가장 많이 등장한 인물은 아이돌 연예인도 대통령도 올림픽 금메달리스트도 아니다. 'A씨'가 1위, 다음은 'B씨'이다. '여론은 법에 앞선다'는 말처럼 언론은 무서운 존재임이 분명하다. 하지만 본질적 가치가 든든하고, 제대로 된 커뮤니케이션을 해나간다면 걱정할 필요는 없다. 루머, 뒷담화, 뉴스도 인류 문화의 한 축이다. 너무 몰입하지도 배척하지도 말고 적절한 선을 유지해나가면 된다.

거짓말하지 않고 회사를 구하는 방법

99%와 100%, 하늘과 땅 차이

금지 약물 복용으로 처벌을 받는 선수들 뉴스를 종종 보게 된다. 아무리 용을 써도 잘 되지 않는 물리적인 한계에서 작은 힘이라도 뒷받침되면 뛰어넘을 것 같기에 약물의 힘에 기대고자 했을 것이다. 열심히 하지 않거나 실력이 되지 않는 사람들은 이런 얘기와 거리가 멀다. 열심히 하는데도 성과가 바로 나오지 않아서인 경우가 많아 안타까운 마음이 든다.

커뮤니케이션에 있어서도 비슷하게 생각해볼 점이 있다. 펀딩을 받거나 매각을 하거나 증자를 할 때도 99%와 100%의 차이는 단 1%뿐이다. 1천억 원을 모집하는 경우 99%라면 9백하고도 90억 원이다. 사실 1천억 원에서 10억 원은 더 있거나 모자라도 별반 차이가 없다. 그러나 그 의미는 전혀 다르다. 기사에 나갈 때, 99%라면 미달로 분류되지만 그보다 겨우 1% 많을 뿐이지만 100%는 성공으로 표현된다.

'성공'과 '성공이나 다름 없는 것'은 엄연히 다르다

보도자료는 미리 내는 경우가 많다. 이미 내용이 드러난 사실에 대해 자료를 낸다면 받는 기자도 불쾌할 뿐더러 김빠진 사이다가 되어버린다. 뉴스는 타이밍이 중요하다. 홈쇼핑 채널에서 제법 잘 팔리는 상품의 경우 매진임박이라는 시그널을 계속 띄우는 것처럼 이런 커뮤니케이션 행위는 굉장한 전략적 무기가 된다. 없던 관심도 생기게 하니까.

하지만 팩트를 넘어서면 안 된다. 99가 100과 거의 차이가 없기 때문에 **99%도 거의 100%나 다름 없지만, 당락을 좌우하는 팩트의 경우에는 엄연히 갈린다.** 일반 대중들이 보는 뉴스임을 감안할 때 우기는 식의 자료를 낸다면 사고를 넘어선 범죄에 가깝다. 기업 관련이라면 필시 돈과 관련된다. 그것도 수많은 개인 투자자들의 귀중한 돈이다. 욕심이 화를 자초하는 격이다. 어떻게든 언론에 잘 되고 있는 것처럼 속이는 것도 문제다. 말하기 힘든 사안이어서 **언급을 회피하는 것과 거짓을 이야기하는 것은 전혀 다른 문제다.**

기업 인수 합병이나 계열사 및 자산 매각 등과 관련해서도 그렇지만 아마도 국내에서 유상증자도 많이 경험했다. 그때나 지금이나 고지식하다는 말을 듣는 나는 커뮤니케이션의 대원칙을 무

거짓말하지 않고 회사를 구하는 방법

너뜨리는 일이라 고민은 했지만 대부분 저항하고 거절했다. 그래서 눈 밖에 난 적이 많다.

2007년부터 지금까지 한 해 걸러 한 번 꼴은 유상증자를 경험했던 것 같다. 일반 공모 방식의 경우 개인 투자자들과 연관 되기에 주가도 주가려니와 언론의 시선도 곱지 않을 때가 많다. 주가의 등락이 무엇보다 결정적이다. 대부분 발행할 주식 수를 정해놓고 진행하는 방식이라 대상 기간 동안 주가에 의해 전체 금액이 결정된다. 주식 수천만 주를 추가로 발행할 때 주가 차이 100원이면 수십억 원이 왔다갔다 한다. 이런 대형 프로젝트 기간이면 나 같은 커뮤니케이터는 흰머리가 늘어날 수밖에 없다.

청약은 구주주의 청약 이틀과 일반인의 공모 이틀로 진행된다. 몇 번째 거듭된 유상증자에 주주들의 반응도 식어 있던 때였다. 청약 둘째 날 오전에 '청약 성공'을 알리는 자료로 청약 분위기를 업시키라는 지시가 떨어졌다. 오후 3시께는 되어야 마감인데, 그 전에 성공했다고 속이라는 것이었다. 홈쇼핑 매진 임박 시그널처럼 '청약 성공 임박'은 개그밖에 안 되니 '청약 성공'으로 하란다. **이해는 됐지만 개인적으로 도저히 용납되지 않았다.**

우려되는 문제점을 계속 제기했다. 업무지시 거부로 보였겠지만, 회사를 더욱 곤란한 상황으로 끌고갈 수도 있다고 판단했다. 자료 작성 자체를 거부했다. 결국 윗선에서 자료를 만들어서 후배 과장의 손에 쥐어줬다. 후배도 화들짝 놀라서 '이런 자료를 내도 되나요?'하며 반문했다. 차마 뭐라고 할 수 없어서 '이건 아닌데, 난 못하겠다'고 하며 나가버렸다.

지시를 무시할 수 없었던 후배가 자료를 배포했다. 대부분의 매체에서 자료를 무시해서 너무 고마웠는데, 몇몇 매체에서 보도가 됐다. 가슴에 커다란 돌덩어리를 올려놓은 마음으로 하루를 보냈다. 오후에 청약결과는 96%였다. 나쁘지 않은 수치에 회사 사람들은 안도했지만 나는 얼굴빛이 흙색이 되었다.

"성공한 것이나 마찬가지 아냐?" 하는 말이 들렸다. 성공한 거나 다름없다고 할 수는 있겠지만 성공했다고 할 수는 없었다. 아니나다를까 칼럼 하나가 검색됐다. '불과 반나절 앞도 내다보지 못하고….'라는 제목으로 거짓말한 회사의 행태를 꼬집었다. 내용은 뼈 아팠지만 반박할 수 없었다. 거기다 칼럼이었다. 기자의 생각을 쓴 것이기에 따질 수도 없었다. **거짓 자료를 내라고 한 윗전은 숨어버리고 그런 칼럼이 나오도록 방조한 커뮤니케이터인 나에게 불호령이 떨어졌다.** 거의 자정을 넘기면서까지, 칼럼을 쓴 기자와 대화를 나눴다. 다행히 그런 노력 덕분에 칼럼에 손을 좀 보겠다는 약속은 받았다. 수정을 한다고 해도 다음날 오전에 편집자들 손을 거쳐야 했다.

다음날 아침부터 닦달하는 지시가 이어졌다. 편집을 거쳐야 하니 시간이 조금 걸릴 것이라고 말을 했으나 막무가내였다. 굳이 찾아 갈 필요도 없었지만 앉아 있을 수도 없었기에 차가운 겨울비를 맞으며 신문사를 찾아갔다. 기자들은 반가움 반 측은함 반으로 맞아주었다. 이미 십 년 이상씩 알고 지내왔기에 왜 왔는지 물어보지 않았고 기사 얘기도 꺼내지 않았다. 그냥 차를 마시고 담배도 나눴다. 그때쯤 칼럼 내용도 살짝 수정됐다.

거짓말하지 않고 회사를 구하는 방법

후배에게 자료 배포 지시가 떨어졌을 때 적극 만류하지 못해 부끄러웠다. 그런 자료가 나가면 대형사고로 이어질 수 있다는 것을 알고 있었음에도 어찌할 수 없었던 자신이 한없이 초라하게 느껴졌다. **겨울비에 눅눅하게 쭈글쭈글해진 양복처럼 구겨진 샐러리맨의 비애였다.** 마음 졸였을 후배에겐 너무 미안했다. 맘고생 한 터에 비까지 맞아서인지 그때부터 코가 맹맹한 것이 감기였다. 보통 한두 주면 괜찮아졌는데, 코감기가 두 달이나 지속됐다. 병원에 가보니 비염 증상이라 했다. 그때부터 비염은 나의 또 다른 삶의 동반자가 되었다.

친분을 무기로, 회사를 꼬집어 지적한 기자의 생각을 바꾸게 한 것도 송구했다. 이런 것들로부터 자유로울 수 있는 샐러리맨이 과연 몇이나 될까. 그렇게 조용하게 뒷처리 할 수 있는 것도 능력이라면 능력이지만 말이다.

4만 분의 1점 때문에 탈락하다

팩트는 항상 중요하다. 흔히 임계점이라는 것을 예로 든다. 물질의 구조와 성질이 다른 상태로 바뀌는 지점의 온도 또는 압력을 일컫는 물리학 용어다. 물이 100도가 되면 끓으면서 기체로 변한다. 아무리 뜨거운 물이라도 보통의 기압 하에서 99도에서는 끓지 않는다. 끓는 듯 뜨거운 것과 끓는 것은 다르다.

마하경영이라는 말도 있다. 비행기가 음속을 돌파하기 위해서는 설계부터 엔진, 부품, 소재 등 모든 것을 교체해야 가능하듯 기

존의 경영행위를 버리고 새롭게 틀을 만들어 한계를 돌파하자
는 의미로 한때 엄청나게 유행병처럼 번졌던 경영용어다. 항공기
나 미사일이 공기 속에서 움직일 때는 공기 상태에 영향을 받는
다. 이동하면서 공기를 밀어 제치고 파장이 형성된다. 속도가 음
속보다 느리면 이 파장과 부딪힐 일이 없지만 음속보다 빠른 속
도 즉 마하1, 시속 1,224킬로미터 이상으로 비행하면 이 압력파와
충돌한다. 비행체는 엄청난 충격을 받고 큰 폭발음이 나는 소닉붐
(Sonic Boom) 현상이 발생하게 된다..

**99도의 물도 이미 충분히 뜨겁지만 단 1도의 차이로
끓는점에 이르지 못했기에, 100도의 물과는 전혀 다르
다.** 마찬가지로 시속 1,000킬로미터 이상으로 빠르게 날고 있다
하더라도 마하의 속도에 이르지 못한다면 소닉붐 현상은 발생하
지 않는다. 겨우 1만큼의 차이지만 말이다.

2016년 리우올림픽 여자 양궁 개인전에서 장혜진 선수가 금메
달의 영광을 목에 걸었다. 올림픽 본선보다 더 힘들다는 우리나라
양궁 국가대표 선발전에서 3위로 대표에 겨우 뽑혔다. 장혜진 선
수에 이어 4위를 차지한 강채영이라는 선수가 있었다. 여러 차례
의 선발전에서 4,000발을 이상을 쏘아서 단 1점 차로 아쉽게 4위
를 차지했다. 4만점 만점에서 1점이라면 차이라고 할 수도 없다.
그런데 그 1점 차이가 한 사람은 리우에서 2관왕의 금메달리스트
로 다른 한 사람은 국가대표에 끼이지도 못한 결과로 나타났다.
두 선수의 차이는 1%도 아닌 겨우 0.002%에서 0.003% 사이에
있었다.

차라리 돈을 잃는 게 싸다

2016년 9월 초 삼성전자가 긴급 기자회견을 열어 발표한 사안이 화제가 됐다. 언론과 여론은 쉽지 않았을 그 결정에 지지를 보냈다. 새로 출시한 스마트폰 폭발사고가 잇달아 발생하자 '전량 신제품으로 교환하거나 제품을 원치 않는 사람들에게 환불하겠다'고 밝혔다. 물론 얼마 지나지 않아 단종이라는 극약 처방을 했지만 말이다.

이 결정 하나로 감당해야 하는 비용은 상상할 수도 없었다. 세계적으로 1백만대 이상 팔려나간 뒤라, 대당 100만원씩만 잡아도 1조원이다. 교환이나 환불에 따르는 절차적인 비용 또한 수백억원대에 이를 것이었다. 게다가 일련의 폭발 사건으로 인해 주가나 신용도의 하락으로 날아간 돈만 해도 어마어마했다.

이를 통해 엄청난 무형적 가치를 쌓았다는 측면도 있다. '사람들에 대한 안전'을 최우선적으로 생각하는 기업으로 거듭났다. 삼성전자 측에 따르면 그 제품의 불량률은 100만대 중에서 24대 정도로 0.0024% 수준으로 작으면 작다고 할 수 있지만 전체 물량 교환, 환불이라는 강수를 두었다.

언론에서 이 상황을 놓고 한 말 중에 '돈이 부족해 발생한 위기는 신뢰로 회복할 수 있지만 신뢰를 까먹어 생긴 위기는 돈으로 회복할 수 없다'는 말이 눈에 띈다(중앙일보 사설 중에서). 하지만 이런 대처에도 문제는 거기서 끝나지 않는다.

아인슈타인은 상대성이론만큼 유명한 명언들도 많이 남겼다. 그중의 하나가 '우주와 인간의 어리석음, 그 두 가지가 무한하다. 그런데 우주에 대해서는 확신이 없다'는 것이다. 과학의 발전으로 인해 끝이 없어 보이던 우주도 이제 그 한계가 드러날 것도 같은데 인간의 어리석음은 아직 밑도 끝도 없다는 의미다.

조직이든 사람이든 일을 하면서 잘못된 점이 발견될 때는 꼭 일이 70~80% 정도가 진행되었을 때다. 끝이 보이려 하는 시점에서 맞닥뜨리게 되는 문제점은 인간의 속성상 숨기고자 하는 것이 일차적인 반응이다. 이미 많은 돈과 사람 그리고 시간이 투자된 뒤라 망설이지 않을 수 없다. 특히, 들어간 비용 한 푼 두 푼에 벌벌 떨어야 하는 기업 입장이라면 두 말할 나위가 없다.

몸담았던 회사에서 계속 고민거리로 가지고 있던 사안이 하나 있었다. 이미 새 공장을 지어서 이전한 지 오랜 세월이 흘렀는데도 예전 공장 부지와 관련된 문제들이 계속 속을 썩였다. 1970년대 당시는 개인이나 회사는 물론 정부에서도 환경 의식 수준이 지금과는 비교할 수가 없었다. 그때는 웬만한 공장 폐기물이나 쓰레기는 태워서 공장 마당에 파묻기도 했다. 그 땅을 보유하고 있을 때는 별 문제 아니었는데, 팔려고 보니 땅속에 묻혀 있던 폐기물이 맘에 걸렸다. 매각되면 틀림없이 개발이 진행될텐데, 자칫 사회적인 문제가 될 수도 있었다. 결국 회사는 부동산을 팔아서 빚을 갚아야 하는 딱한 상황이었음에도 비싼 돈 들여 폐기물부터 처리해야 했다.

'에린 브로코비치(Erin Brockovich)'라는 영화가 있다. 줄리아 로버츠의 팬이어서 처음에는 그녀 때문에 봤지만, 영화 내용이 실화를 바탕으로 했다는 것에 놀랐고, 당시 3억 3,300만 달러라는 단일 사건 최대 배상금 금액에 두 번 놀랐다. 더 놀란 것은 정식 변호사도 아니고 로펌의 기록조사관에 불과했던 여성이 그런 일을 했다는 것이었다. 1996년 미국 서부의 에너지기업인 '퍼시픽가스앤드일렉트릭(Pacific Gas and Electric, PG&E)'이라는 회사에서 압축공장의 부식을 막기 위해 오랫동안 발암물질인 '중크롬(Hexavalent Chromium)'을 냉각탑에 첨가해왔는데, 지하수에 침투되어 주변 주민들 건강에 치명적인 문제를 유발한 데서 시작됐다. 이 문제가 세 아이를 키우는 법률회사 기록조사관에 불과했던 에린 브로코비치에 의해 소송으로 간 것이다. 그 회사는 중크롬이 몸에 해롭다는 사실을 조직적으로 숨겼다. 의사들도 한통속으로 암에 걸리고 병이 생겨도 중크롬과 무관하다며 진실을 은폐했다. 결국 에린이 결정적인 사실을 밝혀냄으로써 당시 자산규모 280억 달러 규모에 달하는 대기업을 굴복시켰다.

돈은 절대적이지만 돈에도 非情의 자세가 필요하다

영화보다 더 많은 피해를 입힌 사건이 국내에서 벌어졌다. 가습기 살균제 사망 사건, 이른바 '옥시 사태'다. 1994년 당시 유공(현 SK케미컬)에 의해 세계 최초로 폴리헥사메틸구아니딘(PHMG)이 가습기 살균제로 개발됐다. 2011년에 처음으로 피해 사례가 보고되기도 했지만, 2016년까지 옥시를 포함하여 가습기 살균제로 인해 전국적으로 접수된 피해자가 무려 5,226명, 사망자는 1,092명으로 충격적인 초대형 인재였다.

가습기 살균제를 '옥시'라는 브랜드로 국내에 가장 많이 공급한 회사가 '옥시레킷밴키저'로 '레킷벤키저'라는 영국계 기업이다. 살균제 PHMG가 유독성 물질이라는 것을 알고 있었음에도 어느 기업도 성분 표시를 하지 않았다. 오히려 각종 향을 첨가해서 안전한 제품인 것처럼 광고하며 가정 깊숙이 파고들었다. 실제 '옥시싹싹 가습기당번'의 제품 표면에는 '가습기 청소를 간편하게~, 살균 99.9% 아이에게도 안심'이라고 표기되어 있었다.

나 역시 잠깐 사용한 적이 있었다. 둘째 아이 출산 직후 몇 번 사다가 가습기에 넣었던 적이 있는데, 게을렀던 탓에 구입해두고

거짓말하지 않고 회사를 구하는 방법

도 가습기에 한두 번 정도 넣어 쓴 것이 다였다. 그 게으름에 얼마나 감사했는지 모른다. 이렇듯 가습기는 환자나 아기가 있을 때 많이 사용하기에 국민적 분노는 더 클 수밖에 없었다. 제조공급사가 이미 오래전부터 유해하다고 알고 있었는데도 속여왔다. 이제는 어디서건 옥시라는 이름을 발견하기 힘들다.

기업에 있어서 돈은 절대적인 문제다. 비용을 줄이기 위해 구조조정도 하고, 자산이나 계열사도 내다판다. 구조조정을 위해 사람을 내보내는 것이나 계열사를 매각하면서 회사와 함께 사람들을 넘긴다는 의미는 같다. 조직 전체가 살아남는 것이 우선이기에 대를 위한 소의 희생은 피할 수 없다. **일본에서 경영의 신이라 불리는 이나모리 가즈오 회장은 '대선(大善)은 비정(非情)'이라 했다.**

지킬 것은 지켜야 하고, 보편 타당한 상식선을 넘어서는 곤란하다. 커뮤니케이션이 뒷받침되지 않는 것도 문제다. 막 입사한 신입사원을 구조조정 대상으로 삼는다든지 여직원을 결혼했다는 이유로 퇴사 조치한다는 것은 상식을 벗어난다. 비용문제를 대리점주들에게 전가시켜 손실을 줄이려는 비겁한 수를 보인 기업도 마찬가지다. 결국 비용을 줄이려 했던 N유업은 그해 매출은 10%가 줄고 영업이익은 85%나 급감하면서 업계 1위의 자리를 만년 2위였던 회사에게 내줄 수밖에 없었다. 경제적인 손실은 물론 기업과 브랜드 이미지에도 치명적으로 금이 갔다.

예전에는 기업과 관련한 부정적인 이슈들은 잠시 관심을 받다가 이내 잊혀지곤 했다. 사건이 처음 벌어졌을 때는 뜨거워진 냄

비처럼 끓어 오르다가도 금세 식었다. 기업도 처음 관심이 몰릴 때만 잠깐 납작 엎드려 있으면 금세 지나갔다. 하지만 지금은 전혀 다르다. 소비자들이 뉴스를 실시간으로 접하기도 하지만, 그들 개개인은 또 다른 뉴스 생산 공급자 역할도 한다. 기업과 제품에 대한 실질적인 감시자가 됐다. 국내 기업이건 외국 기업이건 이런 수많은 감시자들의 눈과 귀를 더 이상은 벗어나기 힘들다. 예전처럼 잠깐동안 태풍이 지나간 뒤 다시 아무렇지도 않게 구태를 재연할 수가 없다. 기업 밖에 있는 이해관계자들의 영향이 커졌을 뿐만 아니라 기업 내부의 영향도 무시할 수 없다. 기업이 잘못된 선택을 할 수도 있다. **기업은 합법과 불법의 경계선을 걸어 가야 하는 운명이다.**

결국 삼성전자는 하반기 프리미엄 스마트폰 신제품을 출시한 지 얼마 되지도 않아서 단종을 결행했다. 정면돌파 의지를 불태우며 사태수습에 총력을 기울이는 모습을 보였다. 이로 인해 삼성전자가 감당해야 할 규모는 우선 당해 분기에 최대 2조원의 영업손실을 반영했다. 하지만 심각한 브랜드 가치 훼손 및 이에 따르는 유무형의 피해를 업계에서는 얼추 20조원으로 추산했다. 그보다 더 심각한 것은 그 과정에서 보여준 조직의 우왕좌왕하는 모습과 최고경영자에게까지 이어지는 여론의 질타다. 각계에서 우려의 목소리가 그득했다. 임직원들의 오랜 신제품 개발 노력이 허사가 됐고, 사태 직후 보여준 허술한 조직력, 금쪽같이 키워온 브랜드 가치의 상실분은 무엇으로도 보상 될 수 없다. 잘해 보려고 하다가 보따리 뺏기고 길 잃고 헤매다가 뺨 맞은 격이다. 사람들은

거짓말하지 않고 회사를 구하는 방법

현재의 삼성전자보다 미래의 삼성전자를 더 걱정했었다.

　어떤 일이든 문제가 발견되면 즉시 해결해야지, 그동안 들어간 비용이 아까워서, 또는 남들은 모르겠지 하고 방치했다가는 **호미로 막을 것을 불도저로도 막지 못하는 경우가 비일비재하다.** 결국에는 돈도 곱절로 들어가고 뺨은 뺨대로 맞고 두고두고 욕을 먹게 된다.

사람이 하는데 안 되는 게 어딨어?

이공계를 다닌다고 다 수학에 재능이 있거나 숫자를 좋아하는 것은 아니다. 수학, 물리, 화학, 통계학을 대학 필수과목으로 배웠지만 수식은 체질적으로 맞지 않았다. 숫자를 좋아하지 않은 정도가 아니라 싫어했다. 물리나 화학 시험도 계산식이 아닌 서술 문장으로 표현했다.

대학에서 물리학 지도교수가 독특했는데, 독실한 크리스천이었다. 학과 개설한 첫 강의에서 타과에서도 신청해서 60명이 넘게 왔다. 그런데 창조론을 들먹이자 학생들이 우수수 나가고 16명만 남아 폐강은 겨우 면했다. 수업도 수업이지만 상상 불가의 내용을 숙제로 낼 때가 많았다. 그럴 때마다 황당해 하던 동기들과 달리 내게는 너무 흥미있는 경험이었다. '북극해에서 대형 유조선이 좌

거짓말하지 않고 회사를 구하는 방법

초를 당해 원유가 무한대로 흘러나온다면 지구 기후가 어떻게 달라질까?' 하는 식이었다.

주제가 비현실적이어서 뭘 참고해야 할 지 다들 할 엄두를 못 냈다. 그때 나는 소설을 써서 제출했다. 지도교수의 비현실적 과제에서 더 나아가 상상의 나래를 펼쳤다. 교수도 예상치 못했다며 A+를 줬다. 리포트 한 번과 졸업논문은 각각 40분 정도 분량의 비디오 다큐멘터리를 제작해 제출한 적이 있다. 당시만 해도 생소한 용어였던 '엘니뇨'가 리포트였고, 졸업논문은 '부산 연안 오염 실태 분석'이었다. 비디오카메라로 찍고, 아는 사람 도움을 받아 편집하고 나레이션까지 직접 했다. 역시 A+를 받았고 그뒤 한참동안 교보재로 사용됐다는 후문을 들었다. 그 해 모든 리포트를 제출한 사람은 내가 유일했고, 하나도 제출못한 사람도 여럿이었다.

커뮤니케이션 키포인트, 숫자로 집약될 때 효과적

커뮤니케이터가 되고 보니 키 포인트가 되는 것은 숫자였다. 매출, 자산, 자본, 수익 등의 수치와 최근 수년간의 변화, 변화율 같은 것이다. 일반적 자료라 해도 숫자로 집약해 나타낼 수 있는 것이 임팩트가 있었다. 생뚱한 숫자들이라 머리 속에 잘 들어오지도 않았지만 늘 곁에 두고 받아들이는 수밖에 없었다.

20년 동안의 이런 습관은 남다른 능력도 생기게 했다. 내가 지금 몇 살인지도 얼른 기억나지 않고, 결혼한 지 얼마나 됐는지 하는 물음에 답하기까지도 한참 걸린다. 그런데 직업병처럼 몇 년

몇 월 몇 일에 결혼했는지, 아내를 처음 만난 곳과 날짜를 기억하는 남자는 흔하지 않을 성싶다. 그게 실은 커뮤니케이션의 포인트다.

자리가 사람을 만든다. 팀원 위치에 있을 때와 달리 팀장이나 임원이 되면 사람이 달라지는 경우가 많다. 팀원이었을 때는 그만하면 됐다 싶던 일도 그냥 넘어가는 법이 없다. 책임감 있게 일을 처리하는 것으로 보이기도 하지만 한편으론 책임감에서 벗어나기 위한 몸부림으로 보이기도 한다. 팀원들의 부족한 2%를 채워주는 경우라면 긍정적이겠으나 자신의 무능함을 숨기고자 팀원들을 나무라는 경우도 많다. 잘 되면 자신이 다 한 것이요, 잘 못 되면 떠넘기기 위해서다.

A4지 절반 분량 보도자료 100번씩 소리 내 읽어라

모셨던 선배 중의 한 분은 커뮤니케이션 실무 담당 경험이 전혀 없었다. 임원이 되어서 관리분야와 커뮤니케이션까지 맡게 됐다. 그런데 보도자료나 보고서, 심지어 사사에 이르기까지 문맥이나 내용을 정리하는 데에는 탁월한 능력이 있었다. 원래 짧은 글일수록 쓰기가 더 어려운 법인데, 귀신처럼 정확한 표현을 찾아냈다. 그냥 둬도 될만한 사소한 내용도 선배의 손을 거치면 내용이 한결 나아졌다. 타 부서에서도 복잡한 문서를 들고와 부탁했다. 그때마다 싫은 내색 없이 도와주었기에 특별한 능력이 있으려니 했다.

비결이 너무 궁금했다. 하루는 같이 저녁 식사를 하면서 캐 물었다. 그런데 놀랍게도 답은 예상치 못했던 것이었다.

"나라고 뭐 특별한 능력이 있겠냐? 오늘 그 자료도 백 번도 넘게 읽어봤어. 눈으로만 보지 않고, 소리 내서 반복해 읽다 보면 더 나은 표현이 나와."

전혀 생각하지 못했다. 분명 상대 석사 출신이지만 문예창작을 부전공으로 공부했다거나, 한때 작가 공부를 했다는 식의 대답을 기대했다. 그런데 A4지 절반 정도 분량의 자료를 위해 반나절 동안 100번을 넘게 소리내어 읽은 결과였다. 그뒤로 선배의 말을 좇아 열심히 따라 해 봤지만 절대 쉽게 할 수 있는 일이 아니었다.

TV를 보면 가끔 별 것 아닌 기술 같은데 경지에 오른 사람들을 볼 수 있다. 시장 한쪽에서 꽈배기 도우넛을 만드는 아저씨부터 포크레인에 칼을 달아 두부를 얇게 자르기도 하고 신문에 전단지를 놀라운 속도로 끼워 넣고 그 신문을 멀리 던져 배달한다. 콩알보다 작은 구슬의 구멍을 일렬로 맞춰서 한번에 여러 개를 실에 꿰어 목걸이를 만들던 모습도 감탄스럽다. 그게 가능이나 할까? 오래 쌓이고 쌓여서 기적 같은 일이 된 것이다. 삶이란 어쩌면 하루 하루 덧없어 보이는 날들이 모이고 모여서 큰 강이 된 것이고 그런 자잘한 일에도 정성을 다하면 도통의 경지에 이른다.

시도자체가 시간낭비 같아도 부딪혀보면 결과가 달라져

이만하면 됐겠지 하는 생각은 금물이다. 수 년 전 근무하던 회사에서 어느 날 젊은 남자 직원 하나가 주말에 목을 멘 애석한 일이 있었다. 당시 CEO 교체 시기여서 그렇지 않아도 언론이 계속 주시하던 때였다. 공교롭게도 최악의 상황이 연출됐다. 회사가 특별히 잘 못한 것은 없었지만 그 자체가 두려운 상황이었다.

다행히 관할 경찰서에서 우호적이었다. 이틀째 되던 날 오전부터 팀원들이 번갈아 가면서 회사 1층 로비에서 불침번을 섰다. 퇴근시간 무렵 1층에서 기자처럼 보이는 사람이 출현했다는 연락이 왔다. 한 달음에 내려가 보니 영락없는 기자였다. 얼마 지나지 않아 기사가 떴다. 회사는 익명으로 나왔지만 문제는 동네 이름까지 언급된 것이었다. 기사가 확산되기 전에 바로 달려갔다. 특이한 지역이라 동네 이름을 기사에서 빼달라고 부탁할 요량이었지만 가능성은 낮았다.

특수한 지리적 상황에 대한 이해를 구했다. 대면한 언론사 사회부장은 턱도 없다며 짜증 섞인 목소리로 일관했다. 사건사고 기사는 원칙적으로 시, 구, 동까지 언급된다. 하지만 물러설 곳이 없었다. 커뮤니케이션을 이십년 가까이 해왔지만 처음 보는 데스크에게 하는 원칙에 어긋나는 부탁은 살 떨리는 일이었다. 매달릴 수밖에 없었다. 얼마나 끈질기게 버텼던지 결국 요청이 받아 들여졌다.

거기서 끝이 아니었다. 주간 매체들도 있었다. 여러 매체에서 한 건 제대로 잡았다는 듯이 연락을 해 왔다. 그 십여년 동안 열심히 발품을 팔고 다닌 것이 그때 효과를 톡톡히 봤다. 전화를 해와서 내 이름을 듣고는 목소리가 다들 수그러 들었다. 사건이 비화되지 않았다.

거짓말하지 않고 회사를 구하는 방법

그런데 모 온라인 매체에서 새로 부임한 CEO와 함께 자살 사건을 다루며 누가 봐도 이상한 조합의 기사가 하나 발견됐다. 반사적으로 택시를 탔다. 때마침 데스크가 출타 중이었는데, 세시간 반을 서서 기다렸다. 그 외 할 수 있는 것이 아무것도 없었다. 데스크의 외출은 길어졌고 술자리로 이어지면서 그날은 얼굴도 보지 못했다. 아무런 소득 없이 돌아와야만 했다. 기적적인 일은 다음날 일어났다. 오전에 그 데스크가 먼저 전화를 걸어와 기다리게 했다며 사과를 거듭했다. 그리고 기사는 사라졌다.

　속으로 '힘들었지만 엄청난 일을 한 거다, 운도 따라주었어.'라며 스스로를 토닥였다. **"이봐 임자, 해보기나 했어?"** 라는 유명한 말이 있다. 아무리 생각해도 안 될 것 같은 일이 분명 있다. 시도 자체가 시간 낭비일 것 같은 일도 있다. 하지만 그런 일 중에서도 직접 부딪혀 최선을 다하고 정성을 쏟아 부으면 되는 일도 많다. 그래서 "대한민국에서 사람이 하는 일에 안 되는 게 어딨어?"라는 말도 있는 것이다.

4장.
여론과의 전쟁

피할 수 없고 피해서도 안 된다

'피할 수 없다면 즐기라'는 말이 있다. 주로 해병대에서 사용했는데, 요즘은 보통 사람들도 많이 쓴다. 직장 내에선 특별한 업무를 제외하면 예정된 스케줄을 미리 알 수 있으니 시간 조절이 가능하다. 또 외부와 관련된 일이라 하더라도 상호간의 협의를 통해 받아들여진다.

커뮤니케이션 세계는 다르다. 미리 알 수도 없고 피할 수 없는 상황의 연속이다. 상장사라면 웬만한 사항은 숨기려야 숨길 수가 없다. 중요 사항은 공시로 알려야 한다. 언론은 공시 나간 사실을 바탕으로 추가적인 내용을 파고든다. 언론은 뉴스, 즉 새로운 사안에 대해 알리는 것을 업으로 삼지, 이미 알려진 이야기를 또 전파하지 않는다. 공시처럼 이미 알려진 사안이라면 최소한 알려지지 않은 새로운 부분을 추가 하든지 아니면 다른 알려지지 않은 것들과 함께 기사를 만들어야 한다.

잡아떼고 도망가면 결국 Deadline에서 죽는다

발제한 주제에 대해서는 무슨 수를 써서라도 취재해서 기사화하고자 한다. 그것도 마감 시한 내에 원고가 제출된다. 요즘은 기사 작성, 탈고, 데스킹해서 편집하고 출고되는 것이 실시간으로 진행된다. 인쇄된 신문들은 멀리 있는 지방부터 먼저 배송된다. 이를 위해 오후 서너 시까지 약속된 시간 내에 원고가 완성되어야 한다. 기자들은 인정사정 봐주고 싶어도 봐줄 수가 없다. 사안에 대해 정보를 파헤치고 마감시간이 다가올수록 더 예민해지고 급해진다. 오죽했으면 약속된 기사 마감시간이 데드라인(Deadline)이라는 섬뜩한 표현으로 굳어졌을까.

취재할 때 관련자들과 직접 연락이 힘든 경우에는 그 주변에 있는 사람들이나 사안에 대해 알만한 다른 사람들을 찾게 된다. 때를 놓친 제대로 된 기사보다는 조금은 불충분하더라도 좀 더 앞서 보도할 수 있다면 언론은 후자를 택한다. 일단 선점 후 후속 보도의 형태로 추가 취재는 얼마든지 가능하다. 포털에 게재된 속보들 중에는 십여자 내외의 제목만 딸랑 올라온 기사도 많다. 이런 상황을 옆에서 보던 동료들은 한결 같이 농담을 던지곤 한다.

"핸드폰 꺼버리고 그냥 잠수 타요."

"자리 비우고, 없다고 해요."

"그냥 모른다고 딱 잡아떼요."

모르는 사람들이 하는 말이다. 진짜 커뮤니케이션 담당이라면 아무리 난처한 상황이라도 핸드폰을 꺼버리거나, 연락을 무시할 순 없다. 모르쇠로 나갈 수도 없다. 어떻게든 회사의 입장에서 최대한 얘기하고 설명하고 이해도 구하고 납득시켜야 한다.

딱 잡아떼거나, 핸드폰을 꺼버리거나 하면 어떤 일이 벌어질까? 연락이 안 되니 취재를 포기하고 기사를 쓰지 않을 수도 있다는 상상은 하지도 말아야 한다. 이슈가 되고 있는 사안이라 빨리 **기사를 내보내야겠다고 언론사에서 판단하면 어떻게든 기사를 추진한다.** 꿩 대신 닭이라고, 정확히 얘기해줄 수 있는 담당자가 연락되지 않는다면 대신 이야기해줄 수 있는 사람에게 마이크가 넘어간다. 그럴 땐 제대로 알지도 못하면서 넘겨 짚은 이야기가 회사를 더욱 어려운 상황으로 몰고 갈 수도 있다.

경쟁사나 반대 입장에 있는 기업들과 채권기관에게 마이크가 넘어갈 수도 있다. 일반론에 입각하여 말하기 좋아하는 학자가 엉뚱한 답변이라도 하게 된다면 상황은 더 악화된다. 그마저도 여의치 않으면 어설픈 루머 인용이나 '회사측은 답변을 거절했다'거나 '언급을 회피했다'는 식으로 보도가 나갈 수도 있다.

그렇게 되면 새로운 국면이 펼쳐진다. 이슈 내용보다 회사의 무책임한 태도가 새로운 문제를 더하게 되어 상황을 악화시키게 된다. 요즘은 기사에서 댓글도 많이 인용한다. 댓글은 내용에 대해 알지 못하는 사람들이 단지 드러난 사항에 대해 익명의 개인적 견해일 뿐이다. 강하고 독한 댓글일수록 눈에 띄는 법이다. 그렇게 인용되는 댓글일수록 뼈아픈 내용이 많다.

작정하고 파고들기 전에 머리를 맞대라

한참 전 이야기인데, 모 일간 매체에서 국내 대기업들의 창업주를 중심으로 한 성장사를 50여회 시리즈로 썼던 적이 있다. 거의 매주 대형 기획 기사를 써나간다는 것이 언론사 입장에서도 쉽지 않은 프로젝트였지만 기업 입장에서도 곤욕스러운 점이 한두 가지가 아니었다. 전체 시리즈 기사 게재 기간 만해도 일년이 훌쩍 넘었는데, 나중에 2권의 양장본 서적으로 발간됐다. 당시 재계 순위로 봐서는 그 시리즈에 들어갈 만큼의 기업 규모는 아니었는데, 떠오르는 기업으로 알려지면서 매체쪽에서 통보를 해왔다.

공인이라 할 상장사 기업주 입장에서도 자신의 가족 이야기가 세상에 알려지는 것을 좋아할 사람은 없다. 기업 규모도 대기업만큼 되지 않은 상황에서 괜한 주목만 받게 되면 득보다 실이 많을 수 있다. **'절대로 기사화되지 않도록 하라'는 엄명이 떨어졌다.** 하지만 막을 방법이 없었다.

그 신문사는 이미 많은 자료들을 모으고 취재를 진행하고 있었다. 회사에서 아무리 프로젝트에 동참하지 않겠다는 뜻을 밝히고, 취재에 협조하지 않겠다고 해도 회사 의사와 상관없이 취재는 계속됐다. 여러 관공서와 기업 주변의 기관 및 관계자, 심지어 기업 내부에서도 알 수 없는 부분들까지 깊숙한 취재가 진행됐다. 언론사에서 맘 먹고 파고들고 있던 상황이었다.

거짓말하지 않고 회사를 구하는 방법

커뮤니케이션 경험도 그리 길지 않았던 때였기에 부담이 더했다. 매일 같이 연락하고 찾아가서 매달렸다. 하지만 프로젝트는 중단시킬 수가 없었다. 속이 타들어가던 어느 날 연배가 꽤나 되던 팀장이 굳은 표정으로 함께 가자고 했다. 팀장은 직장생활은 오래 했지만 커뮤니케이션 관련 경력은 거의 없었다. 신문사를 무작정 찾아가 어떻게 할 것인지 도통 감이 오지 않았다.

편집국에 들어서면서 몇몇 안면 있는 기자들이 눈에 띄기도 했지만 아는 체 할 수도 없었다. 담당 기자는 마침 일이 있었는지 자리를 비웠고 데스크자리로 다가갔다. 정중하게 인사하는 것까지는 좋았으나 그 다음 순간 충격적인 상황이 펼쳐졌다. 순하디 순한 팀장의 입에서 욕설이 섞인 험한 소리가 나왔다. 당황한 데스크가 못마땅해 하는 표정으로 말을 맞받자, 팀장은 저고리 안주머니로 손을 집어 넣으며 한마디 더 던졌다.

"사표를 써뒀습니다. 귀사하면 바로 제출할 것입니다. 이쯤에서 그만두시죠."

양쪽에서 한마디만 더 나가면 걷잡을 수 없는 상황이 우려되는 일촉즉발의 상황이었다. 데스크가 아니라 기사를 준비하던 기자에게 였지만, 욕설 섞인 말은 상상불가의 선전포고였다. 팀장의 몸을 껴안고 억지로 편집국 밖으로 밀어부쳤다. 말은 거칠게 했었지만 백발의 팀장도 밖에 나와서 담배에 불을 붙이는 손은 부들부들 떨리고 있었다. 라이터 불을 켜는 데만 한참 걸렸다.

담당 기자는 그 일을 듣고는 분개했고 금방 무슨 일이라도 저지를 것 같았다. 매체와 등지는 사이가 된다는 것은 기사 한두 개가지고 고생하는 것과는 비교도 되지 않는 일이라 더욱 겁이 났다. 이후로 더 자주 기자를 찾아갔다. 한동안 거의 매일 갔던 것 같다. 피맛골 막회집에서 소주를 나누기도 하고 때로는 신문사 계단에서 자판기 커피를 마셔가며 매달린 덕에 한참 뒤에는 마음을 풀었다. 다행히 그 시리즈에는 다른 회사가 들어가고 진행 중이던 취재는 중단됐다. 팀장은 그 일 때문은 아니지만 얼마 뒤에 다른 업무로 보직이 전환됐다.

정면돌파가 답, 둘러댄 말이 기업을 파국으로 몰 수도 있다

커뮤니케이터는 회사의 대변인이다. 무슨 일이 있더라도 절대로 피하거나 연락 두절이 되어서는 안 된다. 벌어진 상황은 되돌릴 수도 없지만 거짓말을 하거나 모른다고 발뺌해도 안 된다. 순간적으로 곤경에서 빠져나가기 위해 둘러댄 말이 결국엔 파국으로 연결된 사례를 어렵지 않게 찾을 수 있다.

어떻게든 회사의 입장을 전달하고 이해를 구해야 한다. 그래도 안 되면 기사를 쓰는 곳으로 달려가야 한다. 전화상으로 아무리 서슬이 시퍼렇게 취재하던 기자라도 직접 얼굴을 마주하고 있으면 분위기는 달라진다. 좀 더 경륜이 많은 선배 기자들에게도 매달린다. 그런 고생이 나중에는 명분이 된다. 어쩔 수 없는 경우 주변 사람들을 이용하는 법도 있는데, 제일 마지막에 할 방법이다. **무슨 일이 있더라도 당사자와 풀어야 한다.** 설령 고위직을 통하더라도 당사자 모르게 하는 것은 화를 더 키우는 것과 같다. 그럴 때 명분이 약이 된다.

회사 경영이라는 것이 불법과 합법 사이의 담벼락을 아슬아슬하게 걸어가는 것에 비유되곤 한다. 불법이 아니면 합법이라는 말인데, 사실 정서적으로는 받아들이기 힘든 경우도 많다. 아무리 불법이 아니라 하더라도 정서적인 부분을 훼손했을 때 여론이 가만히 있질 않는다. 커뮤니케이션이 어려운 이유다.

소통하고자 한다면 분명하게 답은 돌아온다. 당시에는 적극적으로 했는데도 별 소득이 없을 수 있다. 하지만 그 다음부터는 달라진다. 스포츠 경기에서도 질 수밖에 없는 경기라도 무기력하게 끌려다녀서는 안 된다고 강조한다. 다음 번 시합을 이기기 위해서 이번에 지는 경기를 최대한 잘 져야 한다고 얘기한다. 적극적이고 악착같이 해야 다음 경기에서 양상이 바뀐다. 안 보면 그만이라고 생각할 수도 있고, 난처한 취재 상황이 절대로 즐거울 수 없는 법이다. 그게 끝이라면 모를까 그렇지 않다면 **이기기 위하여 기꺼이 패하는 방법도 배워야 한다.**

치료약보다 예방주사

사후약방문이라는 말이 있다. 일이 터지고 나서 뒷수습하기보다는 사전에 하는 것이 효과적이고 힘도 덜게 된다. 회사 일도 한 방에 해결하는 것도 좋지만 그보다 미리 공유하고 제대로 된 프로세스를 밟아나가는 것이 잘하는 방법이다. 후배들에게 늘 강조하는 말이 있다. '미리 알고 대처하면 호미로도 가능한 일이지만 때를 놓치면 불도저를 동원해도 못 막는다'는 것이다.

2013년 봄부터 1년 동안 프로스포츠단을 맡아 운영한 적이 있었다. 그 전 직장에서 여자 프로골프단 창단 준비도 했었고, 철인3종경기 선수단 운영과 각종 지원업무를 해본 경험도 있었다. 하지만 남자프로배구 선수단을 운영한다는 것은 이전 경험들과는 차원이 달랐다. 회사가 엉겁결에 인수는 했지만 그룹 내에서 반대

기류가 심상찮았다. 최고 경영진이 바뀌면서 이전에 추진하던 많은 것들이 틀어졌다. 사소한 것들도 진행이 쉽지 않았다.

일목요연한 정리보다 툭툭 던지는 게 먹혔다

우선 가장 큰 문제는 소속 선수들과 연봉 계약을 체결해서 6월 말까지 연맹으로 보내는 것이었다. 정해진 시한 내에 선수들과의 계약서가 도착하지 않으면 프로선수들은 그해에 실직자가 될 수밖에 없었다. 예산도 없던 상황이라 계약을 그대로 진행하기도 힘들었는데, 전반적인 연봉 인상이 필요한 시기였다. 제대로 된 연봉을 맞춰줄 필요도 있었지만, 몇몇 핵심 전력의 선수들이 곧 있을 FA(Free Agent)를 대비해 최소한의 방어막으로써 적절한 수준의 연봉이 절실했다.

회사의 자의적 결정이 아니라 전임 경영진 체제에서 진행됐던 스포츠단 인수였기에, 인수 자체부터 호의적이지 못했다. 타 구단처럼 많은 연봉이나 프로에서 누릴 수 있는 각종 혜택은 언감생심이었다. 연봉 인상 근거로 '정확한 수치와 통계 자료'가 요구됐다. 맞는 말이긴 했지만 막 인수한 상황에 어떻게 난관을 뚫어 나가야 할지 혼란스러웠다. 자료도 문제였지만 프로스포츠에 대한 낮은 이해도와 인식 수준이 더 심각했다. 그 즈음 엉뚱한 경영 이슈와 함께, 되팔라는 지시도 나와서 하마터면 25명의 프로 선수 및 코치진들이 무직 상태로 일년을 보낼 위기에 처하기도 했다.

고심을 거듭한 끝에 그전처럼 해서는 열흘도 채 남지 않은 기간 동안 경영진들을 일일이 설득하고 행정절차를 밟는다는 것은 불가능이라 판단했다. 작전을 바꿨다. 있지도 않은 수년간의 각종 성적 통계와 분석자료만 따진다면 하세월이었다. 기초적인 것들부터 하나 하나 이해시켜가며 설득하는 것도 지난해 보였다. 과감하게 서류들을 놔버리고, 예방주사 전략으로 나갔다. 하루에도 몇 번씩 결재나 보고 기회가 있을 때마다 정보 사항들을 슬쩍슬쩍 흘렸다.

"연맹에서 평가하는 가장 우수한 선수입니다."

"경쟁 구단에서 눈독을 들이고 있습니다."

"비슷한 연차의 다른 팀 선수는 연봉이 훨씬 높아서 너무 비교됩니다."

"경쟁 구단에서 지금보다 네다섯 배의 연봉도 줄 용의가 있다고 합니다."

"실력에 비해 선수 연봉이 너무 낮아서, 내년 FA를 막을 방법이 없습니다."

열 번 찍어 넘어가지 않는 나무가 없다고 했던가, 처음 연봉 인상을 얘기했을 때만해도 펄쩍 뛰면서 타당한 근거부터 대라고 했었는데, 여기저기서 들었던 정보들로 찔러대니 며칠 지나지 않아 오히려 경영진에서 먼저 언급하기 시작했다.

"아무래도 걔는 연봉을 좀 올려줘야겠지?"

"걔를 노리는 팀들이 많다며? FA가 언제야?"

결국 며칠 동안의 전략이 효과를 보이기 시작해, 내부 분위기가 확 바뀌었다. 며칠이 더 지나자 경영진에서 먼저 연봉 협상과 계

거짓말하지 않고 회사를 구하는 방법

약을 진행하자는 의사를 비췄다. 마감시한까지 며칠 남지도 않은 상황이어서 내색은 않았지만 그야말로 똥줄이 타 들어가고 있었을 때였다.

"빨리 기안 가져와, 사인해줄 테니."

그뒤론 일사천리였다. 준비해 간 결재서류에 사인을 받아왔다. 선수들이 적절히 인상된 연봉 계약서에 모두 사인해서 보내는 데는 불과 이틀 정도에 끝났다. 지금은 웃으면서 이야기할 수 있지만 그때는 하루하루 식은 땀 나는 아찔한 상황의 연속이었다.

궁금증이 쌓이면 폭발한다

커뮤니케이션에서 예방주사 전략은 여러모로 효과적인데 언론에 대해서도 아주 찐한 경험이 있다. 근무하던 회사는 3가지가 없기로 유명했다. 창사 50년이 넘는 오랜 동안 한번도 적자가 없었고, 대외 커뮤니케이션팀이 없었고, 회사 간판이 없기로 유명했다. 이름하여 三無 회사였다. 이 중 두 가지는 지키지 못했다. 내가 입사하면서 해당 팀이 생겼고, 55년만에 첫 대규모 적자를 낸 이후 상당히 오랫동안 고전을 면치 못했다. 커뮤니케이션과 간판은 회사를 외부에 알리는 것들이다. 80년대 초반 엄청난 홍역을 겪은 뒤로는 외부와는 아예 담을 쌓고 경영해온 결과였다.

그나마 돈을 잘 벌 때는 여론이 별로 무서울 것 없었지만, 궁지에 몰리는 상황에서는 여론의 눈치를 살피지 않을 수가 없다. 문제는 창사 이래 55년만에 첫 적자를 내게 생겼는데 한해 동안 발생한 당기순손실만 수천억원에 이르러 그 규모가 엄청나다는 것이었다. 다행히 쪼그라들었어도 영업이익은 나고 있었고, 매출이 쬐끔 증가한 것이 위안이었다. 이전에 없던 사채상환손실, 투자자산처분손실, 투자자산손상차손, 지분법손실 같은 항목들이 눈덩이처럼 불어나 대규모 손실로 이어졌다.

사업보고서는 매년 3월 말에 공시된다. 피할 수도 없다. 언론이 꼬집기 좋은 소재였다. '창사 55년만의 첫 수천억원 적자!' 아무리 생각해도 피해갈 방법이 없었다. 여론이 때리기 시작하면 재기를 노리던 여러 기업 상황이 악화될 것은 뻔했다. 몇 달 전부터 불면증으로 밤마다 잠을 이룰 수가 없었다. 잠자리에서 '누가 실적 관련 질문이라도 하면 어떻게 해야 하나?'하는 생각이 들면 꼬리에 꼬리를 물고 생각이 이어져 밤을 지새우기 일쑤였다.

몇 개월 동안 만날 수 있는 모든 기자들을 다 만났던 것 같다. 산업부, 증권부, 경제부, 금융부 회사와 조금이라도 연관될 수 있는 기자들을 만나서 오히려 먼저 실토했다. 공시가 문제 되기에 숫자를 얘기할 순 없었지만, '임직원들이 열심히 했으나 대규모 해외 투자가 글로벌 금융위기와 맞물려 큰 손실로 이어졌다,' '창사 55년만에 첫 대규모 적자로 딱 기사감이지만 불황의 터널을 빠져나가기 위해선 언론의 도움이 절실하다'는 이해를 계속 구했다.

처음엔 기자들의 반응이 한결 같았다. '안 쓰려 해도 안 쓸 수가 없는 기사감'이라는 것이었다. 당연한 반응이었다. 하지만 수개월 동안 만나는 기자들마다 설득하고 이해를 구했다. 지나간 실적도

거짓말하지 않고 회사를 구하는 방법

중요하지만 노력해서 개선되는 것에 더 초점을 맞춰달라고 호소했다.

마침내 실적 공시가 나갔을 때 놀라운 일이 벌어졌다. '창사 이래', '첫 적자', '대규모 적자' 같이 우려되던 이야기는 전혀 없이 한결 같이 '재무개선 노력'에 초점이 맞춰져 있었다. **거의 모든 매체에서 실적을 다루는 기사를 쓰긴 했지만 우려스러운 기사는 하나도 없었다.** 기자들도 '몇 군데에서는 적자를 꼬집는 기사가 나올 줄 알았는데, 전혀 언급되지도 않다니'하며 놀라워했다.

큰 거 한 방도 좋지만 작은 긍정을 계속 쌓아라

회사를 좀 두드러져 보이게 하고 시장에서 관심을 받아 주가에 긍정적으로 작용할 수 있도록 하는 것은 어디나 할 것 없이 생각하는 숙제다. '큰 거 한 방'을 원하는 경우가 많다. 큰 계약 한 건, 대형 수출 오더 한 건, 대박 상품 하나만 잘 기획하면, 하는 심정을 가진다. 물론 규모에 따라서 계약 한 건으로 회사 살림이 확 펴질 수도 있다. 그런 소식으로 상한가에 갈 수도 있다.

중요한 것은 크지 않더라도, 당장 대박은 아니더라도 자잘한 긍정 소식을 지속해서 알려야 한다는 것이다. 주가가 당장 크게 움직여 주지 않더라도 계속하는 것이다. 신문지면은커녕 온라인에서 한두 줄짜리 단신으로 처리되더라도 시장과 커뮤니케이션하고 회사와 구성원들이 살아서 움직이고 있다는 것을 보여줘야 한다.

작은 소식에 처음에는 시장이 냉랭하게 반응할지도 모른다. 주가 변화도 거의 없을 것이다. 오르기는커녕 내릴 수도 있다. 하지만 거기서 멈추지 않고 계속해서 쌓아가야 한다. 회사는 힘들게 노력하여 수확했지만 언론은 대수롭지 않게 생각할 수도 있다. 그럴 때도 단발로 그치지 않고 계속해야 한다. 작은 긍정이 쌓이는 것이 갈수록 파괴력도 커진다. 시장도 긍정적인 반응을 보이게 된다. **차근차근 쌓아올린 것은 쉽사리 허물어지지도 않는다.**

무언가 결정하는 데에 이론적인 근거와 합리적인 설득이 무기인 듯 보이지만 실제로 강력한 무기는 따로 있다. 큰 작용을 해낼 것 같지 않아 보이지만 슬쩍 찔러주는 예방주사가 더욱 효과적일 때가 많다. 단, 사실이 담겨 있어야 하고 진정성이 내포되어 있어야 한다. 그게 커뮤니케이션의 힘이다.

친구는 가까이, 그러나 적은 더 가까이

1972년 프랜시스 포드 코폴라 감독의 영화 '대부'가 나왔다. 영화 역사상 1편과 속편이 모두 작품상을 받으며 전편보다 나은 속편이 없다는 속설을 뒤집은 몇 안 되는 걸작이다. 열연한 배우들도 그 면면이 입이 쩍 벌어지게 할 뿐만 아니라 음악이나 화면 그리고 영화 전체를 꿰뚫고 있는 스토리는 모든 남성들의 로망이다. 명대사가 많기도 하지만 그중에서 역대 미국 영화 명대사 2위에 올랐던, '절대 거절 못할 제안을 하지'와 '친구는 가까이, 하지만 적은 더 가까이'라는 말은 너무 유명하다.

'Keep close your friend, keep your enemy closer.'

돈 비토 코르레오네(말론 브란드 분)가 막내 아들인 마이클 코르네오네(알 파치노 분)에게 해주는 충고다. 그리고 속편에서 다시 마이클 코르네오네 자신도 아버지로부터 들은 교훈을 아들에게 들려준다.

"There are many things my father taught me here in this room. He taught me, Keep your friends close, but your enemies closer."

그들의 언어로 그들을 이해하고 그들을 설득하라

'친구는 가까이, 하지만 적은 더 가까이 두라'는 말의 원조는 남아프리카공화국 최초의 흑인 대통령이자 인권운동가로 유명한 넬슨 만델라다. 그는 적대적이면서도 배타적이었던 남아공 백인들의 언어를 배웠다. 배울 당시만 해도 동족들로부터 숱한 의심과 모함을 받았다. 소위 그들의 언어를 통해 가지고 있는 시각의 내면을 이해하고 오히려 그들을 성공적으로 설득하기에 이른다. 이해와 수용이 소통과 화합의 출발임을 실천으로 보여줬다.

나 역시 커뮤니케이션을 담당해오면서 철 없이 날뛰던 전반 10년이야 그렇다치더라도 후반 10년은 '친구는 가까이하고 적은 더 가까이 하라'는 격언을 철저하게 지켜왔다고 할 수 있다. 당시 회사는 재무적인 위기가 산적했고, 하루도 부담스런 기사가 뜨지 않는 날이 없었다. 기사를 보고 난 이후에야(사실 이전에는 알 수 있는 방법이 없었지만) 부랴부랴 신문사로 달려가곤 했다. 그때마다 '왜, 나에게만 이런 시련이 계속되는 것일까?'하고 원망한 적이 한두

거짓말하지 않고 회사를 구하는 방법

번이 아니었다. 기업들의 경제 문제에 민감한 몇몇 경제신문사들은 거의 매일 편집국을 드나들었다. 그땐 **회사를 긍정적인 시각으로 보는 기자들은 친구처럼 보였고, 꼬집는 기사로 회사에 시련을 주는 기자들은 설득시켜야 하는 적(?)처럼 느껴졌다.**

실제로 적이 될 수도 없고, 적이라 생각할 것도 없지만 분명 부담은 컸다. 하루도 그런 부담을 떨쳐버린 적이 없었다. 누가 언제 어떻게 기사를 쓸지 모르는 상황인데다가 혼자 어떻게 해볼 도리가 없었다. 회사를 심히 꼬집는 기사가 나오고 난 뒤에는 기사를 쓴 기자나 데스크와 접촉도 쉽지 않았다. 연락을 취하고 찾아가는 것도 부담이지만, 기사가 나가는 족족 찾아가 귀찮게 하는 나도 부담스런 존재일 수밖에 없었을 것이다. 그런 상황에서만 매번 부딪히자니 부자연스럽고 껄끄러운 관계가 될 수밖에 없었다.

그러다가 방법을 바꾸었다. **기사를 쓰고 난 뒤에야 부랴부랴 찾아가지 않고 틈날 때마다 미리 찾아갔다.** 처음엔 내가 편집국에 들어서는 것만 보고도 인상이 굳어졌던 기자들이 어느 정도 지난 뒤부터는 대하는 얼굴 표정부터 달라졌다. 가끔은 음료수나 간식거리를 들고 가기도 했다. 들르지 못할 경우에는 안부 연락을 수시로 했다. '근처에 왔다가 전화 한 번 드렸습니다' 그러면 '다음에라도 차 한 잔 하자'고 했다. 수단과 방법을 가리지 않고 계속 만나고 연락했다.

담당 기자는 자주 만났지만, 담당이 아닌 증권, 금융, 시장을 커버하는 기자들은 누가 누구인지도 알기 힘들 정도로 많았다. 하지만 기회가 될 때마다 한 명 한 명 연락하고 만남을 가졌다. 그렇게 몇 해가 지나자 그 바닥에서 안면 없는 기자들이 없을 정도로 달라졌다. 조금 과장하자면 모르는 기자가 없을 정도였다. 기자들 사이에서도 소문이 나서 '구 팀장 모르는 기자는 일하지 않는 기자'라는 우스개 소리가 나올 정도였다.

그런 만남 덕분에 웬만한 기자들의 관심사는 꿰뚫고 있을 수 있게 되었다. 십수 년 이상 반복된 **'부담스런 기자들과 더 가까운 생활'**은 커뮤니케이션 대응을 훨씬 노련하게 만들어주었다. 웬만한 사안에 대해서는 사전에 기자들과 협의할 수 있었고, 사전에 조치를 하는 대응조차 가능했다. 하지만 회사가 부담 요인을 털어버린 것은 아니었기에 한시도 안심할 수는 없었다.

'협상의 법칙'의 저자로 유명한 협상전문가인 허브 코헨은 '코앞에 닥쳐야만 정보를 찾는 방식으로는 참담한 실패를 피하기 어렵다'고 했다. 평소 첩보를 얻을 수 있는 기회를 미루지 말아야 한다고 강조했다. 상대를 위해 일하는 사람, 거래 관계에 있거나 있었던 사람, 비서, 점원, 기술공, 경비원 등이 모두 정보 획득의 원천이 된다. 경쟁 프레젠테이션이나 입찰을 앞두고 가질 수 있는 가장 큰 힘은 평소 미리미리 발품을 팔아 입수한 라이벌에 대한 정보다.

커뮤니케이터로 경험이 쌓이면서 체득하게 된 것이 바로 허브 코헨의 논리다. 회사 돌아가는 상황을 주도 면밀하게 잘 분석해서 치고들어올 만한 구멍을 잘 살피는 한편 이런 이슈들에 대해 민감하게 반응하고 관심을 가질 기자들과는 미리 만나서 이야기를 나누고 반응을 본다. 그러다 보면 오해가 풀리기도 하고 또 그러지 못할 경우 적어도 회사 입장이 제대로 반영되는 결과로써 시장에 충격을 줄였다.

덜 친하고 대하기 힘든 기자들을 더 자주 만나라

주위 커뮤니케이션 담당들과 얘기를 나누다보면, 대하기가 힘들기로 유명한 기자들 대부분은 '무섭게 대해서 연락하기가 부담된다,' '깐깐하고 말이 잘 통하지 않는다'거나 '다른 기자 올 때까지 포기 상태'라고 토로한다. 사람들을 만나다보면 처음 한두 번은 그렇게 느껴지는 사람들이 있다. 그건 대부분의 사람들이 느끼는 공통적인 반응이다. 이후로 연락도 잘하지 않고, 피해다니다가 결국 큰 사고로 이어질 공산이 크다.

만나기에 부담스런 사람들을 무슨 일이 터지고 난 뒤에 만나는 것은 더욱 곤욕스럽다. 이런 사람들일수록 친한 기자들보다 만날 기회를 더 자주 가지는 것이 좋다. 평소에 부담스런 사람들이 선호하는 것이 무엇인지 알아두고 자연스레 만날 기회를 만들어 커뮤니케이션하는 것이 큰 우환을 덜어준다. 약간의 뻔뻔스러움과 용기를 가지고 막 들이대야 한다.

미국의 유명한 방송인인 오프라 윈프리가 한 말이 있다.

"많은 사람이 리무진을 함께 탈 친구를 원하겠지만, 정작 필요한 것은 리무진이 고장났을 때 함께 버스를 타줄 친구다."

내 곁의 누군가가 진정한 친구여서 같이 버스에 오르기를 바라기 전에 나 자신이 친구의 고장난 리무진에서 내려 같이 버스를 탈 수 있는지 스스로에게 물어보라는 말일 것이다.

첫 만남에서 이런 관계는 힘들다. 매번 처리해야 하는 과업을 가지고 만날 경우에도 오롯이 사람에게 집중하기란 쉽지 않다. 커뮤니케이터의 만남이란 평소 특별한 일이 없을 때 만나서 서로에 대해 알고 관계를 발전시켜나가는 것이다. 사람에서 출발하지 않는 관계는 제대로 발전할 수 없다. 신뢰가 굳어지면 개인사든 회사 일이든 털어놓을 수 있다.

거짓말하지 않고 회사를 구하는 방법

발 연기 vs. 발 커뮤니케이션

'발 연기'라는 말이 있다. 연기력 검증이 제대로 되지 않은 배우가 늘어나면서 나타난 신조어다. 연기가 너무 어색해서 발로 연기하는 것처럼 못한다고 해서 생긴 말이다. 처음 보는 인물인데 맛깔난 연기로 극의 흐름을 매끄럽게 하는 신스틸러가 있는가 하면, 이미 대중들에게 잘 알려진 연예인이라는 백그라운드에도 손발이 오그라드는 연기로 극의 몰입을 오히려 방해하는 사람도 있다.

'발 커뮤니케이션'은, 발로 뛰는 커뮤니케이션이라는 의미로 쓰고 싶다. 요즘은 전화 외에 문자메시지나 카카오톡과 같이 실시간으로 대화가 가능한 앱을 많이 쓰는데, 의외로 맹점이 있다. 분위기나 감정의 전달이 어렵다는 것이다. 이모티콘이 있지만 정말 친한 관계가 아니라면 정확한 전달은 쉽지 않다.

분위기나 감정 전달에는 아날로그적 접촉이 효과적

한번은 아주 친하게 지내던 모 기자와 메신저로 대화를 주고 받던 중에 심각한 오해가 생겼다. 짧은 메신저 대화 문구로는 정확한 의미를 헤아릴 수 없어 당황했던 적은 있었지만, 그처럼 황당하고 심각했던 경우는 없었다.

당시 회사에 재무적인 이슈가 많았고, 그 중에서도 자산이나 계열사 매각, 지분 양수 같은 사안들은 각별히 신경을 써야 했다. 사고자 하는 상대가 있어야 거래가 성립되기 때문인데, 작게는 수백억원에서 많게는 수천억원에 달하는 거래에는 뒤따르는 법률 문제가 항상 존재했다. 어느 날 간단한 기사 하나가 검색됐는데, 몇 문장 되지도 않는 작은 기사였지만 아직 거론되면 안 되는 사안이 포함되어 있었다. 계약 상대방이 기사를 문제로 계약에 임하지 않을 수도 있었고, 심할 경우 손해배상 청구까지도 문제되는 사안이었다. 회사에서 기사화를 유도한 것이 아니더라도 일단은 커뮤니케이션 담당이 뒤집어써야 할 판국이었다.

별 고민 없이 평소처럼 메신저로 대화를 시작했고, 기사에 대해 양해를 먼저 구했다. 상황 설명이 좀 필요했고, 무엇보다 기사로 인해 회사가 소송을 당할 수도 있다는 점을 언급하며 간단히 메시지를 보냈다.

'죄송하지만, 이 기사로 인해 법적인 문제가 발생될 수 있습니다.'

수년간 알고 지내왔고, 응당 이에 대해 납득할 것이라 생각했는

거짓말하지 않고 회사를 구하는 방법

데, 전혀 예기치 못한 사태가 벌어졌다. 메시지를 보낸 지 불과 1분도 지나지 않아 핸드폰 벨이 울렸는데, 잔뜩 화가 난 목소리가 빗발쳤다.

"지금 이 기사를 가지고 소송을 걸겠다는 것입니까? 없는 이야기도 아닌데 감히 소송 운운하나요? 소송 걸려면 걸어요. 두고 봅시다."

"무슨 말씀이신지요? 뭔가 오해를 하신 것 같은데요……."

화가 날대로 난 기자는 자신의 말만 하고는 전화를 끊어버렸다. 그런 뜻이 아니었다는 것을 해명해야 하는 상황에서 황당했다. 전화를 받지도 않았다. 그 계약뿐만 아니라 회사에 걸려 있는 이슈들이 많은데, 다가올 사안들이 더 큰 문제였다. 자칫 기사로 인해 계약이 불발된다면 질책을 받는 것도 부담이었지만, 연쇄적으로 물려 있는 다른 사안들에 해가 될 수도 있었다.

당장 달려가고 싶었지만 자리를 비울 처지가 못 되었다. 계속 전화기를 붙들고 전전긍긍해댔다. 오해가 길어지면 상황은 더욱 악화될 것이기에 그 신문사의 선배 기자들에게도 전화를 돌렸다. '그 기사를 법적으로 문제 삼으려는 의도가 있었던 것이 아니라, 예상보다 이른 시점에 나온 기사 때문에 회사가 법적 문제에 빠질 수 있다는 것을 오해한 것'이라는 것을 입이 아프도록 설명했다. **직접 만나 대화하면 5분이면 끝날 일이 그날 저녁 내내 이어졌다.**

다행히 며칠 뒤 오해는 풀렸다. 그런데 비록 잠깐이지만 언성 높아진 상황을 겪은 뒤라 예전처럼 부드러운 관계로 되돌아가는 데는 상당한 시간이 걸렸다. 나중에 생각하니 회사 일이 아무리 급했어도 바로 달려갔어야 했다는 후회가 밀려왔다.

처음 알게 된 사람은 꼭 만나 식사하고 대화해야 직성이 풀린다. 한번이라도 만나기 위해서는 여러 번 연락해야 한다. 약속을 잡고 기다려야 한다. 한마디로 번거롭지만 시간을 투자하는 것이다. 그게 커뮤니케이션에는 훨씬 도움이 된다. 투자하는 시간이 아까운 것이 아니라 그 시간만큼 관계가 두터워진다고 생각한다. 직접 발품을 파는 것만큼 커뮤니케이션의 거리를 단축시키는 일은 없다.

일년에 500번 이상 발품을 팔아라

일년이면 거의 250번의 점심 약속이 생긴다. 저녁을 함께하는 사람도 많기 때문에 연간 100회가 훨씬 넘는 저녁자리가 생긴다. 언론매체에서 진행하는 각종 포럼이나 세미나 행사도 일년에 50번은 넘는다. 예고 없이 찾아오는 장례식과 결혼식 같은 개인적인 대소사도 빼놓을 수 없다. 또, 필요에 따라 언론사를 방문할 때도 많고, 지나는 길에 들러서 얼굴이라도 보게 되는 횟수를 다 합친다면 적게 잡아도 일년에 500번 이상은 발품을 파는 것 같다. 그 정도는 되어야 커뮤니케이터로서의 기본이 되지 않나 싶다.

2005년 당시 근무하던 회사는 중견급의 그룹사였지만, 그때까지 그 업종은 담당하는 기자가 없었다. 언론의 사각지대에 놓여있던 건설자재업종의 특성에다가 전형적인 B2B 사업들로만 이루

거짓말하지 않고 회사를 구하는 방법

어져 있다보니 대중과는 접점이 전혀 없었다. 업종자체가 대형 시멘트 회사와 건설사들 사이에 끼어 있을 뿐만 아니라, 알려져 있지도 않았다. 언론이 관심조차 가지지 않는 업종이었다. 담당 기자들이 필요했는데 업무는 부동산 건설에 가까웠지만 엄연히 달랐고, 일반 제조업도 아니었기에 산업부의 관심 대상도 못 됐다.

언론사마다 발품 팔고 다니면서 인접 부서에라도 계속 부탁했다. 쉽게 말해 담당 기자를 구걸한 셈이었다. 지금이라고 뾰족한 수가 있는 것은 아니지만, 잘 모르는 매체, 잘 모르는 사람이라도 이리저리 묻고 다닐 수밖에 없었다. 산업부로 연락하면 담당할 만한 사람이 없으니 부동산부로 연락하라고 했고, 부동산부에서는 또다시 산업부로 떠밀기 일쑤였다.

거진 한 달이 넘게 탁구공처럼 이쪽 부서에서 저쪽 부서로 주거니받거니하면서도 어렵사리 담당 기자를 한 명씩을 섭외했다. 대부분 산업부와 부동산부 양쪽에서 제일 어린 막내 수습기자가 담당으로 지정되었다. 담당 기자라고는 전혀 없던 업종과 기업에 그나마 커뮤니케이션 채널이 만들어진 것은 큰 발전이었다. 한 명 한 명 만나서 식사하고 차 마시고 술도 한 잔씩 하면서 관계를 형성해나갔다.

이듬해 1월초에 회사는 국내 역사상 가장 큰 규모의 기업인수라고 할 수 있는 대우건설 인수전에 도전장을 과감하게 던졌다. 인수전 참가 기업들 모두가 국내 굴지의 대기업들이었는데, 우리 회사는 그중에서 규모도 제일 작았고, 인지도도 가장 낮았다. 게다가 출입기자단마저 막내 기자들로 막 구성된 상황이었다. 그런데 애석하게도 그 프로젝트와 관련해 막내 기자들은 기사를 쓸 수가 없었다. 국내 산업계 초미의 관심사이자 국내 최대의 기업인수 프로젝트였던지라 모든 매체에서 노련한 고참급 기자들이 담당으로 배정됐다. 결국 프로젝트를 진행하면서 새로운 기자들과 처음부터 다시 발품을 팔 수밖에 없었다. 그렇게 해서 그 업종에서 제대로 된 기자단이 꾸려지게 된 것이다.

지금 그 업종은 그 회사뿐만 아니라 다른 기업들도 언론의 관심을 많이 받고 있다. 건설자재 쪽 기업들도 상당히 성장했을 뿐만 아니라 사람들도 상당한 관심을 가지게 된 것이다. 그뒤로는 각 언론사들마다 당연히 그 업종과 기업에 대해 담당기자를 배정하고, 기사들도 왕성하게 쏟아내고 있다. 모든 것이 발 커뮤니케이션 덕분이다.

'생행습성운'이란 말이 있다. 생각하면 행동하게 되고 행동이 반복되면 습관이 되고 습관을 통해 성공하고 결국 운명이 바뀌게 된다는 의미다. 여기서 가장 중요한 것이 습관화시키는 것이다. 생각한 것을 몇 번 정도 행동으로 옮길 수 있지만 습관화까지는 쉽지 않다. 하나의 행동이 습관이 되기 위해서는 적어도 60일 동안은 반복해야 몸에 익는다고 한다. 새벽 기상은 쉽지 않다. 하지만 힘들어도 2달 동안만 꾸준히 실행하면 그때부터는 몸이 기억한다. 의지만으로는 부족하다. 몸이 기억하는 단계까지 가야 한다. 커뮤니케이션도 마찬가지다.

관심보다 더 고마운, 따뜻한 무관심

"주가에 일희일비하지 않는다"

기업인 인터뷰 기사를 보면 한결같이 이렇게 말한다. 많은 사람들은 '참 대범하다'고 생각하기 마련이다. 사실 주가에 연연해하지 않는 조직이나 구성원은 없다. 상장사가 아니라면 얘기가 달라지겠지만 말이다.

미디어에 나와서 뭔가 이야기할 때는 기업이 주목받고 있는 경우다. 인터뷰를 할 만큼 언론에서 주목하고 있을 때이니만큼 뭔가 크게 이루었거나 곧 이루게 될 상황일 것이다. 대부분 주가가 우상향으로 나아가고 있는 상황이다. 이런 상황에서 주가를 염려하는 사람은 잘 없다. 그래서 이런 식상한 멘트가 어울리는 상황이기도 하다.

기업에 호시절만 있을까? 긍정적인 이슈는 어쩌다 한 번 있을까 말까 하고 대부분이 불안불안한 상황의 연속이다. 주식 전광판에서 빨간불과 녹색불은 희비가 엇갈린다. 단돈 십원이라도 오르고 있는 상황과 녹색불이 켜진 경우는 하늘과 땅 차이만큼 심리적인 상황이 다르다.

커뮤니케이션, 잘 나가는 때일수록 머리를 숙여야

기업이 성장세에 놓여 있거나 시장에서 기대하는 큰 결과를 낳은 경우 미디어의 관심을 받고 싶은 것은 인지상정이다. 그러기 위해 커뮤니케이션 팀이 평소에 열심히 하는 것이다. 반면 경기 침체나 산업의 특수한 상황으로 회사가 힘들어지면 아주 사소한 관심조차도 버거워진다. 부정이나 불법의 경우라면 응당 대가를 치러야 한다. 하지만 모든 것이 정상적으로 진행된 일임에도 기대와는 딴판으로 결과가 나오기도 한다.

미디어의 전폭적인 관심이 한 순간 돌변한 국면에서는 오히려 부담이 된다. 일부러 기업을 해코지할 생각은 아니지만 부채 비율이 높거나 손실이 나거나 커다란 사고가 나기라도 했을 경우 평소라면 아무렇지도 않을 질문들이 살을 파고드는 송곳처럼 아프게 다가온다. 중립적 밸런스를 맞춰 쓴 기사라도 드러난 회사의 면모는 제2, 제3의 파장을 불러온다.

대중은 기사에 언급된 몇 마디 문구를 통해서 회사 전체를 판단해버린다. 악재가 터진 회사에 대한 여론 재판은

거짓말하지 않고 회사를 구하는 방법

회사를 막다른 곳으로 몰아서 더욱 힘들게 만든다. 악재만도 힘든데 미디어는 이를 파헤치고 사람들의 심리적인 재판까지 더해지는 상황이 펼쳐진다. '화무십일홍'이라고 계속 호재만 지속되는 회사도 없고, 악재만 연속되는 기업도 없다. 호재 때에 몰렸던 커다란 관심이 악재 상황에서 더 큰 부담이 된다.

사람도 기업도 잘 나갈수록 겸손해야 한다. **그래서 나는 '따뜻한 무관심'이라는 말도 안 될 성싶은 말을 만들어서 입에 달고다녔다.** 보통사람들은 이 말을 들을 이유가 없겠지만, 유독 뭔가를 파헤치는 데 선수인 기자들이라면 제법 들어봤을 것이다. 사실 내가 이 말의 원조다. 후배들과의 대화 중에 어쩌다가 비조합의 조합으로 나오게 된 말인데, 당시 나의 입장에서 부탁하고 싶은 상황 그대로를 반영한 표현이라 이거다 싶었다.

근무했던 회사들은 언론으로부터 남다른 관심을 받을 수밖에 없었다. 다양한 기업인수와 합병으로 사세를 급속히 키웠고, 금융위기로 재무개선과 사업구조조정을 해야 했다. 기업인수는 기업 활동 중에서 언론에서 관심 가지는 가장 중요 사안 중의 하나다. 기업을 통째로 인수하거나 매각하는 것이어서 당연히 수많은 임직원까지도 포함되기에 관심이 쏠릴 수밖에 없다. 재계의 판도가 바뀌고, 재무, 회계, 법무 및 커뮤니케이션을 총망라한 경영의 산물이다.

그 시기에 색다르게 경험을 한 것이 프로그래시브 방식의 딜이었다. 매각을 진행하는 쪽에서 경매처럼 가격을 계속 높여서 경쟁자들이 나가 떨어지게 하는 방식이다. 마지막에 최고 가격을 제안한 후보자가 인수하게 된다. 그때는 자고 나면 가격이 뛰었다. 상대방이 제안한 매각가를 알게 되면 더 높은 가격을 다음날 제시해서 뒤집고 하는 상황이었다.

당사자인 인수 후보기업은 속이 까맣게 타 들어 가는 상황이 반복된다. 매각 금액이 수백억원 대를 오가는 큰 규모인데, 자고 나면 거기서 몇 퍼센트씩 계속 인상된다. 하루 하루가 지나는 것이 두려웠다. 매각을 진행하는 쪽에서는 이를 적극적으로 활용하기 위해 상대방이 제시한 금액을 다른 경쟁자에서 제시해서 가격을 더 인상할 용의가 있는지 의사를 매번 타진했다.

어떻게 정보를 입수했는지 언론은 중간중간 이 상황을 보도했고 인수금액은 날이 갈수록 커졌다. 가끔 인수 경쟁에서 이기고자 하는 욕심이 앞서서 기업 가치를 과하게 넘어서는 금액에서도 레이스를 멈추지 않아 결국 승자의 저주에 빠지기도 한다. 그런 경쟁을 언론은 가만히 놔두지 않는다. 밤이건 낮이건 가리지 않고 달라붙어서 계속 뭔가 파악하고 기사를 생산한다. 조그마한 것이라도 언론을 통해 알려지면 그 영향은 부담일 수밖에 없었다.

궁금증은 미리 풀어주되, '따뜻한 무관심'으로 막아라

그때 읍소하고 다녔던 것이 **'관심 가져주어서 감사하지만 지금은 때가 아닌 것 같다'**는 의미를 담은 '따뜻한 무관심' 이었다. 결국 진행했던 프로그래시브딜은 막판에 회사가 레이스

거짓말하지 않고 회사를 구하는 방법

를 포기했다. 이미 크고 작은 여러 기업인수를 포함해 벌여 놓은 사업들이 적지 않았기에 재무적으로 슬슬 코너에 몰리고 있었다. 부진했던 경기의 영향이 컸다. 급기야는 재무적 구조조정을 발표하는 기자간담회도 진행했고, 온갖 방법을 동원하여 당시 상황을 타개하기 위해 노력했다.

그뒤부터 어떤 자산을 팔고 얼마가 들어오고 재무 개선이 얼마나 이루어지는지에 대해 집요한 시선들이 따라다녔다. 파는 것이 기업인지 부동산인지 대상도 초미의 관심사였다. 보도 내용에 따라 주가도 춤을 췄다. 매각이 성사되고 자금이 들어온다는 뉴스가 나가면 주가가 오르다가도, 원활하지 못하다는 얘기가 흘러나오면 바로 주가가 꼬리를 내리는 상황이 반복됐다.

아침마다 펼쳐지는 장 개시 상황에서 빨간불인지 녹색불인지는 회사 분위기에도 적잖은 영향을 미친다. 일희일비하지 말자고 하지만, 내색하지 않아도 누구나 맘속에 담아두게 된다. 주가가 내려가면 시총만 줄어드는 것이 아니라 은행에 담보로 제공했던 주식 가치 역시 떨어져서, 어려운 회사 상황에서 추가 담보 요구를 받거나 이자를 더 부담해야 하는 곤란한 상황으로 이어진다. 외부에 알려진 뉴스는 2차 3차의 연쇄적 반응을 불러와 이른바 세력으로 불리는 주식꾼들도 나서게 되어 악순환이 반복된다. 연결고리를 원천적으로 차단하는 것은 불가능하더라도 영향을 최소화하기 위해서는 잘 나갈 때부터 언론의 관심을 좀 누그러뜨릴 필요가 있었다. 그런 과정에서 필요한 것이 '따뜻한 무관심'이었다.

그러다 회사를 옮겼는데, 불운하게도 이직했을 무렵에 리만브

라더스 사태가 터졌다. 유럽을 주 무대로 글로벌 커뮤니케이션에 임할 청운의 꿈을 품고 있었는데, 오히려 엄청난 빙하기에 맞닥뜨렸다. 수조원 규모의 해외 투자에서 상상도 못할 정도의 손실이 터졌고 연이은 악재에서 헤어날 길이 보이지 않았다. 재무적 악재란 악재는 다 터졌다고 봐도 무방할 정도였다. 입사 직후 곧바로 회사는 비상경영체제에 돌입했고 구조조정에 착수했다.

당시 예닐곱 군데의 대기업들이 비슷한 입장이었는데 그중에서도 제일 심각했다. 경영 구조도 독특해서 언론 관심이 더 클 수밖에 없었다. 증권, 산업, 금융시장, 경제, 부동산 등 언론매체에서는 다들 집중적으로 들여다볼 수밖에 없었다. 조금이라도 관심 가질 법한 누구에게라도 달려가서 긍정적인 시각을 부탁했다. 부담되는 상황은 지켜봐주되 쓰지 않으면 더 감사했다. **'따뜻한 무관심' 덕분에 엄청난 위기의 파도 속에서도 비수같은 기사가 나온 적은 거의 없었다.**

무언가를 취재해서 뉴스 만드는 것을 업으로 삼고 있는 사람들에게 따뜻한 시각을 요구하는 것이나, 내용을 알려주되 기사화는 삼가해줄 것을 부탁한다는 것은 그들의 업무를 하지 말라는 것이나 다름없다. 하지만 기업의 체력이 다한 상황에서 날카로운 기사는 너무나도 위험했기에 어쩔 수 없었다. 처음에 '뜨악'하게 반응했던 기자들도 반복되는 '따뜻한 무관심'이라는 말에 믿고 기다려주었다. 널리 회자되지는 않아도 그 바닥에서는 유행어가 되어 돌고 있는 듯했다. 그 말의 원조로서 반갑고도 뿌듯했다.

거짓말하지 않고 회사를 구하는 방법

지나가는 말은 지나가지 않는다

2005년, 여름 내내 서초동 대검찰청을 들락거렸다. 6월부터 8월까지, 무척이나 더웠던 여름이었는데, 주말 빼고 60일간을 거의 매일 방문했다. 정확히 말하면 대검찰청 기자실이었다. 김우중 전 대우그룹 회장이 검찰 조사를 받는 기간 동안 대검 기자실에서 매일 오후를 보냈다. 초기에는 기자들과 친하게 지내고 싶어도 대화를 나누기조차 쉽지 않았다. 한꺼번에 너무 많은 사람들을 만난 데다가 바쁘고 시크한 사람들뿐이라 얘기를 이어나갈 건덕지가 없었다. 인사 외에 몇 마디 주고받기가 어려웠다. 속으로는 어떻게 하면 조금이라도 관심받을 수 있을까 하는 생각뿐이었다.

내 뱉은 말은 주워담지 말고 실행으로 옮겨라

이름도 몰랐고, 개개인에 대해 알지를 못하니 모처럼 담배를 나눠 피우는 시간에도 날씨 이야기, 휴가 이야기처럼 겉도는 얘기밖에 할 것이 없었다. 어느날 점심 때가 조금 지났을 무렵 비슷한 연배의 기자들이 모여 함께 이야기가 시작됐다. 마침 휴가 시즌이라 자연스레 휴가 이야기가 오갔다. 사실은 매일 기자실에 가긴 했어도 누가 휴가를 갔다왔는지도 알지 못했기에 그냥 눈치껏 대화를 해 나가는 수밖에 없었다.

"휴가는 잘 다녀오셨나요?"

"예, 모처럼만에 바닷가로 다녀왔어요."

"가족들과 즐거운 추억 많이 만드셨겠네요. 부럽습니다."

더 대화를 이어가고 싶어도 얘기거리가 떠오르지 않았다. 그러다 담배를 끄고 사무실로 들어갔고, 다른 기자가 담배를 피우며 다가왔다. 좀 전의 레퍼토리대로 대화를 시작했다.

"휴가는 잘 다녀오셨습니까?"

"예, 다녀왔습니다."

"가족들과 즐거운 시간을 보내셨겠어요. 모처럼만에 애들이 즐거워했겠어요."

두어 마디 대화가 오갔을 때 주위의 다른 기자들 안색이 달라졌다. 옆에 있던 기자들이 눈짓을 보내는 듯싶기도 했다. 순간 '아, 뭔가 잘못됐구나' 하는 마음에 대화는 잠시 끊겼고, 어색한 분위기가 연출됐다. 휴가를 다녀왔다는 그 기자 역시 뭔가 말을 할까 말까 하는 표정이 역력했다. 마침 옆에 있는 넉살 좋은 기자가 말을 받았다.

"이 친구 아직 솔로라, 하하."

1968년생으로 알고 있었기에 당연히 결혼했고 애도 있을 것이라 생각했지 솔로일 수 있다는 것은 생각지도 못했다. 어색함을 깨기 위해 무슨 말이라도 던져야 했다. 그런데 한마디 더 했던 것이 분위기를 더 이상하게 만들고 말았다. 엉겁결에 **'제가 소개팅이라도 주선해드릴게요.'**라고 말을 뱉었던 것이다. 그 기자는 이미 예상했다는 듯이 담배 한 모금을 더 빨아들이고는 말을 이었다.

"지금까지 수많은 커뮤니케이션 담당들을 만났는데, 미팅을 주선하겠다, 소개를 시켜주겠다고 말들은 많이 했는데, 약속 지킨 사람이 없었어요."

그 말에 더 당황스러웠다. 나도 그저 그런 사람들과 동급으로 패대기쳐지는 느낌이었다. 그 순간 '내 뱉은 말을 주워담을 수는 없고, 다른 사람과 다르다고 길게 설명해봐야 건질 게 없다'는 생각 뿐이었다.

"하하, 말보다 행동으로 보여드려야죠. 조만간 제가 어떻게 해보겠습니다."

대화는 거기서 끝이었다. 그로부터 일주일이 넘게 지인들에게 진지하게 부탁을 했다. 살면서 한번도 그런 말은 꺼내본 적이 없었기에 어떻게 주선해야하는지도 몰랐다. 다행히 몇몇이 고민을 함께해주었고 주위에서 소개팅 후보자를 물색했다.

깐깐한데다가 검찰청을 출입하는 기자였기에 걸맞는 후보자 찾기가 여간 고민스럽지 않았다. 주위의 도움 덕에 세 명의 여성 후보자를 찾았다. 고민 많이 하고 추천해준 티가 역력했다. 직업과 커리어가 장난이 아니었다. '대기업 직장인, 큐레이터, 그리고 홍대 근처 영어학원 강사'였다.

세 명의 간단한 인적사항을 외워서 그날 오후 기자를 조용히 찾아갔다. 세 후보에 대해 간략한 소개를 전했다. 처음엔 반신반의 하던 기자는 세 후보자의 프로필을 듣더니 놀라는 눈치였다. 싫지는 않아 보였다. 세 명 중에서 본인보다 키가 훨씬 더 큰 큐레이터는 부담스럽다며, 영어학원 강사를 선택했다.

그뒤엔 내가 모든 것을 준비해야 했다. 날짜와 시간, 장소 예약까지 해놓고 친구의 새 자동차까지 동원했다. 왕자와 공주처럼 모실 작정이었다. 미리 예약한 레스토랑과 테이블을 둘러보고, 담당 지배인에게도 세심한 배려를 부탁했다. 그러고는 합정역으로 마중을 나가 기자를 픽업해 모셨다. 여성분의 성격과 스타일에 대해서도 브리핑했다.

커플이 미팅을 하는 동안 나와 친구도 근처에서 저녁 식사를 하며 대기했다. 궁금했지만 일부러 연락하지는 않았다. 괜히 전화해서 분위기 깰까 싶어 기다렸다. 10시쯤 친구와 자리를 파하기 직전에야 전화를 했는데 결론은 허무했다. 저녁만 먹고 일찍 헤어졌다는 것이었다.

"미팅 자리 주선해준 건 너무 감사해요. 식사하며 이런저런 얘기도 나누었는데, 아무래도 서로 직업과 환경이 너무 달라서 생각

거짓말하지 않고 회사를 구하는 방법

차가 많다고 느꼈어요."

크게 기대하지는 않았지만 밥만 먹고 헤어졌다는 데에는 아쉬움이 컸다. 그 이후로 기자는 내게 무한 신뢰를 보냈고 돈독한 관계로 이어졌다. **허튼 말 하는 사람이 아니라는 것을 보여줄 수 있어 다행이었다.** 책임질 수 없는 말을 해서는 안 된다. 남들은 다 겉치레로 그냥 그렇게들 말할지라도 말이다.

돈이 할 수 없는 일을 신뢰가 한다

근무한 회사들마다 광고나 행사, 후원 같은 예산집행은 엄두를 낼수 없었다. 많지 않더라도 형편에 맞게 광고 예산을 운영하는 타사 사람들을 보면 부러웠다. 한번은 모 경제 매체에서 큰 행사를 하는데 담당 데스크가 내게는 행사 관련 얘기를 아예 꺼내지도 않았다. 죄송한 마음에 돈 들어가는 것은 빼고 뭐든 하겠다고 말하며 데스크의 환심을 사고 싶었다.

얼마 뒤 신라호텔에서 대규모 행사가 열렸다. 개막식에 참여해서 데스크와 기자들에게 축하 인사도 전했다. 그런데 행사 둘째날 데스크가 전화를 걸어왔다. 전체 행사는 잘 진행되고 있는데 맡고있는 세션이 비인기 주제라 세션 행사장에 사람들 숫자가 너무 적으니 도와줄 수 있겠냐는 것이었다.

농반진반으로 뭐든 하겠다고는 했지만 전화를 받고 보니 덜컥부담이 됐다. 세션까지 남은 시간도 두어 시간 남짓밖에 안 되는데다가 업무중인 사람들을 동원해야 했다. 곧바로 상황을 보고해

허락을 받고 급한 업무가 없는 사람들 위주로 SOS를 보냈다. 옆 부서, 다른 층과 사무실을 가리지 않고 뛰어다니며 짬을 낼 수 있는 사람들을 모았다. 얼추 스무 명이었다. 곧바로 택시 몇 대에 나눠 타고 행사장으로 향했다.

신라호텔 행사장은 북새통이었는데, 담당 데스크가 있는 세션장만 썰렁했다. 50~60명 정도를 수용하는 룸이었는데 절반 정도만 채워져 있었다. 행사장 문을 열고 나를 선두로 이십여 명의 사람들이 한꺼번에 몰려들었다. **그때 행사장 앞에서 입꼬리가 귀에 걸린 데스크의 미소를 아직도 기억한다.** 덕분에 행사가 잘 마무리 됐다. 직원들도 모처럼 바람도 쐬고 유익한 강연도 들을 수 있어서 좋았다고 했다. 그 일이 있은 뒤로 담당 데스크는 나를 준부서원으로 대했다. 한동안 부서 회식에도 빠뜨리지 않았다. 설령 우리 회사에서 큰 돈 들여 행사 후원을 했더라도 그런 대접은 없었으리라 생각한다. 돈은 그런 마법을 부릴 수 없다.

아무리 적은 양이라도 쏟아진 물을 함부로 담을 수 없듯이 사소하고 허투루 한 말이라도 내뱉은 이상 지켜야 하는 것이 커뮤니케이터의 기본이다. 너무도 당연한 말 같지만 살다보면 허투루 하는 말들이 너무 많다.

'언제 한번'의 유효기간은 언제까지?

"언제 한번 소주 한잔 해요."

"언제 한번 점심 먹어요."

"언제 한번 한 게임 합시다."

"언제 한번 산에 같이 가요."

한국 성인들이 가장 자주 하는 거짓말이 '언제 한번'이 아닐까 싶다. 공적인 업무로 만난 사람이건 사적으로 만난 사람이건 관계 없이 자주 하는 말이다. 친한 관계든 아니든 간에 그냥 헤어지자 니 섭섭해서 '언제 한번' 같은 말로 여운을 남긴다. 워낙 많이 쓰 다보니 '언제 한번'이 언제인지 규정하지 않고 크게 궁금해 하지 않는다.

'언제 한번'의 마법으로 우연을 필연으로 바꿔라

커뮤니케이션을 담당하게 되면서 '언제 한번'을 학수고대하며 기다렸다. 약속이라 하기도, 아니라 하기도 힘든 이 말을 나는 놓치지 않았다. 어느 정도 경륜이 쌓이기 전까지는 만나기 힘든 사람들과 만날 구실을 만들기가 어려웠다. 그런데 내가 하든 저쪽에서 하든 '언제 한번'이라는 말이 나왔을 때는 절호의 기회로 삼고 끝까지 물고늘어졌다. **무슨 핑계라도 만들어서 만나고 싶었는데, '언제 한번'은 놓칠 수 없는 계기였다.** 무턱대고 약속을 잡자고 하면 서로 부담되기도 했지만 '언제 한번'이라는 말은 언제 어디서나 자연스러웠다.

한국인들의 습관적인 멘트 '언제 한번'이 어느 정도의 기간이 될지는 사람마다 다르겠지만 내가 정해놓은 **'언제 한번'의 유효기간은 2주**였다. 우연한 연락이나 만남에서 얻어낸 '언제 한번'만큼 좋은 핑곗거리가 없었다. 다이어리에 메모해서 기억해뒀다가 2주를 넘기지 않은 적절한 시점에 반드시 다시 연락해서 제대로 약속을 잡았다.

서먹한 관계일 때, '언제 한번'이라는 말을 얻었다고 다음날 바로 연락하는 것도 부담이다. 또 너무 오랜 시간이 지난 후에 애써 기억을 되살려내는 것도 부담스럽기는 마찬가지다. 즉각적이지도 않고 너무 길지도 않게 적절하다고 생각한 시점이 열흘에서 2주 이내 정도였다.

스쳐지나가듯 한 약속이라도 내뱉은 이상 꼭 지켰다. 절대 빈말하지 않은 사람으로 기억되고 싶었다. 어떤 약속도 철저히 지키는 신뢰 가는 사람이 되고자 했다. 내가 말한 '언제 한번'은 그냥 남들이 말하는 '언제 한번'과는 달랐다. 스스로 정한 그 기간 내에 제대로 된 약속을 잡는 것이 약속을 제대로 지킨 것이었다.

스쳐지나가던 인연에서 만남으로 이어진다는 것은 관계의 발전을 의미한다. 오며 가며 빈말만 주고 받는다면 관계라고도 할 수 없다. 만날 시점이 정해지면 상대에 대한 생각을 하게 된다. 만남이라는 결실이 꼭 필요하다. '만남'은 그 사람에 대한 관심의 결과이자 또 다른 시작이다.

시간이 남아 돌아서 남의 일에 신경 써주나 싶지만 그런 사람들일수록 살면서 시간 낭비라는 걸 하는 법이 없다. 나중에 큰 사안을 말할 때 아무에게나 하지 않는다. 작은 부탁이라도 인연이 바탕이 된 사람에게 하게 된다.

언론 스포트라이트에 앞서 신뢰관계부터 구축하라

기업 대 기업의 일은 주로 계약에 의해 이루어진다. 문서로 되어 있건 구두로 하건 간에 청약과 승낙이 있다. 서로 약속한 대로 진행하고, 어느 한쪽에서 합의한 대로 제대로 진행하지 않을 경우는 배상한다. 기업이 아니더라도 사람들 간에는 거래 관계가 대부분이다. 쇼핑, 식당, 대중교통은 물론 집 안에서 가스, 물, 전기를 사용하는 일상생활도 서비스를 제공하는 회사와 개인 간의 거래에 의한 것이다.

뉴스가 때로는 계약 관계에 의해서 제공되기도 하지만 그건 특수한 상황일 때다. 계약 관계에 의해서 뉴스가 생산된다면 그 뉴스는 볼 가치도 없다. 뉴스의 생명은 계약이 아닌 그냥 관계에서 나온다. 아무리 취재에 능한 사람이라도 혼자 모든 것을 하는 경우는 없다. 주위에 수많은 취재원들이 있기에 가능하다. 작은 사건 사고 같은 경우도 사고 기록 열람이나 사고현장을 목격한 사람들 즉 취재원이 있다. 취재가 있어야 뉴스가 나올 수 있다.

'**뉴스는 뉴스일 뿐이요, 남의 일**'이라고 말하는 사람은 이제 없다고 봐도 무방하다. 매일 꼼꼼히 본다고 해서 개인의 생활이 달라지지는 않겠지만 이제는 내 일 같이 느껴지는 세상이다. 삼성전자와 애플이 새로운 스마트폰을 내놓기 무섭게 생활로 파고든다. 해외에서 새로운 트렌드의 제품이 나왔다는 소식을 접하면 장소와 시간을 뛰어넘은 해외 직구로 손 안에 쥘 수 있다. 젊은 세대에겐 서울역에 가는 만큼이나 인천공항 문턱도 낮아졌다.

기사에서 경제, 산업이 갈수록 비중이 높아지고 있기 때문에 언론과 커뮤니케이터는 더욱 가까운 관계가 될 수밖에 없다. 항상 윈윈 할 수 있는 방안을 생각하게 된다. 기업에 이로우면서 언론도 새로운 사실의 보도에 입각하여 본질적인 역할을 하게 되는 그런 관계가 좋다. 서로의 입장이 겹치는 아이디어가 떠오르면 순식간에 진행이 된다. 반대의 경우도 있다. 한쪽은 들추어 내기를 좋아하고 다른 쪽은 덮어야 할 수밖에 없는 입장일 경우도 많다. 그래서 둘 사이는 '불가근 불가원(不可近 不可遠)'이고 티격태격이 늘 존재한다. 큰 기업의 기사감도 항상 스포트라이트를 받지는 못한다. 작은 회사의 크지 않은 일도 가끔은 조명을 받는 경우가 있다. 배경에는 다 관계가 있다.

관계의 기본을 유지하는 것이 절대 언어 세 가지다.
다른 관계도 그렇지만 세 가지 절대 언어, "미안합니다. 고맙습니다. 사랑합니다"라는 말을 깔고 시작하면 관계는 유지 발전하게 된다. 사랑한다는 표현은 말보다 행동으로 보여줘야 함을 감안한다면 절대 언어는 두 가지로 요약된다. 20년의 커뮤니케이터 생활에서 가장 많이 한 말도 바로 이 두 가지다.

"미안하지만 잠깐 시간 좀 내 주시겠습니까?"

"죄송합니다. 회의 중이라 이따 다시 연락 가능할까요?"

"죄송이라뇨, 바쁜데 연락드린 제가 죄송하지요. 30분쯤 후면 될까요?"

"예"

"감사합니다. 그럼 이따 다시 연락 드리겠습니다."

너무나 기본적인 톤앤매너이고 사실 '이렇게 하지 않는 사람도 있나?'라고 생각하는 사람들이 많을 것이다. 하지만 그렇지 않은 경우도 많다. 나이가 많다는 이유로, 전 직장의 선배라는 이유로, 친해졌다는 이유로 막 대하는 사람들을 의외로 많이 봐왔다. 친구처럼 편해서 막 대한다는 사람이 많은데, 죽마고우로 자라온 친구 지간에도 지켜줘야 할 선이 있다. 언제 한번 있을지 모를 사소한 것도 잊지 않는 관심과 노력 그리고 상대를 배려해주는 절대 언어 3종 세트가 바로 커뮤니케이션의 출발점이다.

거절의 강 너머에 커뮤니케이션이 있다

'갑을' 논란이 한창이다 못해 '수저' 논란까지 유행처럼 번졌다. 금
수저, 은수저, 흙수저에 무수저라는 말까지 더해졌다. 아무래도 기
자들은 갑의 입장에서 일할 때가 많다. 반대로 기업 커뮤니케이터
는 을 입장에서 늘 부탁하는 입장이다. 사람마다 좀 다르지만 기
자들 중에서도 유독 접근이 어려운 사람들이 있다. 독특하기로 소
문난 사람이나 까칠한 성격의 소유자, 이런 기자들 대부분 자기가
쓰는 글에 대해 완벽에 완벽을 기하는 성격이라 한번 시작된 일에
대해 자료를 준비하는 것도 만만찮고, 한번 시작하면 끝날 때까지
밤낮 구분도 없다.

　자료로 접근하는 경우야 그렇다 쳐도 첫 대면조차 힘든 경우가
많았다. 세녹스 관련 일을 할 때에는 처음부터 불법집단이나 범죄

　　　　　　　　　　　거짓말하지 않고 회사를 구하는 방법

자 취급을 당해서 기자들이 기피하는 일도 있었다. 그전에도 간헐적인 언론의 관심은 있었지만, 2002년 여름 즈음 당시 산업자원부가 검찰에 고발하여 형사소송이 시작되면서 언론의 관심은 대단했다. 우선 산업자원부를 출입하는 기자들부터 만나야 했다. 기자단 간사와 연락해서 기자실 방문 계획을 잡았다.

호통치고 문전박대 해도 그냥 물러서면 안 된다

기자단 간사부터 설명회에 참석은 하지 않겠다는 양해를 구해왔다. 그런 자리만이라도 고마웠기에 학수고대하면서 몇 날 며칠 자료를 준비했다. 쇼핑백 2개에 가득 자료를 들고 과천으로 향했다. 정부청사 출입 절차를 거친 후 산업자원부 동으로 가서 계단을 올라가 기자실 문 앞에 섰을 때였다. 누구인지는 몰라도 제법 연배가 있어 보이는 기자가 호되게 야단을 쳤다.

"세녹스와 관련해서 설명을 좀 드리려고 왔습니다."

"이런 불법 집단에서 정부부처 기자실에 발을 들여놓다니, 있을 수가 없는 일이다."

"간사님 통해 미리 연락 드렸고, 얘기 듣고 싶어 하는 분이 계시다기에 왔습니다."

"그런 얘기 전혀 들은 바 없어. 어디 감히 불법 기업이 산자부에 와서 기웃거리나?"

더 이상 어떻게 할 수가 없었다. 간사 기자가 몇몇 기자들에게 말만 전하고 자신은 빠져버렸으니, 확인할 수도 없고 아는 사람도 없는 마당에 되돌아 내려올 수밖에 없었다. 건물 1층 출입구 길 건너편에서 망연자실 담배만 연신 피워댔다. 법정 재판도 곧 열리게 될 참이었는데, 벌써부터 '불법집단, 범죄자' 취급을 당하는 신세가 서글펐다. 괜시리 눈에 눈물이 고여서 하늘을 보면서 담배를 피웠다. 그냥 돌아갈 수는 없었기에 기자실로 다시 발걸음을 옮겼다. 계단을 올라와서는 행여 아까 그 기자를 만날까 싶어 두리번거렸다. 그때였다. 화장실을 막 다녀오던 참이었는지 역시 연배가 있어 보이는 다른 기자가 말을 걸어왔다.

"혹시 세녹스 때문에 온 사람입니까?"

"예, 그렇습니다."

"뭡니까? 아까 온다 해서 한참을 기다리고 있었는데, 왜 이제서야 오는 겁니까?"

원래 만나기로 했던 시각은 11시였다. 자초지종을 얘기했다. '일찍 왔는데, 어느 분인지 모르지만 호통을 치며 못 들어가게 해서 쫓겨났다가 다시 올라왔다'는 얘기를 전했다.

"허, 사람들 참, 기자는 듣는 사람들인데, 들으려 하지를 않으면 어떻게 해. 여기 잠시만 있어요. 점심 같이 할 기자들이 있으면 좀 일찍 밥 먹으러 갑시다. 가서 들으면 되니까."

"감사합니다. 그러지 않아도 예약한 식당에서 승합차 보낼 시각이 되어갑니다."

다행히 그 기자는 기자실에 있던 다섯 명을 데리고 나왔다. 정부청사 맞은편 식당에 자리를 잡고 자료를 보여주며 설명을 했다. 여섯 명의 기자들을 대상으로 설명하고 대답하는 통에 식사는 몇

거짓말하지 않고 회사를 구하는 방법

젓가락 뜨지도 못했다. 그날처럼 천당과 지옥을 오간 날도 없었던 것 같다. 하지만 그로 인해서 세녹스와 관련된 본격적인 여론전이 시작될 수 있었다.

때로는 무모한 도전이 결실을 맺는다

당시 세녹스와 관련해 언론이 잘못 이해하고 있는 부분이 많았다. 작은 회사가 아무리 이야기해도 정부부처와 대기업에서 이야기하는 것만큼 반향을 불러오기가 힘들었다. 그렇다고 손 놓고 있을 수 없었다. 별다른 이벤트나 이슈도 없는 상황에서 여론에 호소할 수 있는 방법이 없을까 항상 고민했다. **그러다 문득 사설이나 칼럼을 통해 조그만 의견이라도 낼 수 있는 방법이 있지 않을까 하는 생각이 들었다.** 회사 내부에는 의논할만한 사람이 있지도 않았다. 그때는 커뮤니케이션 경험이 길지 않았기에 그런 무모함을 감행했는지도 모른다.

무모한 계획은 '전 매체 논설위원 방문'이었다. 무작정 만나 세녹스의 입장을 전달하려 했다. 논설위원은 글을 쓰는 사람 중에서도 최고의 연륜을 가진 필진이다. 자료준비부터 만전을 기했다. 몇 사람을 만나게 될지 몰라서 여유있게 준비하고 보니 쇼핑백 4개 분량이었다. 후배와 함께 감행했다. 무거운 자료 나눠 들고 아침부터 저녁까지 각 매체 논설위원실을 방문해 쫓겨나는 것이었다. 지금이라면 달리 대처하겠지만 당시에는 아는 기자들도 몇 안 되고 논설위원실이 어디 있는지도 몰랐다.

세종로에 늘어서 있는 대형 일간지 회사들 위주로 오전 루트를 짰다. 대중교통으로 이동해야 했기에 동선을 잘 짜서 한걸음이라도 줄여야 했다. 방문 약속이 되어 있지도 않았기에 매번 안내 데스크를 통해 묻고 다녔다. 어떤 매체는 안내데스크에서 차단됐다. 문전박대 당해도 안타까워할 시간조차 없었다. 양손에 든 자료들 때문에 얼굴과 목에 흘러내리는 땀을 훔칠 여유도 없었다.

대여섯 군데 언론사에서 논설위원 미팅이 가능했다. 자료를 펼쳐놓고 짧지만 최대한 임팩트 있게 설명을 했다. 반응들은 한결같이 시큰둥했다. 밑져봐야 본전이었다. 어차피 큰 기대는 하지 않았으니까. 말을 듣는 한 사람이라도 전파하고 이해시키면 다행이라 생각했다. 그들은 오피니언 리더이기 때문이다. 몇 사람이 진지하게 들어주고 안타까움을 표하기도 했는데 사무실을 나설 때 가슴 한쪽이 벅차 오르기도 했다.

어느 구름에 비가 들었는지 모르는 법이다. 반응이 시큰둥하다고 해서 대충 설명할 수 없었고, 시간이 없다고 해서 자료만 줄 수도 없었다. 종합일간지와 경제일간지 스무 군데 정도를 돌고 나니 시간은 어느새 신문 마감시간을 지나고 있었고 발이 부르터서 더 걸을 수도 없었다. 따로 떨어져 있는 두어 군데 빼고 알고 있는 언론사는 죄다 돈 셈이었다. 그제서야 하루 종일 있었던 일들이 주마등처럼 떠올랐다.

"관심 보인 곳도 있으니, 신문에 한 줄도 반영되지 않더라도 실망하지 말자. 스무 명 정도의 오피니언 리더에게 내용이라도 전달한 것만으로도 적지 않은 소득이다."

거짓말하지 않고 회사를 구하는 방법

스스로에게 위로의 말을 되뇌었다. 처음에는 '열심히 하면 그래도 관심을 보이는 사람도 있겠지'하는 막연한 기대에서 시작했지만 만날수록 기대는 꺾였다. 마지막 신문사를 방문하고 나왔을 때는 '아니구나' 하는 생각뿐이었다.

다음날, 여느 날과 다름없이 출근해 일을 하는데, 갑자기 부사장이 다가와서 한마디 툭 던졌다.

"야, 너 도대체 무슨 짓을 하고 다닌 거야?"

또 무슨 일이 벌어졌나 싶어 철렁했다. 그런데 부사장의 음성엔 웃음기가 섞여 있었다.

"무슨 일이 생겼습니까?"

"무슨 재주를 부리고 다녔기에 일간지에서 우리 회사 얘기를 사설로 다 써 주냐? 이런 일도 있네."

그 말을 듣고 나서야 속에서 희열이 밀려왔다. '발 바닥이 부르트도록 뛰어다니면서 목이 메게 설명했는데, 그래도 한 군데서는 내 말을 진지하게 받아들여줬구나'하는 심정이었다.

거절을 쌓아라, 더 좋은 명분이다

많은 사람들이 관심을 가질 만한 뉴스거리가 있는 경우에는 걱정 없겠지만, 별다른 이슈가 없을 때도 가만히 있으면 안 된다. 그렇다고 되지도 않을 것을 억지로 밀어넣는다고 기사가 되는 것도 아니다. 그럴 때는 찾아야 한다. 그마저도 없을 땐 발품을 파는 것이 낫다. 수많은 거절의 강과 계곡을 넘어서 말이다.

한번에 성사되는 경우도 있지만, 여러 기자를 만나면서 거절이 반복되면 아이디어도 깎이고 다듬어진다. 거절과 지적을 통해 보완해나가면 때로는 매력덩이로 발전한다. 처음에 방향성도 없이 막연한 바람으로 운을 뗐다면, 거절을 거치면서 다듬어진 이야기가 탄탄하게 구성된다. 그러다 제대로 된 기획이 탄생하는 수도 있다.

가끔 거절이 승낙보다 나을 때가 있다. 절대 만나주지 않을 것 같은 사람들도 많다. 그들이 원하는 뭔가를 손 안에 쥐고 있지 못해서다. 20년간 위기 상황에서 살얼음판을 걸으면서 기자들이 항상 만남을 달가워한 것은 아니었다. 근무했던 곳이 규모가 작기도 했고, 초기엔 경험도 부족해서 서툴렀다. 특히 공격적이거나 깐깐한 스타일의 기자들을 대할 때면 난감하기 이를 데가 없었다. 그래도 포기하지 않았다. 거절 당한 사람보다 거절한 사람이 더 미안한 법이다. 몇 차례 반복된 거절은 커뮤니케이션으로 돌아온다.

거짓말하지 않고 회사를 구하는 방법

5장.
신세계,
알 것 같지만
알 수 없는
그들만의 세계

커뮤니케이션 '1만 시간의 법칙'

처음 일을 시작했을 때 참 힘겨웠다. 커뮤니케이션이 뭔지도 몰랐고, 업무를 가르쳐줄 선배 하나 없었다. 담당 기자가 뭔지, 기자들에게 어떻게 다가가야 할지 감도 없었다. 더구나 거친 경상도 억양을 딴에 부드럽게 한답시고 목에 힘을 빼고 웃음기 많은 목소리를 내어도 까칠한 반응들은 여전했다.

"메일로 자료 하나 보냈습니다만, 혹시 더 필요한 자료 있으시면 알려주십시오."

지금이야 이런 말을 웃으면서 하지만 그때는 달랐다. 지금과 톤도 달랐다. 무엇보다 연락하는 기자들과 안면조차 없었다. 지금은 기자들이 어디에 사는지, 결혼을 언제 했고, 아이는 몇 살이며, 무엇을 좋아하는지에 훤하지만 그때는 미지의 두려움의 대상일 뿐이었다. 십수 년 전과 너무나 달라진 것이 IT 환경이다. 그땐 PCS 폰이 있었지만 서울 시내 한 건물 내에서도 안테나 눈금을 찾아서 폰을 이리저리 들고다녀야 했다.

잘해서 오래 하는 것이 아니라 오래 하면 잘하게 된다

말콤 글래드웰이 그의 책 '아웃라이어'를 통해 제시한 '1만 시간의 법칙'은 스포츠 종목이나 장인들의 어려운 기술에만 적용되는 것이 아니다. 커뮤니케이션 분야에도 그대로 적용된다. 처음부터 넉살이 좋아서 조직 분위기에 잘 스며드는 사람도 있지만 하루 아침에 이런 요령을 쌓기는 힘들다. 오랫동안 경험이 쌓이고 시행착오를 겪어야 길이 보인다. 무슨 일이든 오래 하면 잘하게 되는 법이다. 일을 오래 할 수 있게 하는 동력은 성취감에서 나온다. 돈도 중요하지만 그보다 더 근본적인 것은 인정받는 성취감이다.

커뮤니케이션 담당이 하는 일 대부분은 정해진 메뉴얼이 없다. 기본적인 원칙은 있지만 조금만 더 깊이 들어가면 얘기가 달라진다. 같은 일이라도 언제 어떻게 진행되느냐에 따라 여론의 칭찬을 받기도 하지만 때로는 비난의 대상이 되기도 한다. 그렇기 때문에 어려운 업무라고들 한다.

법률에 입각하거나 수치에 의거한 업무라면 어떠한 경우에도 결론이 명쾌하다. 기업이 대출을 받는데 담보가치가 충분해서 이자율을 낮게 적용받는 경우 한해 동안 절약되는 금액이 얼마인지 정도는 계산하면 딱 나온다. 법률 위반이 되는 사안인가 그렇지 않은가는 판단의 차이가 그렇게 크지 않다. 하지만 커뮤니케이션의 경우는 상황에 따라서 모든 것이 달라질 수 있다.

2010년 여름 신임 대표를 모시고 기자간담회를 진행한 적이 있었다. 출입기자들이 대부분 전기 또는 전자업종을 담당하고 있었는데, 하필이면 그날 팬택에서 베가아이언 신제품을 미디어에 선보이는 날이었다. 사전에 삼십여 명의 기자들이 참석을 약속했지만, 더 크고 화려한 행사에 참석자들을 뺏기는 것이 아닌가 하는 생각이 들어서 입이 바짝바짝 말랐다. 거의 모든 출입기자들이 간담회장을 찾아주었고, 성황리에 마무리 되었다. 후일담을 들어보니 휴대폰 신제품 발표회장에는 주로 연차가 낮은 기자들이 가고 중견급 이상의 고참 기자들은 감사하게도 나와의 약속을 모두 지켜주었던 것이다.

첫 기자간담회 경험은 2002년엔가 있었다. 그때는 뭐가 뭔지도 모르고 지나간 행사였다. 광화문 인근의 유명 호텔에서 진행하며 20명 정도의 기자들이 참석했던 것 같은데, 대행사 직원이 알아서 하고 나는 걸리적 거리지 않도록 옆에서 구경이나 하는 수준이었다. 종합일간지, 경제지, 전문지 등에서 몇 명씩 기자들이 참석한 것 같은데, 대행사 직원이 참석한 사람들 숫자에 전전긍긍해 하던 기억만 어렴풋하다.

회사에서 여론을 우호적으로 이끌기 위해 갖가지 이벤트나 이슈를 진행하지만 그 결과를 함부로 예단할 수는 없다. 사전에 이를 알리고 관심을 가지게 하는 것은 당연하고 당일 다른 특별한 이슈가 없어야 그나마 주목받을 수 있다. 또 현장 상황에서 예기치 못한 것들이 불협화음을 불러올 수도 있다.

2017년 1월 중순 국내 모 완성차업체에서 야심작으로 내놓은 신형 경차의 신차발표회에서 언론사들은 거의 예외 없이 행사와 자동차에 스포트라이트를 맞췄다. 대부분 화려한 행사와 회사의 야심찬 포부를 소개했다. 그런데 그날 퇴근길에 페이스북에 올라온 지인의 글을 보던 중 의미심장한 기사를 하나 발견했다. 화려한 화면 속 간부들의 발언기 '엇박자'를 꼬집은 내용이었다. 바이라인을 보니 나도 익히 잘 알고 있는 취재팀장이었다.

인지도가 높지 않은 매체의 기사라서 그냥 묻힐 수도 있었다. 행사에 참여한 기자들의 시각이 제 각각이니 존중한다는 생각이라면 그 또한 대범하다고 여겨질 만하다. 하지만 행사 직후 주최 측 입장에서 잔칫날 찬물을 끼얹은 이런 기사가 못내 마음이 쓰였을 것은 분명하다.

이제는 식상하게 들리는 말이지만, 잔칫날에는 여러 사람이 즐겁고 배부른 것도 좋지만 행여나 배 곯는 사람이 없어야 하는 법이다. 회사 측에서 나선 발표자들이 잡스처럼 화려하고 세련된 발표를 기대하지는 않는다. 그럼에도 현장에서 매의 눈으로 지켜보고 있는 기자가 있었음에도 제대로 커뮤니케이션하지 못한 점은 아쉬운 대목이다.

언론사도 기업이라, 기업 간의 공무겠거니 싶지만 결국 개인과 개인의 관계 요소에 좌우된다. 광고주에게 더 신경이 쓰이는 것은 당연하다. 하지만 그보다 관계가 우선이다. 비즈니스만으로 맺어진 관계의 생명은 결코 길지 않다.

거짓말하지 않고 회사를 구하는 방법

눈 앞의 내 것만 보지 말고 남의 것도 보라

예전에 수주가 제법 많았을 때 내부에서 보도자료 감이 될 만한 것은 1억불이 기준이었다. 회사 규모가 있지 잔챙이들보다는 규모 있는 건들만 해도 심심찮게 기사가 나갔다. 그때의 영업실적은 그 전 2~3년간의 노력의 결과였고, 회사가 어려워지자 규모 있는 수주 실적이 드물어졌다. 긍정적인 요소가 될 만한 웬만한 사안이라면 박박 긁어모아서 자료로 만들었다.

어느날 그리 큰 규모의 내용은 아니었는데, 자료를 내고보니 하필 삼성, SK, 현대차, LG에서 각각 자료들을 내놓은 날이었다. 대부분의 경제신문들은 산업면에서 톱은 삼성, 우측에 SK, 톱 하단에는 현대차 그리고 LG의 기사가 나머지 공간을 차지했다. 그런데 한 유력 경제신문에서 우측 하단에 단신으로 내가 낸 이슈의 기사가 게재됐다. 재계 최상위권의 기업들 틈바구니에 끼게 되어 뿌듯했다. 아침부터 커뮤니케이션을 담당하고 있는 타사 후배들이 연락을 해왔다.

"형, 도대체 무슨 짓을 했기에 형네 기사가 삼성, SK, 현대, LG랑 한 지면에 실린 거예요?"

"와! 이런 기사로 지면을 파고 들다니 대단해요."

"혹시 광고나 협찬했어요?"

같은 업종에 종사하고 있는 커뮤니케이션 담당자들이 인정해주어 더 기분이 좋았다. 오랫동안 매체와 기자와 꾸준하게 커뮤니케이션해온 결과였다. 그런데 갑자기 윗선에서 전갈이 왔다. 부리나케 찾아간 사무실 분위기가 심상찮았다. 이유인즉 삼성 기사는 대문짝만했고, SK도 사진과 함께 길게 게재됐고, 다른 기사들도 규모 있게 나왔는데, **우리 뉴스는 한쪽 귀퉁이에 조그맣게 실려서 자존심 상한다는 것이었다.**

뭐라 대꾸하기가 힘들었다. 그 산업면에 실린 대기업들은 연간 광고비며 홍보 예산도 대단하고 언론사에 신경 쓰는 것이 장난 아니었다. 하지만 단신 기사는 담당 기자와의 특별한 인연, 담당 데스크와 오랜 친분, 그리고 매체 관련 대소사를 가리지 않고 챙겨온 덕분에 나온 성의의 결과였는데, 그런 것을 한두 마디로 설명하고 이해시킬 방법이 없었다. 성과로 인정받기는커녕 알아주어야 할 사람들이 거꾸로 해석해서 혼을 내기도 하는 것 또한 커뮤니케이션 경험이다.

반면 야침차게 진행한 기획 건이 성공했음에도 비참한 결과를 맞이할 때가 있다. 한번은 유력 종합일간지에서 당시 건설 중이던 당진 공장에 방문해서 현지 르뽀 기사를 썼다. 완공을 앞두고 건설 중이던 공장의 첫 기사여서 매체가 공 들여 지면 하나를 통으로 채웠다. 기사는 사진과 함께 멋들어지게 나왔다.

하지만 그날이 최악의 날이 될 줄은 몰랐다. 같은 날 그 매체와 경쟁 관계에 있는 다른 유력 매체에서 우리 회사와 경쟁사를 비교 분석해서 크게 싣는 바람에 회사가 발칵 뒤집어졌다. 업계 1위였다가 금융위기로 쪼그라든 것과 오히려 그걸 기회로 1위로 올라서면서 성장해나간 경쟁사의 수년간의 실적비교가 표와 함께 나왔다.

기사 내용이야 이미 알려질 대로 알려진 것들이어서 인터넷에서도 금세 찾아볼 수 있는 자료들이었다. 문제는 그걸 굳이 경쟁사와 비교한 기사가 나왔다는 데에 있었다. 가슴 한 켠에 또 하나의 커다란 생채기가 생긴 날이었다. 대문짝 만한 기사의 성취감은 온데간데 없었다.

"매체가 최소한의 상도의라도 있어야 하는 것 아냐?"

시뻘겋게 달아올라 불호령하는 최고 경영진 앞에 그룹의 주요 임원들도 함께였다. 강남에 있던 기자를 만나러 헐레벌떡 갔다오고, 다시 신문사로 뛰어가 사정도 했다. 하루종일 비지땀을 흘리며 동분서주하기 바빴다.

1만 시간 이상을 단련해야 제대로 된 커뮤니케이터가 된다. 커뮤니케이션하는 사람들에게 이런 말이 있다. '**회사가 망하면 제일 마지막에 회사 문은 사장과 커뮤니케이터가 같이 닫는다.**'

회사를 통째로 파는 사람

1990년대 중반까지 마케팅은 브랜드를 유명하게 만들기만 하면 성공이었다. 한 업종 내에 브랜드가 많지 않았기에 사람들에게 알려지면 판매는 따라왔다. 광고도 많지 않아서 웬만한 미디어를 통해 노출시키면 대중들은 받아들일 수밖에 없었고, 그런 전략은 곧 잘 먹혀들었고 효과도 상당했다. 소비자들은 각 카테고리에서 덜 알려진 브랜드보다 널리 알려진 브랜드를 택할 수밖에 없었다.

요즘은 전혀 다른 양상이다. 소비자는 마음속에 확실하게 새겨진 브랜드의 제품을 구매한다. 이때 브랜드가 소비자 마음을 파고들 수 있는 가장 강력한 수단은 선두주자라는 이미지다. 어떤 브랜드가 그 업계에서 선두라는 이미지가 새겨지면 소비자는 당연히 그 브랜드가 최고라고 생각하고 선호하게 된다. 제일 먼저 만

거짓말하지 않고 회사를 구하는 방법

들어 팔기 시작한 업체의 제품이 최고의 제품은 아닌데도 선두를 최고라고 많이 생각한다. 이런 소비자 인식 때문에 기업들은 1등을 선호한다. **1등은 언론의 노출도 쉽게 이루어진다.**

우리 주위에는 보기보다 1등하는 브랜드들이 많다. 동일한 제품군에서 이 제품도 1등이고 저 제품도 1등이다. 심지어 같은 제품류에서 사람들이 저마다 알고 있는 1등 브랜드들이 다 다른 경우도 있다. 그럴 수밖에 없는 것이 1등이라는 글자는 크게 붙어 있지만 어떤 분야에서 1등을 한 것인지는 눈에 잘 띄지 않는다. 무엇 때문에 1등을 했는지는 몰라도 그냥 1등이라는 기억은 남게 된다.

강한 브랜드, 차별화된 스토리로 시장을 장악하라

헐리우드 영화가 국내에서 소개될 때마다 '미국 박스 오피스 1등'이라고 대대적으로 내세운다. 웬만큼 인기가 있다는 영화 치고 박스오피스 1등이라고 광고하지 않는 영화가 없을 정도다. 1등이 이렇게도 많을 수가 있나, 하고 의문이 들 때도 있다. 박스오피스 1등은 그 주 후반에 개봉하여 주말 동안 수입이 가장 많이 나온 영화에 붙는 타이틀이다. 박스오피스에 몇 주 이상 오래 1등을 차지하는 명작들도 있지만, 새 영화가 몰리지 않는 시기에 신생영화로 등장하여 이전 영화들에 비해 주말에 단 한 사람이라도 더 들었다면 박스오피스 1위 타이틀이 붙는다.

그런 영화가 수입되면 대문짝 만하게 박스오피스 1등이라고 한다. 뭘 볼지 애매할 때 1등이라는 문구는 상당히 큰 힘을 발휘한다. 1등 영화는 좋은 영화라는 인식이 지배한다. 마케팅에서 노리는 것도 바로 이 점이다. 우리 주위에서 보게 되는 수많은 1등 제품들도 뜯어보면 가장 먼저 출시된 제품, 가장 많이 팔린 제품, 가장 인기가 높은 제품, 출시된 이후 특정 기간 동안 가장 많이 팔린 제품 등 카테고리도 엄청 다양하다.

1등이라는 타이틀을 갖다붙이는 것은 경쟁 제품보다 더 나은 제품이라는 의미를 부여하고 싶어서인데, 더 나은 제품이라고 해서 항상 더 좋은 브랜드가 되지는 않는다. 이제는 경쟁 제품과 다른 제품이 되어야 더 좋은 브랜드가 될 수 있다. 한마디로 차별화에 성공해야 하는 것이다. 더 나은 제품을 만든다고 반드시 돈을 더 버는 것도 아니다. 더 좋은 브랜드를 만들어야 돈이 되는 세상이다.

그 브랜드만이 가지는 차별화된 이야기와 아이디어가 있어야 한다. 여기서부터는 커뮤니케이션이 필수적이다. 커뮤니케이션은 단순히 메시지를 파는 것이 아니라 커뮤니케이션을 하는 자기 자신, 즉 메신저를 파는 일이 되어야 한다. **메신저의 신념을 팔아야 메시지에 담긴 스토리가 팔린다.** 커뮤니케이션을 통한 설득력은 많이 말하는 것보다 짧게 말하고 상대방의 말을 들어주는 가운데 생겨난다. 훌륭한 메신저는 20%만 말하고 80%는 듣는다고 한다. 설득의 파워는 상대방의 얘기를 들어주는 공감적 경청에서 나온다.

거짓말하지 않고 회사를 구하는 방법

커뮤니케이션은 최상위의 영업 행위다

제조업이나 서비스업이나 할 것 없이 매출 최일선에서 뛰고 있는
영업부를 중요하게 생각한다. 공장에서 제품을 만들어내더라도
팔아야 수익이 나고 회사가 돌아간다. 서비스, 금융상품, 분양에
이르기까지 영업부서는 언제나 수익을 위해 고군분투하는 부서
고 경영진이 늘 관심을 가질 수밖에 없다. 수익을 올리는 부서 외
에는 흔히들 '코스트 센터'라고들 한다. 비용을 쓰기만 할 뿐 직접
수익을 가져오지 못하기 때문이다. 특히 비용을 많이 쓰는 곳이
커뮤니케이션 부서인 탓에 **별다른 언급 없이 코스트 센터라
하면 커뮤니케이션 부서로 통한다.**

하지만 오해를 벗고 나면 '커뮤니케이션이야 말로 최상위의 영
업활동'이다. 제품이나 기술, 서비스에 국한하지 않고 CEO를 포
함해서 기업 이미지 전체를 영업하는 활동이 커뮤니케이션이기
때문이다. 여기엔 실체가 없다. 회사를 긍정적인 스토리로 승화시
키는 것인데, 기업이 힘들거나 위기에 봉착했을 때마저도 기업 이
미지를 살리기 위해 최전선에서 뛰는 사람이 커뮤니케이터다.

영업은 제품이나 서비스에 대해 불만이 있거나 거부감을 가질
경우 전략상 고객이나 시장을 포기할 수도 있다. 반면 커뮤니케이
터에게는 그런 선택권이 없다. 담당기자나 취재하는 언론매체가
싫다거나 탐탁지 않다고 생각되어도 다른 기자나 매체로 바꿀 수
없다. 어떻게든 마음을 돌리기 위해 노력해야 한다. 그것도 아니면
차라리 기자가 회사 일에 관심을 가지지 않게라도 해야 한다. 말

처럼 쉽지 않다. 절대로.

영업은 제품, 상품, 서비스를 팔지만 커뮤니케이터의 영업은 대상만 있을 뿐 실체가 없다. 영업은 또 회사는 맘에 들지 않더라도 제품이 뛰어나면 그것만으로 판매에 성공할 수 있다. 특별한 AS를 한다든지 아니면 경품이라도 주면서 환심을 살 수도 있다.

커뮤니케이터가 팔고자 하는 기업의 이미지는 매출과 같은 영업실적은 물론 CEO나 제품, 때로는 임직원들의 인간적인 면모에 이르기까지 모든 것이 바탕이 되어 형성된다. 사회가 주목할 만한 이벤트를 여는 경우도 기업의 이미지를 높여서 결국에는 사람들로 하여금 그 기업에 대해 긍정적인 인식을 갖도록 해야 한다.

경영자가 오판이나 실수를 하거나, 기업이 의도치 않게 실책을 범하는 경우도 있다. 여론은 이를 잘근잘근 씹어대는 경우도 있다. 경영자를 비롯해서 다들 숨기에 바빠도 커뮤니케이터는 그럴 수 없다. 어떤 난감한 상황에서도 달라붙어서 여론의 물꼬를 돌려야 한다. 적대적인 감정이 느껴지는 경우에도 만나서 설득해야 한다. 기어이 마음을 돌려야 한다. 그래서 커뮤니케이션은 영업활동 중에서도 최상위 영업행위다.

예전 CF는 30초도 안 되는 짧은 시간 동안 온갖 것들을 다 전달하고자 했기 때문에 수다쟁이가 될 수밖에 없었다. 일방적으로 전달만 하고자 했다. 하지만 트렌드가 바뀌었다. 한꺼번에 많은 것들을 전달하기보다는 자연스러운 스토리를 추구하게 되었다. 강요하지 않는 듯하면서도 보는 이로 하여금 뭔가를 자발적으로 하

거짓말하지 않고 회사를 구하는 방법

도록 만드는 쌍방향으로 진화했다. 이런 기교는 긍정적인 기업 이미지라는 발판이 있어야 더욱 효과적이다. **긍정적인 기업 이미지야말로 제품 판매 증가, 주가 상승, 취업 선호도 향상 등 기업이 추구하고자 하는 거의 모든 활동의 원동력이 된다.**

커뮤니케이터가 어디서 무엇을 팔아야 할지는 정해져 있지 않다. 여러 사람들과 많은 시행착오 끝에 조금씩 그 결과로 드러나게 될 뿐이다. 한번 팔고 나면 그만이라고 할 수도 없다. 사는 사람이 싫든 좋든 포기하지 않고 달라붙어야 하고, 계속 그 다음 것을 팔아야 한다. 그게 진정한 커뮤니케이션의 길이다.

세상에서 가장 어려운 일

세상에 쉬운 업무가 어디 있을까? TV에서 짬뽕으로 유명한 장인의 일과에 대해 방영한 적이 있었다. 요즘은 고급 중식요리 전문점도 많지만 낡고 허름한 집들을 우리는 흔히 중국집이라고 부른다. 처음엔 그저 식당 주인 아저씨의 모습으로 비춰졌지만 이내 전혀 다르다는 것을 알 수 있었다. 아침 일찍부터 식당을 감싸고 길게 늘어선 줄, 짬뽕을 먹으면서 감동하는 얼굴들, 이어서 70대 장인의 모습이 흘러나왔다.

놀라운 점은 짬뽕 면을 뽑기 위해 장인의 하루가 전날 밤부터 시작된다는 것이었다. 고된 하루의 영업을 마친 뒤 겨우 세 시간 정도 눈을 붙이고 밤 11시반이면 어김없이 500인분의 면을 위해 반죽하는 모습에서 경외감마저 느껴졌다. 파스 몇 장으로 무릎 통

거짓말하지 않고 회사를 구하는 방법

증을 벗 삼아 혼신의 노력을 다하는 모습은 세상 어떤 장인도 따라올 수 없는 경지였다.

커뮤니케이션팀은 내부 직원 기피 1순위 부서

2010년 무렵이었다. 경력자 충원 얘기를 꺼냈더니 외부 경력 충원도 좋지만 회사 내에도 똑똑한 인재들이 많다며 사내 리크루팅 지시가 떨어졌다. 자칭 타칭 사내 각 부서 에이스라고 평가받는 몇몇 후배들을 염두에 두고 물밑 작업에 돌입했다. 주위의 평도 듣고, 인사팀에 가서 프로필을 보기도 했다. 본인 의사가 가장 중요했기에 평소 동료들에게 커뮤니케이션 일에 대해 호감을 비친 적이 있는지도 파악했다. 꼬드기거나 시킨다고 될 일이 아니었다.

마침내 후배 한 명을 점 찍고, 조용히 의사를 떠봤다. 긍정적인 반응이었다. 대학에서 신문방송을 전공했고, 영업부에서 겸손하기로 소문난 후배여서 딱이라 싶었다. 그 자리에서 결론내지 않고 다시 며칠 동안 충분히 고민을 하게 했다. 사흘 뒤에 답을 들었다. 오케이였다. 행정 절차를 거쳐 보직을 변경했다. 그런데 결론부터 얘기하면 실패였다. 7개월만에 후배는 원 소속팀으로 복귀했다.

곧 대리가 될 그가 해야 할 일은 대단한 뭔가가 아니었다. 팀 분위기부터 익히며 커뮤니케이터로서의 감을 잡아나가는 것이었다. 하지만 회사는 위기 상황이어서 긴장의 연속인데다가 하루에도 몇 번씩 예상치 못한 전쟁같은 상황들이 툭툭 불거지는 통에 무척이나 난감해 했다. 걸핏하면 여기저기 불려다니면서 싫은 소리 듣기 일쑤인데다 밖에서는 거절당하면서도 부탁하고 이해를 구해야 하는 모습을 볼 수밖에 없었다.

접대도 영업팀원으로서의 접대와 커뮤니케이터로서의 접대 자리가 많이 달랐던 것 같았다. 그런 상황에서도 임직원들의 사기를 북돋기 위해서 각종 이벤트, 사보 취재, 봉사 활동은 물론, 온오프라인 제작물, 의전, 임직원 의견 수렴에 이르기까지 기업문화 개선을 위해서 사소한 것부터 큰 일까지 매니징 해나가야 하는 일들이 종내 견디기 힘들었던 모양이었다. **회사 전체의 자존감을 세우기 위해 팀의 자존감은 버려야 하는 것도 부담이었던 것 같다.**

어느 날 '드릴 말씀'이 있다며 면담을 요청해왔다. 경험상 후배가 진지한 얼굴로 시간을 내달라고 할 때는 뒷덜미에서 한줄기 스쳐지나가는 그 느낌이 어긋나본 적이 없다.

다른 사례로는 해외투자, 기획, 인사, 총무 등 일 잘하기로 잔뼈가 굵은 선배가 있었다. 그 명성에 걸맞게 고생도 많이 해서 특별 진급을 2번이나 해서 상무이사가 되었는데, 동기들은 과장이나 차장도 있었고 대개 팀장 정도였다. 겸직으로 커뮤니케이션까지 맡게 되었다. 그런데 농담 조금 보태서 40대 후반까지 평생 생긴 주름과 흰머리보다 커뮤니케이션 일을 한 2년동안 늘어난 주름과 흰머리가 압도적으로 많았다고 한다.

그의 이력은 회사 내에서 제일 화려했다. 국내 최초 선발대로 중국 북경과 상해 지역에 생산공장 2곳의 투자사업을 진행했다. 만만하게 볼 중국이 아니어서 5년간 지지부진하던 투자사업을 손

거짓말하지 않고 회사를 구하는 방법

실 없이 철수시키고 다시 남아프리카공화국에서 인수한 생산법인으로 중국의 설비들을 이전했다. 대한민국 기업으로서 거의 유일한 아프리카 생산기지를 구축한 레전드의 주인공이었다.

그런 사람에게도 '그때까지 해왔던 그 어떤 일보다 어렵다'는 것이 커뮤니케이션이었다. 기사는 물론 CEO 인사말, 연설문 단어 하나 선택하는 데에도 고민을 거듭해야 했고, 다른 성향, 관심, 성격, 취향의 수많은 기자들과 씨름해야 했다.

한번은 사보에 들어갈 칼럼을 내가 썼다. '그 많던 맥도날드의 황금아치는 다 어디로 가버렸나?'라는 주제로 당시 출판된 잭디시세스가 지은 '배드 해빗'을 읽고 성공한 기업의 7가지 자기파괴 습관을 꼬집어 쓴 글이었다.

"맥도날드라고 기업 브랜드명을 직접 표기해도 될까?"

"칼럼인데 이 정도 표기는 해야 한다고 봅니다."

"그쪽도 기업이고 우리도 기업인데 생각은 해줘야지."

한참을 대립하다 결국에는 익명으로 처리했다. 그 회사에 피해라도 갈까 싶었고, 괜한 곤란한 일을 막자는 우려에서였다. 이렇게 작은 글, 포털 기사 하나, 인용문 같은 경우에도 저작권이나 법적 문제를 생각하지 않을 수 없다. 무엇보다 시도 때도 없이 걸려오는 취재 문의만 해도 엄청난 부담인데, 기업 관련 팩트가 적나라하게 나가는 것은 곧 더 큰 위기를 자초한다. 기자들이 예고없이 새벽이나 밤늦게 연락할 수도 있는 것처럼 경영진이 커뮤니케이션 담당을 찾는 시간도 정해져 있지 않았다.

10년만 하라, 그러면 제대로 감이 온다

윗선에서 급하게 찾는다는 것은 문제가 터졌다는 것이다. 좋은 일로는 급하게 찾지 않는다. 궁금할 때도 급히 찾는다. 그외엔 없다. 커뮤니케이션 일에 익숙하지 않는 사람은 전화벨이 울릴 때마다 경기를 일으키기 십상이다. 그게 커뮤니케이션 업무다. 그래서 그 선배는 '세상에서 가장 힘든 일이 바로 커뮤니케이션'이라고 늘 강조했다.

나도 초기엔 이 일을 왜 하게 되었을까 하는 생각도 했다. 일 한 티는 나지 않는데, 욕 먹을 일은 무지 많은데다가 매 순간 살얼음판을 걷는 듯한 긴장 속이다. 업무가 어느 정도 익숙해진 것은 7년차 정도였고, 10년차쯤 되었을 때에 '아,' 하는 느낌이 왔다. 13년차일 때는 '이 정도야' 하는 생각도 했는데, 15년차가 넘어서니까 그게 아니었다 싶었다. 그저 초심 또 초심으로 해나갈 뿐이다.

순탄해 보이는 삶도 직접 그 속에 들어가서 들어보면 온갖 애환이 녹아 있다. 커뮤니케이션 분야는 거의 매일 전쟁 상황이 반복된다. **기자도 그렇지만 커뮤니케이터들도 하루살이처럼 산다.** 후배들에게 일이 일찍 끝나거나 모처럼 홀가분한 오후가 되면 "편한 맘으로 일찍 퇴근할 수 있는 기회가 흔치 않으니 최대한 일찍 퇴근하라"고 한다. 평온한 저녁이 최대의 보상이다.

언론인들의 하루도 이와 다르지 않을 것이다. 커뮤니케이션 분야에서 오래 일해왔고 경험이 있기에 미리 낌새를 챈다. 사전에 돌아가는 여론과 정보에 대해 파악해왔고, 내부 커뮤니케이션도

거짓말하지 않고 회사를 구하는 방법

공고히 해왔기에 미리 미리 협의를 해야 한다. 그러지 않으면 기사가 터지고 난 뒤에 상황 파악하랴 진화하랴 진땀 빼거나 아니면 사고로 이어질 수밖에 없다.

포털에서 '세상에서 가장 어려운 일'을 검색해보면 '사람의 마음을 얻는 일'이라는 결과가 나온다. 생텍쥐페리가 '어린 왕자'에서 한 말이다. 커뮤니케이터로서 살아오면서 이 말처럼 공감 가는 말을 찾기가 쉽지 않다. 이십 년을 한결같이 해오면서도 여전히 어렵고, 욕 먹기 일쑤인데다 작은 결과 하나를 위해 온갖 정성을 다해야 조금 티가 난다.

김성근 전 감독은 자서전을 통해서 '사람의 마음을 얻으면 우승은 덤'이라고 말할 정도로 무슨 일을 하든 사람들의 마음을 얻는 것이 가장 어려운 것임을 이야기했다. 사실 커뮤니케이터가 해야 할 가장 기본적인 것도 사람의 마음을 얻는 것이요 가장 고차원적인 일도 사람의 마음을 얻는 일이다. 그게 내부가 되었든 외부가 되었든 말이다.

무한 배려보다 더한 배려, 커뮤니케이션

배려가 지속되면 권리로 착각한다. 한 사례가 있다. 미국의 어느 마을에서 이상한 실험을 했다. 어떤 사람이 집집마다 돌면서 아무 조건 없이 매일 10달러씩을 줬다. 첫날 그가 알지도 못하는 집 현관에 10달러를 놓고 나오는 것을 보고 모두 의아해했다. 심지어 제정신이 아니라며 마을 사람들은 그 돈을 가지기를 주저했다. 둘쨋날도 비슷한 시각에 집집마다 같은 금액을 돌렸고, 다음날도 마찬가지였다. 사람들은 미안해하면서도 신기해하기도 했다.

둘째 주에 들어서자 사람들은 계속 그가 나타나서 돈을 두고갈 것인가 궁금해했고, 다른 마을에서 구경하러 오기까지 했다. 셋째 주가 되자 사람들은 더 이상 돈을 주고 가는 것을 신기하게 생각하거나 고맙게 생각하지 않게 되었다. 넷째 주가 되었을 때는 매

거짓말하지 않고 회사를 구하는 방법

일 정해진 시각에 10달러씩 받는 것을 당연하게 생각했고, 그 마을의 일상이 되었다.

실험을 진행했던 그 달의 마지막 날, 그 사람은 평소와 달리 돈을 주지 않고 그 길을 그냥 지나갔다. 그러자 이상한 반응들이 쏟아졌다. 사람들이 투덜거리며 화를 내기 시작했다. 심지어 어떤 사람들은 현관문을 열고 밖으로 나와서 성난 목소리로 '내 돈을 달라'고 따져묻기도 했다고 한다.

화난 투자자 납득시키려면 먼저 들어라

비슷한 상황들이 우리 주위에서도 벌어진다. 고객을 맞이하여 종업원들이 과하게 친절하고 특별한 서비스를 베풀면 한두 번은 미안한 감정을 느끼기도 하지만 몇 번 지나지 않아 당연지사로 받아들인다. 그뒤로는 사람들이 지난 번에 과한 친절과 서비스를 받았다고 생각하는 것이 아니라 이전만 못함에 대한 불만을 갖게 된다. 서비스를 하는 입장에서는 잘한 것을 기억하지만 반대의 입장에서는 기대에 미치지 못한 것만 기억에 남긴다.

주주들의 연락을 받다보면 뜬금없이 불호령을 내리거나 야단을 치는 경우가 있다. 주가가 오를 때는 이런 일이 없지만 떨어질 때 종종 생긴다. 회사 경영상 발생하는 다양한 일들이 주가에 민감하게 반영된다. 재무나 IR팀에서는 가끔 주주와 큰 소리가 오가는 경우가 발생하기도 한다.

떨어지는 주가에 답답한 투자자가 급한 마음에 따지듯 연락을 하는 경우가 대부분인데, 요령 없는 직원들이 원론적인 답변만 늘어놓을 경우에 이런 불상사가 생긴다. 재무나 회계 파트에서 주주들 연락이 감당이 되지 않을 때 나에게 도움을 요청하는 경우가 종종 있었다. 화난 투자자가 협박이나 욕설을 하면서 불같이 화를 내곤 했다.

"당장 칼 들고 회사로 가겠다."

"퇴근할 때 뒤통수 조심해라."

"휘발유 들고 찾아가겠다."

"회사 1층에서 만나자."

이렇게 막무가내로 나오면 웬만해서는 감당할 수가 없다.

"누가 주식 사라고 했습니까?"

"본인이 판단하시고 사셨던 거 아니었나요?"

"오를 때도 있고 내릴 때도 있는 거지, 떨어졌다고 매번 화만 내십니까?"

거기다 대놓고 이렇게 말하는 것은 그러지 않아도 터지기 일보 직전인 투자자의 울화통을 폭발시켜버리는 셈이다.

한번은 울면서 하소연하는 여성과 통화를 하게 됐다. 재무파트의 직원이 SOS를 치면서 전화를 돌려줬는데, 경상도 억양을 쓰는 중년 여성이었다. 남편의 퇴직금을 은행에만 넣어두기 아까워서 좀 늘려보려고 몰래 주식에 투자했다고 하는데 주가가 떨어져버린 것이었다. 막무가내로 책임지라고 울고불고 큰소리쳤다.

재무파트에서 어떤 변명을 했을지 짐작이 됐기에 우선은 그냥 하는 얘기를 듣기만 했다. 그러다가 '아, 그러셨군요' 하면서 리액

선을 했다. 재무파트나 주식 담당자들의 경우 말을 듣기보다는 논리를 앞세워서 납득시키려고 애쓰게 마련이다. 그럴수록 전화한 주주들과의 마찰은 불가피했다.

몇 마디 듣지 않아 금세 여성의 목소리는 차분해져 갔다. 그때쯤 '회사는 재무 개선에 전력을 다하고 있으며, 악재를 극복해나가는 과정'임을 솔직하게 이야기했다. 하지만 '재무 개선이라는 것이 짧은 기간에 쉽게 끝나는 것이 아니기에 그 점을 염두에 두시라'고 덧붙였다. 잠시 뒤 그 여성은 **'회사 직원들도 많이 힘드시겠어요. 파이팅 하세요'**라고 오히려 위로의 말을 전해왔다. 솔직히 손절매를 권유하고도 싶었지만 이래라저래라 할 수 없었던 상황은 충분히 이해했을 것이다.

조폭 수준의 말투로 협박하는 사람들도 제법 있었다. 그런 말을 듣게 되면 화부터 나는 것이 인지상정이다. 하지만 딱 한 타이밍만 늦추고 들어주면 의외로 쉽게 풀렸다. 전화를 돌려받으니 욕설에 협박까지 했다. '칼 들고 가겠다', '휘발유를 들고 가겠다'는 말도 서슴없었다. 가끔은 뜬금없이 '밤길 조심하라'는 둥 '뒤통수 조심해라'는 말도 들었다. **진지하게 '예, 오십시오' 하고 대답했다.** 그 답은 예상치 못했는지 잠시 후 '장난 하나? 말이 그렇지 진짜로 가겠냐?'고 반문했다. '저 역시 장난 아닙니다. 답답해하셔서 그렇게 하셨을 텐데, 오시면 차 한 잔 대접하겠습니다'라고 했다. 그러면서 임직원들이 최선을 다하고 있음을 덧붙였다. 주가가 언제 오를지는 알 수 없지만 그 화난 주주는 '수고하시라'는 말을 남겼다.

커뮤니케이션의 출발은 경청에서 시작된다. 들으려 하지 않고 내 입장만 내세우고 납득시키려 한다면 통할 리가 없다. 논리만 앞세운다면 이미 떨어진 주가로 인해 상처 받은 마음에 왕소금 뿌리는 격이 될 뿐이다.

어려운 상황 막기보다는 머리 맞대고 함께 의논하라

2010년 초에 퇴임한 경영진에 대한 소송이 있었다. 엉뚱한 곳에서 횡령 배임 사실이 드러났다. 몇몇 주간매체 기자들이 파고들기 시작했다. 이런 사건의 경우, 일간지는 비교적 간단한 내용이 기사화되지만 주간매체는 다르다. 매체 특성상 심각한 톤은 물론이고 사진 실릴 공간을 감안한다고 해도 타블로이드신문 1면당 원고지 15~16매 정도의 엄청난 분량이다. 거기다 이런 심각한 사안이라면 2페이지까지 이어질 수도 있었다. 매체 인지도를 고려해 노출이 좀 적다 하더라도 최소 원고지 30매 이상 긴 내용의 심각한 기사는 일간지 기사의 충격에 비할 바가 못 된다.

회사가 이미 엄청난 손실을 본 마당에 악재가 드러나봐야 회사만 힘들어질 뿐이었다. 다행히 몇몇과 친하게 지내던 사이라 기자들 대여섯과 함께 남대문 시장통의 식당에서 만나기로 했다. 이를 본 주위의 선후배들이 '피해도 시원찮을 판국에 섶을 지고 불길로 뛰어든다'면서 걱정했다. **며칠 동안 온갖 기사들을 분석했다. 매체 입맛에 맞을 만한 이슈를 찾았다.**

식당에서 만난 기자들 분위기는 심각했다. 주간 매체 특성상 기

거짓말하지 않고 회사를 구하는 방법

사는 상당히 아픈 생채기가 된다. 재무 개선에도 악영향이 뻔했다. 이런 상황 설명에 대해 다들 이해는 하지만 그냥 덮을 수는 없다는 태도였다. 그때, 준비해간 자료를 꺼내보았다. 막 이슈가 되기 시작한 사안인데 제대로 기사화가 되지 않은 싱싱한 아이템이었다. '나 같으면 이렇게 취재할 겁니다'며 힌트를 던지자 사람들 표정이 순식간에 바뀌었다. 일주일 여가 지나자 그때 모였던 기자들로부터 전화가 왔다.

"처음으로 단독 기사를 써서 보너스를 받았는데, 저녁을 한턱 낼게요."

그렇게 인연이 된 기자들은 그때 인정받은 실력으로 지금은 더 나은 무대에서 열심히 뛰고 있다. 뭘 주거나 짜르고 막기만 한다면 제대로 통할 수 없다. 답답한 심정 잠깐 들어 주는 것, 막무가내로 막기보다 **관심가질 만한 것을 찾고 노력하는 커뮤니케이션**이 오히려 힘은 더 크다.

취향 저격수가 돼라

사람과 사람이 만나서 차를 마시고 밥을 함께 먹고 술을 마시는 것은 언제나 필요하다. 늘 강조하는 것이 문자나 전화 통화를 여러 번 하는 것보다는 한번 보는 것이 낫고, 여러 번 만나는 것보다는 함께 먹는 것이 관계를 돈독히하는 데에는 훨씬 낫다는 것이다. 경험에 의하면 맛있는 음식처럼 사람과 사람이 처음 만났을 때 어색한 관계를 이완시켜주는 것도 없다. 거기에 술이라는 윤활유가 살짝 첨가되면 관계의 진전은 훨씬 빨라진다.

접대는 커뮤니케이션에 있어 상대방을 좀 더 잘 알고 가까워지기 위한 정성의 표현이자 부차적인 수단일 뿐이다. 주었다고 해서 되돌려받을 뭔가를 바라는 것이 아니라 상대방에 대한 관심의 표현이자 마음의 표식이다. 기왕이면 상대가 좋아하는 것으로 좀 더 분위기를 돋게 하는 것이다.

어떤 일을 할 때 사람들은 예비동작을 가진다. 그럴 때 그 사람의 성향과 기호가 드러난다. 스포츠 선수들의 경우 이런 것이 잘 드러나는데, 루틴이라고 한다. 예를 들어 야구선수 이치로는 타석에 들어서서 배트를 든 오른손을 투수 쪽으로 뻗고 왼손으로 오른쪽 어깨를 잡는 행위를 매번 보여준다. 매 타석마다 끊임없이 반복한다. 사실 그의 루틴은 여기에 그치지 않고 원정경기 전에는 페퍼로니 피자를 먹고, 자신만의 방식으로 스트레칭을 하고 타석에 들어가기 전에는 쪼그려 앉았다가 일어서서 플레이트로 들어서며, 덕아웃에 있을 때는 나무 막대로 발 마사지를 한다고 한다.

성향이 되는 사소한 루틴을 잘 살펴라

운동선수들만 그런 것이 아니라 모든 사람이 루틴을 가진다. 출근해서 컴퓨터를 켜고 화장실을 다녀와서 모닝커피를 마신다. 자리에 앉아서 업무를 위해 주변 정리를 하고 이메일을 확인하는 등의 정해진 순서대로 임한다. 아무것도 아닌 것 같지만 이런 루틴이 엉켜버리는 것을 꺼려한다. 그런 게 쌓여서 그 사람의 성향과 기호가 된다.

먹는 것, 입는 것, 일하는 방식을 포함해 사람들은 어디서나 자신의 방식을 원한다. 처음부터 이런 사소한 루틴은 눈에 잘 띄지 않는다. 적어도 어느 정도 관계가 지속되어야 보일 수 있다. 사람에 대해 잘 안다는 것은 이런 루틴을 잘 안다는 것일 수도 있다. 이런 루틴은 큰 일이 터져 급하게 만날 때는 잘 볼 수가 없다. 평소에 만나야 관찰이 가능하다. 우선은 관심 가지고 있는 분야에 대해 대화를 나누다보면 파악이 된다.

커뮤니케이션 업무 초기에는 늘 쇼핑백 한 가득 자료를 들고 다녔다. 누구를 만나게 될지 모르지만 만나는 사람마다 할 얘기도 많고 전달하고자 하는 자료도 많았다. 관련된 사업 배경, 히스토리를 얘기하면서 A4 수십장 분량의 제본 서너 권씩을 꺼내놓으면 기자들이라 해도 대부분 기겁을 했다. 소중히 자료를 받아간 기자는 몇 되지 않는 기억이다.

대부분의 사람들은 서너 권 분량의 자료를 몇 장에 축약해주기를 원했다. 그러면 사무실로 돌아와서 밤 늦게까지 추리고 추려서 자료를 만들었다. 그렇게 만들어진 서너 장의 자료를 들고 또 만나서 전달하려치면 바쁘다며 자료를 더 줄여달라고 했다. 그렇게 반복하다보니 나중엔 A4지 절반 정도의 분량까지 줄이기도 했다. 내용은 건더기 다 빠지고 당위론에 입각한 몇 마디가 전부였다. 그때는 그렇게 만나고자 하는 사람의 취향이나 성향을 몰라서 매번 그런 일을 반복했다. 수십 번 반복하고 나서야 겨우 터득했다. 정말 그 분야에 관심 가진 사람이 아닌 다음에야 몇 마디로 핵심적인 사안을 전달해야 한다는 것을 말이다.

나는 무척이나 재미 없는 사람이다. 주위에서 한결 같이 목석같은 사람이라고 하는가 하면 명절에 친척들이 모인 자리에서도 말을 좀처럼 하지 않았기에 사촌 매형은 중년이 된 지금까지 들었던 목소리 전부를 다 모아도 십 분이 안 될 정도라 놀려댄다. 하지

거짓말하지 않고 회사를 구하는 방법

만 재미있는 사람이 되는 순간이 있다. 기자들을 만나서 함께하는 시간이다. 오랜 동안의 커뮤니케이터 생활 중 기업인수, 합병, 계열사나 부동산 매각, 수많은 딜과 재무 이슈, 위기를 겪었다. 대검이나 법원 재판정 경험도 유달리 많았다.

사내 후배들에게 이야기한다면 아재가 하는 그렇고 그런 이야기라 치부하겠지만, 이런 경험이 재미가 되고 참고서가 되는 유일한 곳이 있다. 굳이 재미를 위하여 더하고 보태지 않아도 이야기 그대로가 관심이 되는 곳이 커뮤니케이션 분야다.

사람은 자신과 비슷하거나 연관된 것에 끌리게 된다. 관심을 두고 있는 것이 같으면 동질성을 느낀다. 우리 사회에서는 학연이나 지연이 큰 힘을 발휘하는 데 쉽게 접근할 수 있는 부분이라도 나는 처음부터 이런 호구조사 같은 문답은 가급적 피하라고 후배들에게 가르쳤다. **사람에게 먼저 집중해야 한다. 학연 지연은 그 다음이다.**

우선은 그 사람의 진면목을 봐야 한다. 겉으로 봐서는 알 수 없는 것들이다. 수수하게 매운탕을 좋아했던 어떤 선배는 스피드광에 개인적으로는 야한 소설을 쓰고 있었을 뿐만 아니라 국내에서는 손꼽히는 대중음악 전문가였다. 경제지에서 기업 커뮤니케이터들과 얽히고설킨 관계에서도 그가 관심 두고 있는 분야에 대한 얘기가 나올라치면 목소리가 반옥타브 정도 올라가곤 했다.

만나면 책 이야기가 대화의 대부분인 기자도 있었다. 얘기를 듣다보면 은근히 내가 딸린다는 느낌을 지울 수 없었다. 그뒤로 독서량을 엄청 늘렸다. 그리고 독후감을 쓰면서 책 내용을 곱씹었다.

그렇게 몇 년이 지나자 오히려 내게 이것저것 물어오기도 했다. 키도 덩치도 크지 않았지만 무술의 달인인 기자가 있었다. 어느 날 손목에 붕대를 감고 왔는데, 사람들은 넘어지거나 다친 것으로 알았지만 나는 운동 중 부상임을 직감했다. 카페인과는 담을 쌓고 지냈고 어느 순간 담배도 끊었다.

이직을 고민하는 기자들도 의외로 많았다. 가고 싶어하는 매체의 성향이나 분위기 그리고 기사의 기조가 대화의 주된 내용이었음은 물론이다. 또 인력이 필요해서 사람을 찾는 경우도 많아서 일단 경력 기자가 필요하면 나에게 먼저 연락을 해왔다. 새로운 프로젝트팀을 맡아 진행할 경우에도 수시로 상담을 했다. 여러 매체들에서 새로운 팀이 생기거나 사업부가 만들어졌을 때 알게 모르게 적잖은 조언을 하기도 했다.

커뮤니케이터 업무 초기에는 해야 할 회사 이야기와 자료에 대한 얘기가 다였다. 상대 눈치만 봐야 했는데 가까워지기가 쉽지 않았다. 그러다 언제부터인가 사람에게 집중하고 살피게 되었다. **회사 일로 만나기는 하지만 그 사람에 대해 아는 것이 중요했다.** 나의 이야기를 들려주면 자연히 그 사람의 이야기를 더 많이 듣게 된다. 내가 망가져야 그 사람도 긴장의 끈을 늦춘다.

마음의 문을 열고 그 사람을 온전히 받아들이고자 하는 마음이 있을 때 그 사람도 마음의 문을 열어서 나를 들여보내준다. 그래야 서로의 취향에 들어맞는 관계가 된다. 통하면 속내를 알 수도 있다. 자연히 회사 일도 따라오게 된다.

영업을 하든 커뮤니케이션을 하든 취향을 저격한다는 것은 식

거짓말하지 않고 회사를 구하는 방법

성과 기호에 맞는 것들을 찾아주는 것에만 그치지 않는다. 그런 계기로 마음을 열어 서로 통하게 되는 것이다. **취향을 저격하는 제대로 된 커뮤니케이션은 사람에 대한 관심에서 시작된다.** 온전히 받아들이고자 하는 진정성의 결과로 커뮤니케이션의 선순환이 이루어진다.

적절함이라는 이름의 베스트

"썰렁한 얘기 집어치우고, 그렇게 아이디어가 없나?"

주요 계열사 사장단과 그룹 고위 임원진들이 참석한 전략회의를 주재하던 회장이 질타의 목소리를 날렸다. 순간 모두가 움찔하면서 일제히 한 곳으로 눈길이 쏠렸다. 뭔가 기발한 아이디어를 얼른 제안해서 이 상황이 풀리기를 바라면서 말이다. 2010년 중반, 재무적으로 매우 힘든 상황이었지만 시장의 분위기를 전환시킬 뭔가를 할 수 있는 뾰족한 수가 필요했다. 새로 부임한 **최고경영자 취임에 즈음하여 대외적으로 회사의 의지를 보여주자는 차원에서 기자간담회를 계획했다.** 전문경영인 회장의 취임은 재계에서 극히 드문 일이었다. 다행히 제안이 받아들여졌고, 전체적인 계획을 발표하고 의논하는 자리였다.

거짓말하지 않고 회사를 구하는 방법

팀장 1인 대 임원 15인, 그래도 물러설 수 없었다

시내 호텔 중식당에서 진행하는 것까지는 반대 의견이 없었지만, 그 다음부터는 회의에 참석한 임원진들 입장에서 도저히 마음에 들지 않았던 모양이었다.

'호텔 입구에 대형 현수막을 걸어라'

'입구에 미모의 안내 요원들을 배치하라'

'행사 중간 중간에 여흥을 위한 이벤트를 진행하라'

'자구 계획안에 괜한 문제가 생기지 않게 비싼 재질의 인쇄물을 제작하라'

'진행자나 이벤트 요소로 연예인을 초대하라'

웬만한 큰 행사라면 그런 사안들이 자동 반영될 수도 있었다. 하지만 여러 악재에 시달리고 있던 당시의 회사 입장에서는 큰일 날 생각들이었다. 어려움 속에서도 자구안을 하나하나 실행해나가며 뭔가 하나라도 더 하겠다는 것을 알리는 자리였다. **힘들더라도 노력하는 모습과 진지한 입장을 전달하는 자리를 잔치판처럼 요란한 행사로 만들겠다는 것은 용납할 수 없었다.**

회의에 참석한 임원들은 '조금만 생각해도 기발한 아이디어들이 나올 텐데, 발표안은 너무 밋밋하고 흥미 없어 보인다'는 반응이었다. 마치 대외행사를 진행하자는데 정작 커뮤니케이션 팀장이 성의없는 플랜을 짜와서 발표한다고만 생각했던 것 같다.

행사는 분수에 맞고 메시지 위주의 자리가 되어야 한다는 전략적 취지를 아무리 설명해도 이해시키기 어려웠다. 화제가 될 만한 이벤트나 눈요기 거리들만 잔뜩 기대하는 사람들에게, 이벤트가 중요한 것이 아니라 회사의 진심을 전달하는 장을 마련해야 함을 단번에 이해시키는 데에는 한계가 있었다.

눈요기 감보다 제대로 된 메시지를 담아라

간담회에 직접 나서야 하는 회장 역시 사람들의 주목을 끌 수 있는 요소를 계속 언급했다. 화려하고, 유명인사를 동원하고, 눈요기 거리를 끼운 이런저런 제안이 하나씩 나올 때마다 나는 그것을 물리치기 위해 번번히 마른 침을 삼키고 살 떨리는 목소리로 거절할 수밖에 없었다.

"그것은 이번 행사의 성격과 맞지 않습니다."

"이벤트가 이번에는 부적절하니 제가 말씀드린 대로 해야 합니다."

회의가 진행될수록 참석했던 임원들은 좌불안석이었다. 테이블 건너편에 앉아 있던 부사장은 또 일어서려는 나를 향해 두 손바닥을 교차시켜 엑스자로 만들어 보여주며 고개를 가로저었다. 그렇다고 물러설 수 없었다. 자칫 말도 안 되는 제안을 하나라도 수용하게 된다면 행사를 안 하느니만 못하기에 필사적으로 맞섰다. 모양새가 일개 팀장이 그룹 회장을 비롯해 사장, 부사장, 임원들이 제안하는 아이디어를 모두 거절하는 꼴이었다. **결국 회장이 화가 나서 말을 뱉었다.**

거짓말하지 않고 회사를 구하는 방법

"그럼 뭘 하자는 거야?"

"자구계획안을 열심히 추진해나가겠다는 의지만 보여주시면 됩니다."

"그래, 그걸 현수막에 새겨서 밖에다가 잘 보이게 걸면 되잖아."

"그런 의미가 아니라 최고경영자의 말씀을 통해 보여주셔야 합니다."

"그걸 어떻게 하자는 것인가? 내가 연기자라도 되어야 한다는 것인가? **그러니깐 아이디어가 없다는 거야.** 의지를 보여줄 수 있도록 프로그램을 만들어야지 나한테 연기를 하라는 것이 말이 돼?"

회의가 겉돌았다. 행사의 핵심은 회장의 의지를 어필하는 것이었고, 그건 물질적인 것이 아니라 어쩌면 감성적인 면을 살짝 건드리는 정서적인 문제일 수도 있었다. 이해하려 하지 않는, 나이 많고, 고집 세고, 지위 높은 여러 사람들을 설득시키기가 좀처럼 쉽지 않았다.

"뭔가 재미라도 줘야 하잖아?"

"이런 자리에서 재미는 안 됩니다. 처음부터 끝까지 진지하게 가야 합니다."

"재미도 없고, 눈요기도 없고, 주는 것도 없이, 그럼 남는 게 뭐야?"

"제대로 열심히 할 것 같다는 느낌입니다. 결국 기억하는 것은 회장님의 진정성 있는 의지가 될 것입니다."

"허허, 이 사람 참….".

그때 의류 계열사 대표로 있다가 그룹본부로 왔던 부사장이 사태를 무마시키기 위해 제안을 하나 하고 나섰다.

"의류 신제품 발표행사 때, 러시아 미녀를 동원했었는데, 반응이 좋았고, 신제품을 선물로 주니 좋아했습니다. 이런 아이디어들을 사용해서 행사를 잘 진행하겠습니다."

무거웠던 회의 분위기가 '미녀' 얘기에 다시 활기가 올라왔다. 그때까지 목숨 걸고 거절해나갔던 사안들이 물거품이 되어버릴 만한 상황이었다. 회장이 화도 내고 했지만 결론은 '원점에서 다시 생각해!'였다. 그리고 '아이디어가 없으면 외부 행사 전문 대행사에게 맡길 것!'이 주문이었다.

그 이후 보름 동안 임원들과 싸워나가야 했다. 일일이 찾아 다니며 설득하고 부딪혔다. **심지어 부사장이 10가지에 이르는 많은 아이디어를 제안했는데, 일개 팀장인 내가 모두 거절했다.** 그러자 "어째서 제안을 모두 무시하지? 단 하나라도 좀 신중하게 고려해봐."라고 사정도 했다.

결국 내가 의도한 대로 모든 것을 진행했다. 당일 행사장에서 내가 주문한 대로 회장은 자켓을 벗어서 분위기를 이끌어내고, 다시금 힘주어 얘기를 하는 타이밍에서는 자연스럽지는 않았지만 소매를 좀 만지기도 했다. 처음부터 끝까지 물 흐르듯 행사가 진행 되었고, 행사에 참여한 많은 기자들이 행사가 잘 됐다고 입을 모았다. 방송카메라도 여러 대 동원됐다. 무엇보다 그날 팬택의 휴대폰 신제품 발표 행사와도 겹쳤음에도 그쪽보다 더 많은 기자들이 참석했고 수확도 컸다.

행사가 끝나고 난 뒤에야 후배들과 식당 한쪽 구석에서 짜장면으로 요기를 했다. 회사로 돌아온 때가 3시 즈음이었고, 기사 검색 결과는 대성공이었다. **행사는 검소했다. 하지만 손님들에게는 최대한 정중했고, 화려한 인쇄물은 아니었지만 내용이 깔끔하게 정리된 자료도 있었다.** 중간 중간 농담을 주고 받는 등 분위기도 좋았고, 경영진이 보여준 진정 어린 의지가 순식간에 수십 개의 긍정적인 기사로 나타났다.

그날 오후 부사장이 불러서 올라갔다.

"회장님이 수고했다는 말씀 전하라 하셨다. 고생했다. 식사 한 번 하자."

피로가 순식간에 풀리는 순간이었다. 함께 고생한 후배들이 목 빠지게 기다리고 있던 사무실로 돌아왔다. 돼지갈비에 소주라도 한잔 하면서 치하해줄 필요가 있었다. 하지만 의문은 그대로였다.

'과연 그 행사가 그렇게 진행되어야만 했음을 제대로 이해는 하셨을까?'

유능한 커뮤니케이션 담당들은 아무리 회사에서 오해를 받거나 욕을 먹더라도 감정대로 일하지는 않는다. 회사 내에서 뒷받침이 없거나 경영진들의 일거수일투족 간섭에 묶여버린다 하더라도 전체 입장을 생각하면서 행동한다. 커뮤니케이터는 경영자의 마음으로 일을 한다. 누구나 아는 번쩍번쩍 화려한 그런 것을 몰라서가 아니라 처한 상황에 맞추어 가장 적절하게 진행하는 것이 베스트이기 때문이다.

'이 일 누가 하지?' 궁금하면 커뮤니케이터로

어떤 프로젝트든 판을 제대로 짜서 끌어나가는 조직은 커뮤니케이션도 다르다. 작은 일도 명분을 가지고 시장과 대화한다. 명분이 합당하다고 여겨졌을 때 사람들의 지지를 이끌어낼 수 있고 그렇게 얻어낸 지지가 일의 추동력이 된다.

겉으로 봐서는 진면목을 알아챌 수가 없다. 재계의 판도가 어떻게 흘러가는지, 모범 답안이 될 만한 다른 사례는 어떤지, 내부 임직원의 생각은 어떤지, 바깥 사람들의 시각은 어떤지, 언론은 어떤 태도인지, 그리고 반대편에 있는 사람들은 어떤 생각을 가지고 있는지 늘 살핀다.

조금이라도 일에 영향을 줄 수 있을 만한 사안이라면 크고 작음을 가리지 않고 달려들어 파악한다. 때로는 숨기고 때로는 밝히

거짓말하지 않고 회사를 구하는 방법

고 그러기 위해 안에서는 수많은 자료들을 쥐어짜내고 작성한다. 하루 하루는 크게 달라지지 않으나 3개월, 6개월, 1년 정도 쌓이면 국면이 바뀐다. 전혀 움직일 것 같지 않은 무거운 추를 끊임없이 밀어서 움직이는 것과 같다. 전혀 흔들릴 것 같지 않던 그 추가 나중엔 오히려 힘이 된다.

커뮤니케이션, 명분, 그리고 지지

세일즈 마케팅에서 전설처럼 전해 내려오는 이야기가 있다. 일본의 어느 전설적인 세일즈맨이 은퇴하는 행사가 있었다. 참석한 모든 사람들은 특별해 보이지 않는 그가 어떻게 기록적인 세일즈 업적을 남길 수 있었는지 궁금했다. 행사 말미에 주인공의 인사가 끝나자 사회자가 궁금한 사항이 있으면 질문해달라고 했다. 청중들이 기다렸다는 듯 어떻게 그런 세일즈가 가능할 수 있었는지 비결을 물었다. 그만의 비법을 전수 받기 위해서였다.

준비라도 한 듯 한쪽 옆에서 궁금증을 자아내던 아주 무거운 추가 달린 장치가 무대 중앙으로 옮겨졌다. 사람이 밀어서는 결코 꿈쩍하지 않을 것 같은 추 앞에 주인공이 섰다. 있는 힘을 다해 추를 밀었다. 꿈쩍하지 않았다. 청중들이 의아해 하는 가운데 계속 지켜봤지만 무대 위에선 아무 움직임도 변화도 없었다. 지루해 하던 청중들로부터 '힘든데 그만두라'는 말이 나왔다. 아랑곳하지 않고 노년의 주인공은 추를 움직이기 위해 계속 비지땀을 흘렸다. '저렇게 약한 힘으로 밀어봐야 움직이겠어?' 하는 불평이 쏟아져

나올 즈음, 추가 약하게나마 움직이기 시작했다.

조금씩 반동의 힘을 이용해서 주인공은 변함없이 최선을 다했고, 점차 진폭이 커지더니 한참 뒤에는 추가 힘차게 움직였다. 주인공은 추에서 멀리 떨어지지 않고 적당한 거리를 유지하며 자기 쪽으로 왔다가 돌아가는 추에 슬쩍 슬쩍 힘을 실었다. 그제서야 청중들은 박수갈채를 보내기 시작했다. 이윽고 주인공이 마이크를 잡았다.

"지금 세차게 움직이는 추를 보고 처음에는 다들 안 된다고만 했습니다. 그런 말을 듣고 멈췄다면 결코 추를 움직이게 할 수 없었을 것입니다. 온 힘을 다해 끊임없이 최선을 다하면 결과는 나타납니다."

시장의 반응도 마찬가지다. 웬만한 사안의 경우 내부에서 제법 타당할 것으로 생각했는데, 제3자의 시각에서 봤을 때는 씨알도 먹히지 않는 경우가 있다. 그렇다고 내세운 메시지를 뒤집거나 거둬들일 수는 없는 노릇이다. 그럴 경우일수록 커뮤니케이션을 더해 나가야 한다. **작은 반응이라도 쌓이면 커다란 명분이 된다.**

커뮤니케이터, 기업 업무 전반의 해결사

대기업의 경우 커뮤니케이션 업무도 잘게 쪼개서 각 분야별로 전문가급 직원들이 담당한다. 대외 커뮤니케이션이 있고 대내 커뮤니케이션도 있다. 사내 방송국을 운영하기도 하고 웹진을 발행하면서 기업문화도 이끌어나간다. 대외 커뮤니케이션에서도 방송, 온라인, 지면, SNS 활용 등으로 특화해서 각각 성격이 다른 매체들에 집중한다.

외부로 알려야 하는 뉴스들이 늘 있고, 국민적인 관심을 항상 받고 있기 때문에 기업의 일거수일투족이 커다란 관심거리가 되고 뉴스가 된다. 그런 기업은 이미 기업문화와 커뮤니케이션의 중요성에 대해서는 공감대가 충분히 형성되어 있기 때문에 그 자체가 선망의 대상이 된다.

반면 규모가 작은 기업으로 갈수록 커뮤니케이터의 입지는 모호해진다. 하루하루 연명이 급급한 가난한 가정살림에서 문화생활을 논하기 힘들듯이 작고 어려운 기업일수록 명분과 커뮤니케이션보다 눈 앞의 생존이 더 급할 수밖에 없다. 그런 기업의 경우 필요에 따라 결정했다가 번복할 수도 있고, 나아갔다가 되돌아서게 되는 경우도 많다.

커뮤니케이터는 전반적 일들을 모두 처리해야 하는데 딱히 업무의 선을 긋기가 애매하다. 사회공헌사업, 홈페이지, 브로셔, 카다로그, 기념품 등 신경 쓰지 않는 곳이 없다. 그러다보니 조직 내 여기저기서 업무 성격이 좀 애매하다 싶으면 커뮤니케이션 담당에게 들고오는 경우가 허다하다. 위로는 경영진부터 인접 부서원들에 이르기까지 난제다 싶고 업무 성격이 애매해서 종잡을 수 없을 때면 가장 먼저 찾는 곳이 커뮤니케이션 팀이다.

얼마전 일본의 벤츠자동차 매장에서 '라멘'을 팔기 시작했다는 기사를 봤다. 벤츠가 일본에서는 너무 비싼 자동차라는 이미지가 굳어진 나머지 요즘처럼 자동차에 무관심한 젊은 층은 파고들 수가 없었다. 서민적 이미지를 대표하는 '라멘'을 앞세우며, '자동차에 관심없는 사람도 라멘을 먹으러 오기를 바란다'는 메시지를 전했다. 이 전략은 즉각적으로 일본 누리꾼 사이에서 화제가 되었고, 우리나라 언론에도 소개됐다.

벤츠와 라멘은 전혀 동떨어진 것이고 처음에 이 둘을 어떻게 연결시킬 생각을 하게 되었을까 궁금했다. 지금은 벤츠가 왜 매장에서 라멘을 팔겠다고 했는지는 충분히 짐작하고도 남는다. 아마도 라멘을 파는 아이디어부터 이런 뉴스가 바다 건너 우리나라에 알려지기까지 복잡다단한 일들을 커뮤니케이터가 진행하지 않았을까 싶다. 물론 인테리어며 라멘을 끓여서 손님들에게 제공하는 일들을 커뮤니케이터가 직접 하지는 않겠지만 말이다.

앞에서 커뮤니케이션을 짝사랑에 비유했다. 사랑하는 사람의 마음에 들기 위해 할 일이 무엇이 있을까? 머릿속으로는 여러 생각이 들지만 딱히 무엇 무엇이 대표적인 것인지는 좀처럼 감을 잡기 힘들다. 기업이 일을 해나가면서 명분을 쌓고 시장과 여론이 내 편이 되어 지지해주기를 바라는 마음이 있을 때 머릿속에 떠오르는 수많은 일들, 그 모두가 커뮤니케이터의 일이다.

攻心爲上 攻城爲下, 결론은 사람

공심위상 공성위하(攻心爲上 攻城爲下) 심전위상 병전위하(心戰爲上 兵戰爲下)라는 말이 있다. 마음을 공략하는 것이 상책이고 성을 공격하는 것은 하책이다. **심리전이 상책이고 군대를 동원하는 전쟁은 하책이라는 의미이다.** 사실 인간의 모든 행위가 마음이 동반되지 않는다면 진실한 행위라 할 수 없다. 회사 일도 마찬가지여서 시켜서 하는 일과 우러나서 열과 성을 다하는 경우의 차이는 너무나 극명하다.

직원들의 주인 의식을 투철하게 하고 싶다면 먼저 회사가 직원들에게 주인 대접을 해주면 된다. 미국의 인사관리 전문 컨설팅 회사 에이온휴잇은 직원들에게 주인 대접을 하기 위해 가장 먼저 '정보를 공개하라'고 권한다. 주요 관리지표를 비롯한 모든 경영

정보를 직원들과 과감하게 공유하는 것이다. 자기 집 재산과 운영 상태를 모른다면 주인이라 할 수 없다.

'외부의 적' 아닌 '내부의 적' 때문에 망한다

아놀드 토인비는 '그 어떤 외부의 도전도 내부적으로 강하면 물리칠 수 있다'고 말했다. 역사를 돌이켜보면 수많은 나라가 망했다. 그런데 그 원인은 한결같다. 바로 '내부의 적' 때문이다. 기업도 다르지 않다. 내부의 적은 잘 보이지도 않고 알아도 대응하기 쉽지 않다. CEO 자신도 내부의 적이 될 수 있다. 그 모든 것이 커뮤니케이션에 좌우된다.

사람의 마음을 얻는 것이 최고의 처세술이라고 하는데 그 기본 원리는 '지극함'에 있다. 지극한 커뮤니케이션을 아무나 하지는 못한다. 천금매골(千金買骨)이라는 고사에서 지극함을 볼 수 있다. **천금을 주고 뼈를 산다**는 뜻이다. 옛날 중국의 어떤 왕이 천리마를 좋아했지만 구할 수가 없었다. 천금을 주고라도 사고 싶은데, 몇 년 동안 구할 수가 없었다. 신하 중 한 사람이 천리마를 구해오겠다고 나섰고, 왕은 천금을 주었다.

천리마를 찾아 헤매던 신하는 어찌어찌 천리마 소식을 듣긴 했는데, 당도 했을 때는 이미 말이 죽은 뒤였다. 신하는 죽은 말 머리를 오백금을 주고 샀다. 왕은 죽은 말에 노발대발했다. 하지만 신하는 '좋은 말이라면 죽은 말도 이렇게 거금을 주고 사는데, 살아 있는 말은 오죽할까'하고 소문이 날 것이니, 머지 않아 사람들이 천리마를 팔려고 몰려들 것이라 말했다. 결국 신하 말대로 1년이 지나기도 전에 왕은 천리마 세 필을 구할 수 있었다.

중국 전국시대 때 연나라 곽외가 소왕에게 해준 이야기에 불과하다. 혼미했던 정국을 극복하기 위해서는 인재가 필요했다. '자신을 죽은 말로 사용하라'는 곽외의 말을 듣고 소왕은 인재를 얻고자 진정 노력했다. 덕분에 뛰어난 인재들이 대거 몰려들었고, 얼마 뒤 연나라는 황금기를 누렸다. 결국 사람이 제일이고 인사가 만사라는 결론이다.

어려운 일이지만, 사람의 마음을 얻어야 한다

젊은 시절부터 해외투자 사업에 깊숙이 참여하여 1990년대 초 중국 진출 사업부터 아프리카에 제조법인을 세우는 데 관여를 했고 그뒤 그룹 기획을 담당했던 선배가 있었다. 인사, 총무, 관리 분야도 담당하다가, 한동안은 커뮤니케이션도 맡았다. 항상 열의를 가지고 최선을 다하는 그 모습은 후배들의 귀감이었다.

그런데 나중에 선배가 털어놨던 이야기는 의외였다. 맡았던 여러 업무들 가운데 가장 힘들었던 것이 바로 커뮤니케이션이었다는 것. 기업 내 웬만한 것들은 정량적 예측과 평가가 가능한데, **커뮤니케이션은 정량적인 것들과는 너무나 판이**하고 오로지 지극함을 무기로 관계가 바탕이 되어야 했기 때문이었다.

옆 동료들 마음을 얻기도 쉽지 않은 법이다. 하물며 바깥에서 회사를 날카로운 시선으로 지켜보는 사람의 마음을 얻는 것은 밑도 끝도 없고 방법도 딱히 없어보였다고 했다. 불편한 마음을 감추고 밥도 먹고 술을 마셔야 할 때도 많았고, 부담되는 사안에 대한 의논도 해야 했다. 말도 안 되는 상황이라도 해결하기 위해 동분서주하고 밤을 낮 삼아 뛰어다녀야 했다. 선배가 첫 손가락에 꼽은 커뮤니케이터의 어려움이 바로 그 점이다.

중국 전국시대에 유명한 '전국사군' 중에 신릉군(信陵君) 무기(無忌)라는 사람이 있었다. 인재를 귀하게 대한다는 소문이 퍼져서 식객이 3,000명이 넘었다. 그럼에도 인재가 있다면 지위고하를 막론하고 직접 모시기를 주저하지 않았다. 후영(侯嬴)이라는 미천한 성문지기를 모시기 위해 지극정성을 다한 이야기가 널리 회자된다. 신릉군은 후영에 대해 얘기를 듣고 많은 재물을 보냈는데, 후영은 이를 단박에 거절했다. 그러자 무기는 사람들을 초대해 연회를 열고자 했다. 후영을 제일 상석으로 모시기 위함이었다. 그리고 신릉군은 후영을 직접 모셔오기 위해 길을 나섰다.

후영은 위나라 수도 대양의 초라한 성문지기에 불과했다. 나이 70세의 가난하고 남루한 늙은이였지만 신릉군은 예를 갖춰 몇 번이나 간청했다. 마지못해 응한 후영을 신릉군은 수레의 상석으로 모셨다. 그러다 후영이 신릉군의 됨됨이를 테스트 할 요량으로 저잣거리의 푸줏간으로 데리고 가 고기를 썰고 있던 푸줏간 주인 주해(朱亥)에게 인사를 시켰다. 신릉군은 역시 후영과 같이 예를 갖춰 대하고 함께 모셨다.

기다리던 사람들은 한 사람은 볼품없이 늙은 성문지기요, 또 한 사람은 남루한 차림의 푸줏간 주인이라 실망을 금치 못했다. 실망하는 사람들 앞에서 후영은 말했다.

"나, 후영은 성문지기 늙은이입니다. 신릉군 공자께서 자주 찾아주셨지만 나이나 처지가 어울리지 않다고 생각해 사양하고 가까이하지 않았습니다. 오늘도 과분하다는 생각에 아니 오려고 했는데, 공자께서 직접 수레를 몰고 왔기에 저잣거리에서 푸줏간을 하는 이 젊은 친구와 함께 오게 됐습니다. 또, 상석에 앉은 것은 이 늙은이의 염치없는 태도가 두드러질수록 예로써 지극함을 다하는 공자의 사람됨을 더 잘 알려줄 수 있기 때문입니다."

모든 사람들은 공감해하며 박수를 쳤다. 결국 신릉군의 사람에 대한 지극함은 자신에게도 돌아왔다. 후영과 주해는 목숨을 잃을 위기에서 신릉군을 구해주기도 하는 등 많은 도움을 주게 된다.

사람을 얻기란 쉽지 않다. 예전 어느 기자가 미국 실리콘밸리의 한 CEO와의 인터뷰 이야기를 해준 적이 있었다. 그런데 기억에 남는 것은 그 회사나 인터뷰 내용이 아니라 당시의 에피소드뿐이었다. 마침 식사 때라 구내 카페테리아에서 인터뷰를 이어가고 있었다. 여직원이 밀고 가던 식판과 포크 나이프들을 잔뜩 실은 카트가 하필이면 인터뷰 중인 두 사람 근처에서 넘어졌다.

"와장창"하는 소리와 함께 넘어진 카트에서 접시며 식기들이 쏟아지고 깨졌다. 관리매니저와 직원들이 황급히 달려와 주변을 정리했는데, 기자 앞에 앉아 있던 CEO는 그 큰 소동에도 놀라는 기색 한번 내비치지 않았다. 그 쪽으로 눈길 한 번 주지 않고 기자에게만 집중했다고 했다. 곁눈질로 흘깃 바라보던 기자도 자기만 바라보는 CEO에게만 집중할 수밖에 없었다. 인터뷰를 끝내고 나오면서 농담조로 소동이 일어난 것을 듣지 못했는지 물었는데, 대답이 의외였다.

"사람은 누구나 실수할 수 있습니다. 사실 저도 놀랐지만 티 내지 않았을 뿐입니다. 만일 제가 고개를 돌려 바라봤다면, 그 파트타임 여직원은 해고될 것이 뻔했습니다."

기자는 그 회사에서 눈 여겨볼 만한 실적과 외형 성장세 등 여러 가지가 있었지만 가장 인상 깊었던 점은 CEO가 직원들을 배려하는 마음이라 생각했다. 순간적으로 벌어진 소음과 소동에도 CEO는 직원을 생각하고 있었다는 거였다. 그뒤 기자가 작성한 기사의 내용과 톤이 어떠했으리라는 것은 두말할 필요도 없다.

말을 하기는 쉽다. 그리고 한두 번 정도 남의 환심을 사기 위해 환대를 하거나 배려하는 모습을 보이는 정도는 어렵지 않다. 하지만 진정 사람의 마음을 얻기 위해 십 년 이십 년 한결같은 모습을 보이기는 쉽지 않다. **한결같은 지극함**, 진정한 커뮤니케이션의 자세다.

거짓말하지 않고 회사를 구하는 방법

Good Company로 가는 마지막 비상구

기업인들이 착각하는 것이 여럿 있다. **'제품의 품질이 우수하면 당연히 1등 기업이 된다.'** 품질이 우수하지 못하면 좋은 기업이 될 수 없는 것은 당연하지만, 제품이나 서비스의 품질이 우수하다고 모든 기업이 다 최고의 기업이 될 수는 없다. 품질에 신경 쓰지 않는 기업은 없다. 적은 비용으로 고품질을 담보할 수 있는 길이 곧 회사가 성장하는 지름길이다. 기업은 품질에 목숨을 걸고 있고 우수한 품질은 당연한 자랑거리다. 그렇다고 모두가 1등이 될 수는 없다. 우수한 품질도 회사 문 밖에 나가면 당연지사가 되어버린다. 품질은 우수한 기업으로 가는 첫째 관문이다.

'연봉만 많이 주면 인재들이 몰려들 것이다?' 직장인이 회사에서 보내는 시간은 잠자는 8시간을 제외한 16시간 중 10

시간 정도지만 출퇴근까지 합치면 족히 13시간 정도는 된다. 거기서 끝이 아니라 회식이나 접대, 모임 시간을 합치면 14시간 정도는 회사와 관련해 보내는 셈이다. 깨어 있는 시간 중 겨우 1~2시간 정도가 가족과 보내는 시간인데 이마저도 머릿속에서 회사 일을 지우기 쉽지 않다.

2015년 가을 '저녁이 있는 삶'을 위해 9급 공무원시험에 응시했던 한 서울대 학생의 글이 화제가 된 적이 있었다. 누리꾼들은 '학벌이 아깝다'와 '소신 있는 선택' 두 진영에서 열띤 논쟁이 있었다. 높은 연봉 대신 자신을 위한 시간적인 여유를 생각하며 소신 있는 선택을 하는 사람들이 늘고 있다. 돈도 중요하지만 살면서 뭔가 더 가치 있는 것을 찾는 인재들이 늘고 있다. 경험에 의하면 승진과 연봉 인상이 긍정적인 삶의 자극제가 되기는 하지만 유효한 기간은 겨우 3개월 길어야 6개월이 넘지 않는다.

우리 회사 큰 일이 아닌 언론이 보기에 큰 일이 뉴스다

'**서비스가 좋으면 고객은 항상 만족할 것이다.**' 욕쟁이 할머니집으로 유명한 식당들이 몇 곳 있다. 눈에 보이는 서비스 측면에서는 완전 꽝이다. 하지만 손님들은 오히려 정감을 느끼고 또 찾는다. 반면 어떤 곳은 깔끔한 인테리어와 직원들의 친절이 몸에 밴 듯한데도 고객들이 까칠한 날을 세우는 곳이 있다. 고객은 어디에 빈틈이 있는지 돋보기라도 들이대는 식으로 부족한 뭔가를 자꾸 찾으려 한다.

거짓말하지 않고 회사를 구하는 방법

우리나라 전자제품이나 IT 관련 문제가 생겼을 때 즉각 대응하는 것을 보면 신기할 정도로 빠른 대응과 서비스에 감탄하게 된다. 그래서인지 고객의 눈높이는 더 높아져만 간다. 더 나은 서비스를 제공하고 있음에도 높아진 고객의 기대치에 어떻게 해야 부합될지 갈수록 힘든 상황이다. 고객 감동을 넘어 고객 졸도를 외치기도 했다. 대체 얼마만큼 감동해야 졸도할까? 해외에 나가본 뒤에야 우리 수준을 체감하게 된다.

'우리 회사에 큰 일이라면 미디어는 항상 준비되어 있다.' 매일같이 기업 뉴스가 엄청나게 쏟아진다. 큰 기업일수록 뉴스 비중이 높을 것 같은데 꼭 그렇지는 않다. 어떤 기업은 매출이 두 배가 뛰어도 조그맣게 다뤄지는데 비해 다른 기업은 보잘것 없는 증가에도 대서특필되는 경우가 있다. 누구나 자신이 몸 담고 있는 곳이 제일 중요하기에 미디어도 그렇게 생각해줄 것이라는 생각은 오산이다.

보도된 뉴스는 관계에 기초한 커뮤니케이션의 결과이자 매체에서 판단한 가치의 소산이다. 우리 회사에서 이렇게 큰 일을 했으니 당신들은 당연히 보도해야 한다는 식의 접근은 오히려 커뮤니케이션을 가로막게 된다. 기업이 어느 정도 단계에 이르면 관계부터 형성해나가야 한다. 언론도 생소한 곳은 취재가 쉽지 않다. 기업이 해야 하는 중요한 일 중의 하나가 이런 관계를 위해서 평소에 투자하는 것이다.

커뮤니케이션 없는 비전과 미션은 무용지물

기업들은 저마다 멋진 비전을 가지고 있다. 거창한 구호나 문구를 큼지막하게 걸어놓고 있을 뿐만 아니라 이런 문구를 선정하고 공유하는 데에 상당한 공을 들인다. 대규모 행사와 퍼포먼스를 겸하기도 한다. 비전, 미션, 행동강령, 중점 추진 과제 등 그럴싸한 말로 포장해서 직원들에게 주입시키고 때로는 강요도 한다.

어떤 비전을 정하느냐보다 더 중요한 것은 비전을 어떻게 공유하고 어떤 일관된 커뮤니케이션을 해나가는가이다. 초등학교 시절부터 대학교, 군대, 직장에 이르기까지 항상 우리의 머리 위에는 뭔가 구호들이 적혀 있었다. **교훈, 사훈, 급훈의 형태로 딱딱하고 비장한 투의 문구가 앞에 있었지만 지금 제대로 기억나는 것은 없다.** 대부분 거기서 거기인데다 '그래서 나는 무엇을 해야 하지?'가 빠져 있었다. 머나먼 목표만 제시했을 뿐 누구와 함께 가거나 어떻게 갈지에 대한 커뮤니케이션은 없었다.

멋진 말들의 향연을 보면 어떤 기업이 더 멋진 말을 만들어내는지 경쟁이라도 하는 것 같다. '세계' '인류' '국가' '공동체' '발전' '성장' '도약' '가족' 등 웬만한 기업 치고 인류를 위해 일하지 않는 회사가 없고, 봉사하고 희생하지 않는 기업이 없다. 정작 조직 구성원 개개인은 이를 위해 무엇을 해야 하는지에 대해 들은 바 없고 아는 바도 없다. 현실은 그저 시키는 일에 치여 살 뿐이다.

조직 내 외부에서 우리가 직면하고 있는 대부분의 장벽은 물리적 장벽이 아니라 심리적 장벽이다. 변화와 혁신이 어려운 이유도

'나의 업무와 나의 생활과 무슨 관련이 있으며, 내가 뭘 해야 할지'에 대한 커뮤니케이션이 부재한 탓이다. 모든 것이 몇몇 담당자의 키보드 위에서만 살아움직이는 변화와 혁신이 되어버린다. 메마른 보고서 활자로만 명맥을 유지한다.

'대우받고 싶은 만큼 고객을 대우하라!' 아마 회사가 이런 업무 원칙을 정해 놓았다면 4지 선답형에 능한 우리나라 사람들은 어리둥절할 것이다. 사우스웨스트 항공사의 고객 응대원칙이다. 땅콩 봉지를 까서 접시에 담아주는 것까지 세세하게 규정해 놓지 않아도 고객의 니즈를 파악해서 맞는 서비스를 제공함으로써 고객만족을 확대하면 기업 성장으로 이어진다.

'기본 원칙 1. 모든 상황에서 최고의 판단을 내리시오. 더 이상의 원칙은 없습니다.' 이 핵심 가치도 낯설기는 마찬가지다. '쇼핑의 블랙홀'로 불리는 노드스트롬백화점의 원칙이다. 이외 다른 규정은 없다. 노드스트롬에서 전설 같이 전해오는 이야기는 너무 많다. 타이어를 팔지 않는데 타이어를 반품하러 온 고객에게 환불해준 직원 이야기가 대표적이다. 노드스트롬이 인수한 업체 중에 타이어판매점이 있었다. 세일이 끝난 다음날 재고가 없던 고가의 바지를 세일가격으로 사고 싶어한 고객에게 길 건너 경쟁사 백화점에서 정가로 사서 세일가격으로 판매한 사례도 너무나 유명하다.

죽어가던 JAL이 부활한 것도 커뮤니케이션 덕분

적자를 거듭하여 회생이 불가능해 보였던 일본의 한 회사가 있었다. 새로운 수장이 온 뒤로 회사가 조금씩 바뀌더니 몇 년 지나지 않아 완전히 회복하고 오히려 수익성 높은 회사로 변모했다. 아시아 최대 항공사로 명성을 날렸던 JAL 얘기다. 누적적자에 허덕이다가 2010년 1월 법정관리 신청 밖에 길이 없었다. 이런 JAL에 구원투수로 등장한 이가 바로 교세라의 창업자이며 '경영의 구루'라고 칭송받는 이나모리 가즈오 회장이었다.

그가 맡은 지 3년만에 JAL은 부활했다. 운이 좋아서도 아니요 매사가 쉽게 풀려서도 아니다. 카르마경영, 아메바경영, 숫자와 책임경영을 강조하던 그였기에 JAL도 마찬가지였다. 전체 4만8천여 명의 직원들 중 30%가 넘는 1만6천 명의 구조조정을 1년만에 끝냈다. JAL의 직원 성향이 온순해서 시키는 대로 했을까? 당시 JAL은 정년 퇴직한 스튜어디스에게도 500만원이 넘는 연금을 지급해온 강성노조의 기업이었다.

그런 JAL이었지만 자신은 연봉도 월급도 없이 '대선(大善)은 비정(非情)'이라면서 **'회사를 다시 태어나게 하고 싶으니, JAL을 사랑한다면 후배들에게 자리를 내주시오.'** 라며 설득 또 설득하며 구조조정을 진두지휘했다. 이것이 커뮤니케이션이다. 그렇게 인적, 물적 구조조정을 마친 뒤인 2012년 3월 결산 결과 2조2천억원이라는 사상최대의 영업이익을 올리게 된다.

'인류와 세계를 위해, 희생과 발전과 성장과 공영을 약속'하는

거짓말하지 않고 회사를 구하는 방법

수많은 기업에서 근무하고 있는 일반 직원들에게는 이런 주장은 사실 꿈 같은 얘기다. **세상은 머리 좋은 사람들의 현학적이고 추상적인 말장난을 통해 변화하는 것이 아니다.** 변화는 우직하게 손발을 움직이는 사람들이 만들어간다. 그 변화는 커뮤니케이션이 바탕이 되어야 이루어진다. 여론을 움직이는 것도, 기업 매출로 연결될 수 있도록 내부 직원을 움직이게 하는 것도 바로 커뮤니케이션이다.

'생각은 내가 할 테니, 당신은 시키는 대로만 하시오'라고 하는 사람이 많다. 커뮤니케이션하자는 것이 아니라 오히려 장벽을 쌓는 것이다. 생각은 산더미처럼 해놓고 손톱 만한 행동도 보이지 않는다면 이 또한 무의미하다. 변화는 실천으로 시작해서 실천으로 끝난다. 실천을 이끌어 내는 힘은 커뮤니케이션에 있다.

잡은 물고기, 밥은 왜 주냐고?

예전엔 기차역이나 버스터미널 근처에 있는 식당은 그 지역의 알
만한 사람들은 잘 찾지 않았다. 기차나 버스 시간이 급한 사람들
이 한끼 대충 때우고 가는 곳이라는 인식이 있었기 때문이다. 음
식이 맛이 있든 없든 먹고 가버리면 언제 다시 올지 모를 고객이
대부분이라 서비스도 그렇고 맛도 기대할 바가 못 되었다. 그래서
식사 때면 일부러 한두 블럭 이상 멀리 떨어진 곳에 가서 밥을 먹
곤 했다.

　부모 세대들은 장거리 여행에서 고속도로 휴게소 같은 곳에서
도 밥을 사먹는 일이 잘 없었다. 온통 뜨내기 손님뿐인 곳에서 어
떻게 음식을 만드는지 신뢰할 수 없었기에 굳이 도시락을 싸 다니
기도 했다. 명절이나 휴가철에는 유명 관광지일수록 식사가 형편

없었다. 식당이나 고객이나 이번에 왔다가면 언제 다시 올까 하는 마음에 대충대충 음식을 내놨고, 손님들도 응당 그러려니 했다.

요즘은 달라졌다. 전국이 반나절 생활권이 됐고 사람들의 이동이 잦아지기도 했을 뿐만 아니라 SNS의 발달로 한번 찍힌 식당은 살아남기 힘든 시절이다. 상인들의 의식도 예전과 달리 성숙해졌다. 처음 방문한 고객을 충성고객으로 만들고자 하는 정성이다. 예전엔 한번 잡은 물고기 밥은 왜 주냐는 식이었다면 **지금은 잡은 물고기일수록 정성을 다해야 한다**는 식이다. 잡은 물고기가 나가서 다른 물고기를 데리고 오도록 해야 사업이 번창하게 된다.

조중동만 내 편(?) 되면 나머지는 적이 돼도 되나?

커뮤니케이터라면 회사 돌아가는 사안들이 머릿속에 들어 있어야 한다. 해당 부서와 미리 협의를 해서 회사의 입장과 논리를 세우고 메시지를 만든다. 사안에 대한 가치 부여는 사람마다 달라서 담당자 입장에서는 아니라고 생각하는 것을 경영진이나 타부서에서는 맞다고 생각하는 경우도 있다. 예상했겠지만, 대부분 언론의 최전선에 있는 커뮤니케이터의 시각이 맞다.

'우리 회사에 중요한 일'이거나 '내가 상까지 받았는데' 하는 생각으로 언론이 당연히 이를 알아줘야 한다고 생각하거나, 자칫 그 가치를 몰라주기라도 하면 오히려 언론과 대중을 무식하다고 몰아세운다.

2006년 대우건설 인수전에 참여했을 때, 낮은 회사 인지도 때문에 대규모 지면 광고를 했던 적이 있었다. 처음으로 두달여 사이에 수십억원의 광고비를 쏟아부었다. 처음에 생각했던 경영진의 결정은 달랐다. 일간지와 경제지 중에서 소위 잘 나가는 매체 조선, 중앙, 동아와 매경, 한경에만 전면 광고가 여러 번 계획되어 있었다. **그룹에서 처음 대규모 광고를 하다보니 최고경영진이 모든 것을 결정해버린 상황이었다.** 이 사실을 알고 얼마나 놀랐는지 모른다. 아니나 다를까 첫 광고가 나가자 마자 열 댓 분의 광고국장들이 회사로 들이닥쳤다.

"조중동만 신문이고 나머지는 중요하지 않다 이건가요? 한번 뜨거운 맛을 봐야 정신 차릴 거요?"

당연히 예상했던 결과였다. 5개 매체와 잘 지내자는 생각이 나머지 전 매체를 적으로 돌아서게 만들 수도 있었다. 진언을 올려서 5개 매체 광고를 한 번씩 빼서 다른 매체로 골고루 분산시켰다. 그 5개 매체의 개별 광고비에 비해 나머지 매체의 광고비가 훨씬 저렴했기에 골고루 커버를 하고도 남았다. 서운했을 법했던 매체들 모두 겨우 과장이었던 내가 부담을 무릅쓰고 그렇게 해결해준 것에 고마워했다.

니 편 내 편 가르기가 일을 망친다

'한번 호의적인 반응을 보인 거래처나 기자는 항상 우리 편이다.' 한 번 거래를 튼 업체는 다음 거래도 당연히 우리와 거래할 것이

거짓말하지 않고 회사를 구하는 방법

라는 낙관에 빠질 수 있다. 마찬가지로 긍정적 기사를 써준 기자는 다음에도 계속 긍정적인 내용만 생산해낼 것이라는 생각에 빠지게 되는 우를 범하기 쉽다. 일단 친해지면 우리 편이 된 것인양 생각을 하게 된다.

친분은 개인적인 관계이고 기사는 공무인데 이를 구분하지 못한다. 사람이라서 그렇다. 어떻게든 얼굴이라도 한 번 봤으면 하는 바람을 담아 정성을 기울인다. 그 결과 긍정적인 뉴스로 성과를 가져오면 이후에는 마치 우리 편이라 부려먹기라도 해야 하는 것처럼 지시를 받을 때가 있다. 입장을 바꿔놓고 생각해보면 그렇지 않다는 게 너무나 당연한데도 말이다.

예전에 자주 들었던 말이 있다.

"전에 그 기사 썼던 기자는 우리 편인데, 지금 왜 이런 기사를 써?"

"친한 기자라면서 왜 이런 내용이 기사로 나오지?"

"걔, ○○대 출신 아니었어? 내가 선배인데 이럴 수 있어?"

초창기엔 커뮤니케이션 업무도 생소했고 기자들과 만날 기회를 갖기도 쉽지 않았다. 어렵게 만난 자리에서 악착같이 매달려 눈물겨운 사정을 이해시킨 적이 있었다. 덕분에 몇 차례에 걸쳐 긍정적인 면이 부각된 기사가 나오기도 했다. 기자들을 수시로 만나서 진전되거나 달라진 상황에 대해 이야기할 필요도 있었고, 상대는 어떤지 정보 파악도 필요했다. 그럴 때면 사내에서 답답한 얘기를 듣기 일쑤였다.

"지난 번에 이미 만났던 사이인데 왜 또 만나?"

"잡아 놓은 물고기인데 왜 밥을 주려고 하나?"

"걘 몇 번 썼잖아. 또 우려 먹을 만한 게 있을까?"

1심에서 이겼지만 계속된 항소심이 장기화되면서 전체적인 상황은 점점 불리해졌다. 구매, 제조, 판매와 관련된 모든 상황이 바뀌는데 그때마다 부담되는 이슈들이 불거져나왔다. 당연히 언론은 그런 사안을 기사화했는데, 기사를 대하는 반응은 의외였다.

"이 사람, 우리 편 아니었어?"

한 번 만났다고 모든 것을 이해할 수도 없을 뿐더러, 한 번 인사하고 이해해줬다는 것만으로 잡아놓은 물고기 취급하는 생각은 도무지 이해를 할 수 없었다. 전력을 다해 맞붙었어도 계란으로 바위치기겠지만, 한 번 쳐다봐준 것을 우리 편인 양했던 태도, 한 번 빼먹었으면 됐지 하는 안일한 모습에서 그 다음 전황은 불을 보듯 뻔했다.

90분간 진행되는 축구 시합에서 전반전에 한 골을 넣었다고 승리한 것처럼 하다가는 패배를 면할 수 없다. 예상치 못했던 외부 조력이 한 번 이루어진 것을 두고 매번 그런 일이 일어날 것으로 생각하는 것도 착각을 넘어선 망상이다. 상대편이 자신의 골대 앞에서 실수로 자살골을 한 번 넣었다고 해서 또 그런 일이 벌어질 것이라 생각하고 공을 상대에게 넘겨줄 바보는 없다.

딱 한번 만나서 간이라도 빼줄 것처럼 **환심을 사서 제대로 우려먹은 다음에는 거들떠보지도 않는다면** 그건 커뮤니케이션이 아니라 차라리 사기라고 해야 맞다.

약한 자여, 그대의 이름은 커뮤니케이션 담당자

커뮤니케이션 대상은 잡은 물고기가 아니라 짝사랑하는 사람처럼 대해야 한다. 영업을 영어로 비유하면, 'Buy me'가 되고, 지시의 경우는 'Follow me'가 된다. 그럼, **커뮤니케이션은** 'Let's communicate' 또는 'Listen to me' 가 아니라 **'Please, Love me'**이다. 한번 관심을 보여줬다고 끝이 아니다. 관심을 계속 유지하기 위해 계속 기회를 만들어야 한다. 기회가 있을 때마다 'Please, Love me'를 반복해야 한다.

짝사랑할 때는, 그 사람이 먹고 싶은 것, 갖고 싶은 것, 보고 싶은 것, 하고 싶은 것은 뭐든지 다 해주고 싶다. 대가를 바라지도 않는다. 그저 관심만 보여줘도 감사하다. 그 다음 만남에서 실망하지 않게해서 관심이 이어지기를 바랄 뿐이다. 그러다 결국 이해와 사랑으로 발전한다. 그렇게 커뮤니케이션해야 한다. 처음엔 시큰둥하게 반응해도 더 정성을 기울이고 다음엔 더 많은 정성을 들여서 관심받는 정도를 더 높여가는 것이 짝사랑이다. 그게 바로 커뮤니케이션이다.

사실, 언론의 관심이 절실할 때는 기업 규모가 작을 때다. 뉴스에 회사 이름이라도 나왔으면 하지만 쉽지 않다. 바랄 때는 눈길 한번 주지 않다가 잘 되고 있을 때는 팬히 관심 가진다고 귀찮게 생각할 수도 있다. 사업 초기에 언론은 접할 기회도 없고 네트워크도 없을 뿐 아니라 신경 쓸 여력도 없다.

웬만한 기자들은 글로벌 대기업 총수, 정치인 심지어 대통령도 만난다. 언론이 정중하게 예우해준다고 해서, 한 번 웃는 얼굴로 대했다고 해서 회사 직원 대하듯 함부로 대해서는 안 된다. 덜하지도 않고 과하지도 않게 늘 첫사랑을 대하듯 마음을 담아 대해야 한다. 짝사랑하는 사람이 마음을 열어주었다고 함부로 대할 사람 없듯이, 그 마음 그대로 진정성을 담아 계속해나가야 커뮤니케이션이다.

거짓말하지 않고 회사를 구하는 방법

6장.
일터의 상상은
현실이 된다

진짜로 인정받는 명의(名醫)

동네에서 오랫동안 약국을 해오신 친구 아버지가 있었다. 평생 약국을 업으로 해왔고 그 약국을 아들에게 물려주려 했는데 그게 말처럼 쉽지 않았던 모양이다. 지역에서 오랜 전통을 가진 실력 있는 약국으로 정평이 났지만, 처음부터 인정받았던 것은 아니었다.

다른 약국의 약은 몇 첩이면 금방 차도를 보이는데, 그 약국에서는 빠른 효과가 나타나지 않았을 뿐만 아니라 조금 비싸기도 했다. 없이 사는 서민들이 대부분이었던 부산 변두리 동네 사람들은 웬만큼 아파서는 약도 잘 사먹지 않았다. 못 견디겠다 싶을 때야 병원보다 약국을 찾았는데, 친구 아버지는 약을 먼저 주기보다는 진맥도 짚어보고, 운동을 권하거나 식습관을 조절하라는 식의 조언과 함께 근본적인 치료를 하고자 했다.

병증만이 아니라 몸 전체를 개선해 근본을 다스려라

젊어서부터 고생을 많이 하셨던 나의 어머니는 잦은 두통으로 힘겨워 하셨다. 친구 아버지라는 걸 어머니도 아셨기에 그 약국부터 찾았지만 약을 못 살 때가 많았다. 매번 진맥을 짚고, 생활방식, 식습관을 캐묻는 바람에 단지 아스피린 몇 알 사러 갔던 어머니는 부담스러워서 대답도 잘 못하셨다. "혈압이 낮고, 영양상태가 고르지 못해 두통이 생긴다"며 영양식단과 계단 오르내리기 같은 운동을 권하며 두통약과 영양제도 함께 내놨다.

영양제는 엄두도 내지 못했고 두통약만 겨우 샀는데, 미안한 마음에 그 다음부터는 다른 약국에 가서 싸고 센 약을 사오곤 하셨다. 아스피린보다 더 저렴했던 가루약을 자주 드셨는데, 그 약을 먹으면 두통 증상이 금세 낫는 듯하다가도 재발되어 고생하셨다. 싸고 독한 약 때문인지 없던 속병이 나기도 했다.

결국 어머니는 친구 아버지의 약국을 찾아가 권하는 대로 영양제와 함께 걷기 운동도 꾸준히 병행해가면서 두통에서 벗어나셨다. 지금처럼 병원 처방전을 받아가는 방식을 시행하기 전이어서 약사가 알아서 지어주던 시절이었다. 이런 이유로 사람들은 처음에는 좀 비싸 보여도 돈도 덜 들고 몸도 보할 수 있기에 결국 친구 아버지의 약국을 찾게 되었다.

약국의 사례였지만 이처럼 진짜 명의(名醫)는 처음엔 잘 인정받지 못하는 경우가 많다. '명의는 병을 치료하지 않는다'고 한다. '명의는 병의 낌새를 미리 알고 다스린다'고 한다. 병이 심각해지

거짓말하지 않고 회사를 구하는 방법

기 전에 미리 막고, 평소에 부족한 부분을 채워 대비한다. 그래서 병이 오기 전에 대비하고, 병이 오더라도 초반에 다스린다. 또 병증만 없애기 위해 독한 약을 쓰기보다는 오장육부와 전체 몸 상태를 개선시켜 느리지만 병증을 확실하게 잡는다.

그렇기 때문에 사람들이 오해를 하게 된다. 병증 초반에 치료했기에 뛰어난 의술이 없더라도 누구나 할 수 있는 것 아니냐고 생각한다. 그러면서 명의의 실력을 제대로 보지 못했다고 한다. 또 병증을 한꺼번에 없애지 못하고 시간만 끈다고도 한다. 사람들은 조급증을 이기지 못하고 이 병원 저 병원 찾아다니며 표면적 병증에만 매달린다.

보통 사람들은 두통이나 복통이 있을 때 바로 그 통증을 해결해 주는 것을 요구하지, 두통의 원인이 되는 신체의 여러 근육과 장기에 대한 근원적 개선에는 등한시하기 일쑤다. 명의의 약은 바로 두통을 씻은듯 없애 주지 못하기 때문에 통증만 일시적으로 없애주는 강한 약을 찾는다.

기업 커뮤니케이션도 다르지 않다. 특정한 기업 이슈에만 관심 가지는 기자들은 항상 있다. 하지만 미리 조직 논리를 준비해두고 평소에 만나서 적극적으로 이해시켜나가면 여론의 뭇매를 맞을 일은 거의 없다. 그런데 이렇게 미리 대비하고 상황을 헤쳐나가다 보면 제 발등을 스스로 찍는 경우도 생긴다.

조직이 위기를 인지하지 못할 경우도 있다. 웬만한 위기는 당연히 언론이 눈감아 주겠지라고 안일하게 생각하게 된다. 철벽방어가 오히려 큰 산을 한꺼번에 무너뜨리게도 한다. 이슈에 미리 대응하고 해결해나가다 보면, 내부가 불감증에 걸리기 쉽다. '수천억 원 이슈도 넘어갔는데, 이 정도 금액이 문제 되겠어?'라거나 '지난 번에도 넘어 갔으니 이번에도 별일 없겠지?' 하는 태도가 문제를 키운다.

커뮤니케이터에게 엉뚱한 날벼락이 떨어지기도 하는데, 대세에 지장 없는 사소한 경우거나, 안일한 태도 때문에 생기지 말아야 할 문제가 터진 경우다. 크고 민감한 이슈는 잘 넘어 갔는데, 공시 자료에 포함된 사소한 사항이 기사화되거나, 주요 내부자가 한 말이 파장을 불러오기도 한다. **작은 기사라고 생각해 무시해서도 안 되지만 다 틀어 막는 것은 오히려 더 위험하다.** 열이 심하면 열꽃이 피거나 땀도 나듯, 언론에 대고 작은 뾰루지까지 걸고 넘어지면 오히려 화를 키우게 되는 법이다.

아프기 전에 낫게 하고, 불 불기 전에 꺼라

이슈의 최고 정점에 도달했던 2009년 이후에는 민감한 이슈가 기사로 노출되는 횟수가 훨씬 줄었다. 이슈가 없어서가 아니라 명의가 미리 진단하듯 회사 사안들에 대해 예방하고 나섰던 덕택이었다. 커뮤니케이션에 대해 좀 아는 사람들은 어떻게 그럴 수 있냐며 신기해했지만 정작 회사에서 이를 알아주는 경우는 드물었다.

2009년 1월 국내 모 대기업에서 파생상품 거래로 2,228억원의 손실로 인해 모 경제신문에서 대서특필됐던 적이 있었다. 손실 규모야 어마어마했지만 그 회사 전체 규모에 비하면, 보유 자산의

거짓말하지 않고 회사를 구하는 방법

1%에도 미치지 못했다. 하지만 1면 톱뉴스로 대문짝만한 기사가 실렸다. 사실 그 손실은 환율변동에 따른 위험을 줄이려 환 헤지 옵션 상품에 가입했다가 금융위기로 예상치 못한 환율 급등 때문에 어쩔 수 없이 발생한 것이었다.

　우리 회사 손실 규모는 그보다 훨씬 컸다. 환 헤지 같이 위험을 줄이기 위한 것이 아니라 과욕을 부린 대가였다. 프리즈미안 주식과 연계한 파생금융상품에 투자했다가 금융위기로 인해 절반을 송두리째 날려버린 것이었다. 파생금융상품이야 나쁠 것은 없지만 투기적 성향 때문에 그 자체만으로도 언론이 기다리는 먹잇감이 되기에 충분했다. 하지만 결과적으로 어디서도 거론되지 않았다. 파생금융상품의 '파'자도 언급된 곳이 없었다. 기자들이 관심이 없거나 취재를 하지 않았던 것도 아니었다. 꼭 언급되어야 할 곳엔 그냥 '금융상품'으로만 소개됐다. 모든 게 커뮤니케이션의 결과였다. 지나고 보면 기적 같은 일이었지만 당시로선 두려움에 떨면서 몸부림쳤던 시절이었다.

　또 한번은 2013년 모 경제신문사가 사옥을 이전했는데, 그 즈음에 경쟁사가 도마 위에 올랐다. 경쟁사가 진행하던 몇 가지 사업은 차질을 볼 수밖에 없었다. 담당 데스크를 포함하여 그 매체와의 불편한 관계에서 초래된 일이었는데, 반면에 나는 그 데스크와 10년 이상 오랜 인연을 간직해왔던 터라 각별했다. 2005년 대검찰청 기자실을 거쳐 다른 부서에서 근무하던 평 기자시절에도 일년에 한두 번은 만나거나 연락하고 지낸 결과였다. 데스크가 되었을 때 힘들어진 회사 상황에서 따뜻한 시각은 상당한 도움이 됐다. 비즈니스 측면에서 도움되지 못했기에 서운할 법 한데도 한결같았다. 데스크로 승진 인사가 있던 날 먼저 축하 연락을 했던 내게 했던 농담 같은 말이 아직도 기억에 남는다.

"구 팀장 일이라면 빤스 벗고 도와줄게요."

명의가 병의 낌새를 채고 미리 다스려서 심각한 상황에 이르지 않게 하는 것처럼, 제대로 된 커뮤니케이터는 이슈가 될 수 있는 사안들은 미리 맥을 짚어나가야 한다. 그렇게 하는 것은 자랑할 것도 못되고 인정받지 못하기도 하지만, 작은 예방주사가 큰 댐이 무너지는 것을 막아준다. 그래야 진정한 커뮤니케이터다. **명의의 환자는 아프기 전에 병이 낫고, 굿 커뮤니케이터는 이슈에 불이 붙기 전에 진화해버린다.** 인정받기 힘들지만 그게 제대로 해나가는 방법이다.

공룡을 이긴 하룻강아지의 눈물

직장생활 하면서 성공의 카타르시스를 맛보며 눈물을 흘린 적이 몇 번이나 있는가? 학수고대 바라던 일이 이루어졌을 때 어른들도 감격의 눈물을 흘린다. 반면에 분루(憤淚)를 삼킨다는 말처럼 정반대의 경우도 있다.

커뮤니케이션 업무를 진행하면서 가장 감격스러웠던 일은 2003년 10월 23일 세녹스 1차 공판의 승소였다. 2002년 중반 무렵 판매점이 호남 지역에 겨우 두세 곳 정도 들어섰을 무렵에 당시 산업자원부가 검찰에 고발을 했고, 이후 1년 반 가까이 1심 공판이 계속됐다. 당시 변호인단은 헌법재판관을 지낸 분을 대표 변호사로 모셨고, 중견 규모의 로펌에서 두세 명의 변호사가 전담으로 붙었다. 변호사들이 필요한 자료를 구하고 만드는 일 대부분

지원이 필요했다. 웬만한 자료는 다 찾아 논리와 근거를 만들어줘야 했다.

커뮤니케이터, 백 가지 일에 다 신경 쓰는 사람

1심 판결이 나올 때까지 매달 한두 번은 서초동 법원에 갔다. 주로 425호 법정에서 진행되었는데, 당시 형제의 난으로 이슈가 되었던 모 그룹의 총수가 머리를 조아리던 모습을 직접 봤던 곳이었을 뿐만 아니라 무지하게 잘 나갔던 음악 사이트의 형사 재판도 진행되던 곳이었다.

세녹스 재판 때면 항상 사람들로 붐볐다. 전국 총판, 판매점 관련 사람들이 지방에서 올라왔고, 회사 직원들, 관계 공무원들, 이들 주위에 늘 함께 하던 정유사 관련자들도 고정 멤버들이었다. 게다가 사건이 이슈가 되면서 기자들도 여럿이 방청석에서 진을 치고 있었다. 재판 시작 한참 전부터 사람들이 모여들었다. 나를 비롯한 회사 대표 몇몇은 일찌감치 앞쪽 자리를 잡았다. 재판 중에 변호사가 헷갈리거나 검사 측에서 예상에 없던 문제를 끄집어내기라도 하면 바로 메모를 전했고, 재판부나 검사 측에서 제기하는 문제점들은 하나도 놓치지 않도록 정리할 필요도 있었다.

관련 자료를 구하고 정리해서 변호인단에게 넘긴 뒤엔 감수까지 했고, 기획업무에 커뮤니케이션 업무까지, 지방 총판 및 판매점주들의 고민도 들어야 했다. 언론에 어떻게든 긍정적인 면이 더 비춰질 수 있도록 몸이 열 개라도 부족했다. NGO도 찾아다니며 조금이라도 힘을 보탤 길을 찾았다. 정신 없는 상황의 연속, 늘 급한 일들이 쌓여 있었고, 긴장해 있을 수밖에 없었다. 공판 날짜가 다가오면 더 초조해졌다. 재판장에서 어느 한 사람 마음 편할 리 없었겠지만, 나에게 기대고 있는 많은 사람들 탓에 겉으로 씩씩한 척 했어도 다리가 후들거릴 정도로 떨리긴 마찬가지였다.

복잡하게 꼬여 있던 1심 재판이 종반으로 치닫던 여름 무렵부터 검사 측보다 변호인단의 논리가 앞서고 있었다. 검사 측에서 한 가지를 얘기하면 며칠 밤을 새워서라도 뒤집을 수 있는 자료를 찾았고, 세 가지 네 가지 방어 논리를 마련했다. 거기에 변론을 리드하던 경륜 높은 대표 변호사의 화술도 빼놓을 수 없는 무기였다. 정치, 언론, NGO 등 얼굴이라도 한 번 볼 수 있다면 먼 길 마다하지 않고 달려갔다. 금방 점심을 먹고도 다른 약속에 가서 거푸 식사를 하기도 했고, 새벽녘이라도 누가 만나자고 하면 달려갔다. 만나는 사람의 영향력이 크지 않았어도 최선을 다해 이해를 구했고 진정어린 마음을 전달하고자 노력했다.

덕분에 논리에서 앞서기 시작했던 공판이 우리 쪽으로 조금씩 기우는 감을 느꼈다. 다른 사람들은 그런 낌새를 전혀 느낄 수 없었겠지만 나에게는 보였다. 가을로 접어들며 지루한 공방전이 마무리될 무렵엔 공판장은 매번 발 디딜 틈 없을 정도로 만원이었다. 법정 내부 열기에 땀을 흘려야 했다. 재판이 막바지에 이르렀을 때에는 판사의 목소리와 주문, 태도 등으로도 재판의 향방이 느껴졌다. 나를 비롯한 몇몇만이 미묘한 차이를 읽을 수 있었고, 판사의 논리에서 결론을 유추할 수 있었다. 그때까지 아무도 세녹스의 승소를 믿지 않았다. 아니 정부의 패소를 상상하지 못했다.

정부부처인 산업자원부가 형사고발을 하자 바로 검사가 공소를 제기했고, 석유협회나 정유사들을 비롯한 막강한 세력이 지원을 아끼지 않은 사건이었다. 하룻강아지가 호랑이랑 싸우는 것이 아니라 갓 태어난 하룻강아지 한 마리가 티라노사우루스 공룡집단과 대적하는 형국이라고 해도 과언이 아니었다. 나를 비롯한 몇몇은 죽기살기로 뭔가를 계속해야 했다. 자료를 찾고 심지어 해외에 자료를 구걸까지 해가면서 악착같이 반전의 기회를 노렸다.

간절히 원하고 노력하면 된다는 신념

판결이 있던 10월 23일, **아침에 눈을 떴는데 아내가 느닷없이 꿈 얘기를 했다.** 집채 만한 파도에 스님과 신부님이 휩쓸려 왔는데 둘이서 우리 집으로 모셔 구했다는 것이었다. 조용히 일어나 지갑에서 만원 한 장을 꺼내 손에 쥐어주고 다른 사람에게 얘기하지 말라며 꿈을 샀다. 그리고 그날도 어김없이 일찌감치 재판장에 가서 자리를 잡았다.

판결이 예정된 만큼 언론의 관심도 컸다. 그날 판사는 잘 들리지도 않는 목소리로 긴 판결문을 끝까지 읽어나갔는데, A4지 네 장이 넘었다. 귀를 기울여도 중간중간 모호한 법률용어들은 사람들로 하여금 함부로 결과를 예측하기 힘들게 했다. 마지막 한 문장을 읽기 전까지 결과를 장담하기가 힘들었다. 판결문은 우리 쪽 논리에 검사 측 논리도 가미되어 있었다.

거짓말하지 않고 회사를 구하는 방법

판사의 목소리를 행여 놓칠까 싶어 집중해 듣던 중 마지막 결론이 비수처럼 귀에 꽂혔다. 판결이 마지막에 이르렀는지 몰랐던 사람들은 웅성웅성 소리를 계속 냈다. 하지만 내 귀에 분명히 들렸다.

"무죄를 선고한다!!!!!!"

웅성거림 속에서 이 말이 귀에 들어온 순간 더 앉아 있을 수가 없었다.

'무죄'라 했지만 사람들은 "뭐래?", "뭐라고 했는데?"라며 웅성거림이 계속됐다. 어수선한 가운데를 비집고 밖으로 뛰어나왔다. 한달음에 계단을 내려와 주차장 한쪽 옆에 서서 먼 하늘을 쳐다보았다. 눈물이 흘러내렸고, 북받치는 감정을 주체할 수가 없었다.

마침 가을을 재촉하는 비가 내리고 있었는데, 부르는 소리가 들렸다. 사람들이 비를 맞고 서 있던 나에게 빨리 오라고 손짓을 했다. 눈물을 들킬까 싶어 돌아선 채로 비 오는 하늘을 보며 눈물을 훔치고 다시 뛰어올라갔다. 난리 그 자체였다. 기자들이 즉석 기자회견을 요청했는데 어떻게 해야 할지를 몰라서 우왕좌왕하고 있었다. 지방에서 올라온 총판과 판매점 관계자들은 승소는 알겠는데, 그 담엔 어떻게 해야 하는지 어안이 벙벙해 하고 있었다. 얼른 기자 한 명을 붙잡고 물었다.

"법원 출입기자단 간사가 어느 분이신가요?"

"저기 저 분이요."

간사 기자와 얘기를 잠깐 나누고는 법원 1층에 있는 기자실에서 간단히 기자회견을 진행하기로 했다. 대표 변호사와 대표이사만 참여했다. 양 호주머니에 있는 2대의 핸드폰이 동시에 계속 울어댔다.

"○○○방송국의 시사 라디오 ○○○프로그램의 ○○○작가입니다"

"○○신문의 ○○○기자입니다. 축하드립니다. 잠깐 몇 가지 물어볼게요."

혼을 쏙 빼놓으려고 작정들을 했는지, 아는 사람들만 전화를 해도 그 수가 적지 않은데, 어찌 알았는지 서울은 물론 지방 라디오 방송국에서도 전화가 빗발쳤다. 잠깐 사이에 십여 매체와 기자회견을 했고, 라디오뿐만 아니라 방송 촬영 스케줄도 여러 건이 잡혔다. 웬만한 연예인보다 방송 스케줄이 많았다.

그날 저녁 총판장, 판매점 관계자들이 모두들 나에게 한두 마디씩 치하를 했다. 그들도 놀라워했다. 그리고 한마디씩 추가했다.

"지난 여름부터 재판 이길 수 있다고 해도 믿기지 않았는데, 진짜로 이겼네, 구차장 말이 맞았어."

"눈물 흘린 사람은 한 사람 밖에 없었는데, 진짜 세녹스의 주인이다."

그렇게 딱 한번 하룻강아지는 티라노사우루스 여럿을 보기 좋게 꺾었다. 그 다음인 2심부터는 양상이 달라졌다. 공룡들은 온갖 방법을 다 동원해서 회사가 노릴 만한 틈을 메꿔버렸고, 새로운 양상으로 공격했다. 이기기 위해서 당시 법률 3가지도 바꿔버리는 초강수를 두었다. 국회본관 회의장 바로 옆에서 모니터를 통해 법률이 바뀌는 모습을 직접 목격하면서 조여오는

거짓말하지 않고 회사를 구하는 방법

압박감을 피부로 느꼈다. 더 이상 승산 없는 싸움이었다. 그 직전까지도 관련 국회의원과 당직자 그리고 국회 전문위원들을 설득하러 다녔지만 더 이상 그럴 필요가 없어졌다. 철저하게 사방팔방에서 온갖 방법을 다 동원하는 공룡들은 당해낼 수가 없었다. 그래도 그때 흘렸던 눈물의 뜨거움은 아직도 두 볼에 남아 있는 듯하다.

100명 내 편 만들기

좋은 기사나 영업 실적은 자리에 앉아서 고민한다고 잘 나오는 것이 아니다. 많은 사람들을 찾아가고, 때로는 박대를 당하기도 하는 과정에서 만들어진다. 적극적인 성격에 말주변 좋은 사람들일수록 더 낫기는 하다. 그래서 커뮤니케이터는 십중팔구 나서기 좋아하고 잘 놀고 술 잘 마시는 사람이라 생각한다. 입사면접에서 빠지지 않는 멘트가 '자네 술 잘 마시지?'나 '폭탄주는 몇 잔이나 마시냐?'는 것이다. 술자리에서도 '앞장서서 폭탄주를 마시고 분위기를 띄워보라'는 식의 권유를 많이 받는다.

나는 지독히도 내성적인 성격이다. 낯도 가리는 편이어서 편한 관계가 되기 전까지는 웬만한 사람들과는 쉽게 말도 나누기 힘들다. 하지만 언론과의 커뮤니케이션에 있어서 만큼은 180도로 바

거짓말하지 않고 회사를 구하는 방법

뀐다. 직업병인 듯하다.

커뮤니케이션 1만 시간의 법칙

한 번 만나 그 사람에 대해 잘 알기는 힘들다. 식사 한 번 하는 동안 대화를 나눠봐야 얼마나 나눌 수 있을까? 하지만 오래 하다보면 경험과 내공이 쌓이는 법이어서 선수는 선수를 알아보게 된다. 처음 만나 가벼운 대화로 시작해 관심분야로 빠져들고 다음 만남이 기대되는 관계로 발전한다. **사람을 끌어들이는 인간적인 매력이 없으면 사실상 그 다음은 없다고 봐야 한다.** 가끔은 아주 무거운 명함을 가진 참을 수 없이 가벼운 사람도 있는데, 처음이자 마지막 만남인지도 모르고 착각하는 경우가 많다.

커뮤니케이션 업무를 맡고부터 5년 정도는 어떻게 해야 잘할 수 있을지 너무나 혼란스러웠다. 가르쳐주는 선배나 상사도 없어서, 누가 이끌어주기를 바랄 수도 없었다. 혼자 경험하며 부딪혀보고, 아주 가끔 외부의 업계 선배들로부터 몇 마디 귀동냥하는 게 다였다. 업무를 해나가면서도 맞게 하고 있는지, 제대로 하고는 있는지 불안했다.

지금 생각하면 아무것도 아니지만 당시엔 심각했다. 그때는 기자들의 일과에 대해서도 잘 알지 못했기에 바쁠 시간에 그것도 아주 억센 경상도 톤과 사투리로 전화해서 욕 먹기도 했다. 아무리 상냥하게 해도 깐깐한 서울 출신 기자들과는 소통이 힘들었다. 심지어 전화를 서너 차례나 매몰차게 거절당하면서 '시비 걸지 마라'는 황당한 말을 듣기도 했다. 기사나 식사약속은커녕 전화를 받아주는 것만해도 감사해야 했다.

7년차 정도가 되자 '아, 이렇게 하는 것이구나' 하는 느낌이 왔다. 10년이 넘어가자 그간 수많은 기자들과 쌓인 네트워크가 빛을 발하기 시작했다. 10년 정도가 되니 감이 왔다. '1만 시간의 법칙'이 여기서도 통하는 것이라 생각했다. 한 달 20여 일 동안 매일 네다섯 시간씩, 일년이면 1천 시간이 되고 10년 쌓이면 1만 시간을 돌파한다. 그러다가 13년째 정도가 되었을 때는 무엇이든 할 수 있을 것 같았다. 모든 것을 다 잘하려 하니 사소해보이는 것들이 오히려 어려웠다. '초심으로 겸손해야 한다'는 결론을 얻었다.

경험과 내공이 쌓이면 다소 부담스런 이슈에 대한 것도 방법이 보인다. 가까워지고 네트워크가 넓고 깊어지면 그만큼 신뢰도 생기게 마련이다. 머리를 맞대는 사람들이 서로 선배 위치에 오게 되면서 생각도 성숙된다. 피할 것은 더 잘 피하고 알릴 것은 더 잘 알릴 수 있는 단계에 오른다. 커뮤니케이션이 좀 수월해지는 측면도 있다.

내가 필요할 때만 연락하면, 상대도 필요할 때만 나를 찾는다

어느 정도 단계에 도달하기 전에는 구구절절 설명을 해야만 알아듣는다. 하지만 오랜 동안 커뮤니케이션 해오다 보면 한두 마디 말만으로도 다 이해된다. 이런 관계의 기자들이 많으면 많을수록 커뮤니케이터로서의 능력이 빛난다. 몇 명일 때보다 수십 명이 낫

거짓말하지 않고 회사를 구하는 방법

고, 세 자리 숫자를 넘어가면 커뮤니케이터로서의 구력이고 능력이 된다.

커뮤니케이터라고 해서 모두가 적극적으로 기자들과 만나서 해결을 하는 것은 아닌 모양이다. '내가 필요할 때에만 연락하면 상대도 나를 그렇게밖에 여기지 않는다'는 것을 모르는 것이다. 훌륭한 기사감이 있으면 어느 기자라도 환영하겠지만 현실은 늘 그렇지 못하다. 가리지 않고 기사화된다고 회사에 도움이 되는 것도 아니다. 열에 일곱은 부담이다. 불경기일수록 숫자가 치명적일 때도 있다. 진행 중인 프로젝트가 기사화되면 오히려 방해가 될 때도 많다. 사전에 언론과의 교감이 중요하다. 잘 쓰면 보약이지만 잘못 쓰면 독이 된다. 평소에 가까이 지내는 것 외에 다른 방법이 없다.

초년병이었을 때 동년배인 모 통신사 기자와 친해졌다. 그땐 언론환경이 지금과는 달랐다. 온라인 매체가 드물었고, 속보 경쟁도 치열하지 않았다. 통신사의 입지는 지금과는 비교도 할 수 없었다. 많은 기자들을 접해보지도 못했기에 그 기자와의 관계가 몇 해를 넘기면서 속마음까지 터놓는 사이가 됐다. 한 치 앞을 예상할 수 없었던 당시 상황에 혼자 감당하기에 벅차했던 나를 두고 선배 한 분이 충고를 했다.

'너에게 그런 기자가 100명만 있으면 커뮤니케이션 분야에서는 제대로 된 선수가 될 것이다'

지금까지 그 말을 잊은 적이 없다. 친구처럼 지내며 서로 잘 커뮤니케이션 할 수 있는 그런 기자를 100명만 만들면 전문가 소리를 들을 수 있다는 생각뿐이었다. 전문가가 되고 싶었다. 일단 출입 기자가 되면 얼굴부터 봐야 직성이 풀렸다. 친구 같은 사이가 되도록 애썼다. 점심식사는 놓칠 수 없는 귀한 기회였다. 하루에 점심을 왜 두 번 세 번 먹을 수는 없나 하는 생각도 했다.

연차가 쌓이자 광화문이나 여의도 길거리에는 아는 사람들 천지였다. 한 번 본 사람과 얘기할 수 있는 수준이 있고, 열 번 만난 사람과 얘기할 수준이 따로 있는 법이다. 사람마다 성격이 제각각이긴 하지만 **오랜 관계는 깐깐함을 이긴다.** 진짜 관계는 아무 일이 없을 때 만나야 형성된다. 그 사람만을 위한 만남은, 일 때문에 만나는 관계와 비교할 수 없다.

일을 하기 전에 계획을 세우고 작전도 짜듯 커뮤니케이션도 마찬가지다. 어떻게 진행할지 머리를 모으고 논점도 공유한다. 구슬이 서 말이라도 꿰어야 보배다. 회사에 아무리 구슬이 많아도 언론이 받아들여 제대로 된 기사로 꿰어야 진짜 보배가 된다. 세상에는 빛나는 구슬을 보유한 기업이 많지만 **한정된 언론 공간에서 막연히 순서만 기다린다면 기회는 없다.**

구슬 꿰는 사람과 미리 좋은 관계를 맺고 있다면 비록 우리 구슬이 빛나지 않더라도, 남보다 더 큰 구슬이 아니라도, 제대로 잘 꿰어서 더 빛나게 해줄 수 있다. 사무실에 앉아 그가 준 명함을 아무리 소중하게 간직하고 있다 하더라도 기회는 오지 않는다. 오히려 '근처에 일이 있어 왔다가는 길인데 차 한 잔 하시죠?' 하고 우연을 가장해 얼굴을 한 번 더 보는 것이 좋다.

거짓말하지 않고 회사를 구하는 방법

코드명 250 · 50 · 40을 완수하라!

커뮤니케이션에서는 스토리화가 중요하다. 그 스토리가 잘 전달되기 위해서는 간단명료해야 하고, 핵심적인 숫자가 뒷받침되면 훨씬 강해진다. 좋아하지는 않아도 숫자와 친해야 했다. 제대로 잘 이해시키기 위해서는 몇 가지 숫자는 입에 달고 살아야 한다.

매출, 손익, 지분, 수주금액, 전년도 실적 같이 쉽게 숫자로 이야기 할 수 있는 내용도 있지만 그밖의 사안도 도표나 숫자로 요약해 전달할수록 힘 있는 메시지가 된다. 가급적 숫자나 최대한 압축한 표현으로 보여주고자 노력한다. 쉽게 와닿지 않지만 커뮤니케이터들은 이를 외우지 않고 체화한다. 그 해답은 스토리텔링에 있다.

몇 가지 포인트를 내세워 회사를 알려야 하는데, 평소에 이야기

중간 중간 다양한 흥밋거리를 엮어서 끌어가는 것이 더 빨리 와 닿는다. 자연스레 회사의 커뮤니케이션 포인트를 녹여낸다. 그 반응에 따라 기사화가 점쳐진다. 듣는 사람이 흥미와 궁금증을 갖도록 할수록 취재 본능이 발동되고 기사로 이어질 가능성이 커진다.

미리 모든 걸 예상할 순 없다. 낚시 바늘에 매달 다양한 꺼리들을 쟁여둬야 한다. 그날 이야기 주제나 분위기에 따라 대화하면서 흐름을 캐치해야 한다. 어떤 주제, 어떤 이야기가 나올지 모른다. 때로는 만물박사가 되어도 좋다.

일년 동안 점심 약속 끽해봐야 250번

회사와 관련된 스토리텔링도 중요하지만 개인적인 것들도 두서없이 하기보다는 스토리를 잘 꿰는 것이 여러 모로 유리하다. 서먹한 초반 식사 분위기에서 꺼내기에 부담 없는 것은 차라리 개인적인 사연이다.

산업부 출입기자단만 잘 건사한다고 되는 것이 아니었다. 문제는 회사가 M&A나 해외 투자로 큰 손실을 봤고 그 때문에 언론의 관심 대상이 된 터였다. 회사채를 발행하거나 유상증자를 감행하는 등 언론의 주목을 끌 수밖에 없는 시도를 계속해나갈 수밖에 없었다. 증권, 금융, 채권 등 금융 쪽에서 조금이라도 관심있는 기자라면 누구나 들여다보고 있었다.

직간접적으로 관련되는 기자들을 찾아나설 수밖에 없었다. 오죽했으면 '기자들 중에서 구 팀장 만나지 않은 기자는 일 안 하는 기자'라는 농담이 나올 정도였다. 식사 약속을 잡다보면 두세 달까지 꽉 차기 일쑤였다. 석달을 넘겨서 약속을 잡는 것은 좀 무리였다. 너무 먼 약속은 약속 같지가 않고, 변경될 가능성도 높고, 상대가 잊어버리는 경우도 있었다.

20년 동안 M&A를 포함해 자본주의 사회에서 발생할 수 있는 다양한 이슈를 참으로 많이 겪었다. **심각하고 어려운 상황일수록 경험을 녹여서 재미있고 맛깔나게 이야기를 이어나가려 노력했다.** 그런 게 기자들 사이에 소문이 좀 났는지 나중에는 스터디 삼아 듣고 싶어하기도 했고, 또 기사를 쓰다가 막히거나 궁금하면 연락해서 참고 삼아 얘기를 듣고자 했다.

약속을 잡는 것도 요령이 필요한데, 모든 날짜를 빼곡히 채우는 것보다 한 달에 이삼 일 정도는 비워두는 것이 나았다. 서로 워낙 바쁘고 변동도 잦아서 약속들 사이에 섬처럼 비어있는 날짜가 이럴 때 요긴하다.

250이라는 숫자는 일년 동안 근무하면서 기자들과 점심을 먹은 횟수다. 일년 365일 동안 주말과 공휴일을 제외하면 평균적으로 250일 내외의 근무일수가 생긴다. 매일 스케줄을 가져가면 250이라는 숫자가 채워진다. 매일 만나도 일년에 같은 사람과 식사할 기회는 두세 번 정도다.

약속 하루 전쯤 확인해서 장소 예약하고 만나는 일련의 과정을 매일 하는 것도 상당한 업무량이다. 부지런해야 하고 체력도 좋아야 한다. 식사 한 번 하자고 멀리 이동하는 수고를 마다하지 않아야 하는데, 매일 기자들 있는 곳까지 가서 되돌아오는 것이 생각보다 만만하지 않다. 예약하지 않아서 길거리를 배회하거나, 식당 앞에 길게 늘어선 줄에 합류해 기다리는 것은 오히려 만나지 않은 것만 못하다. 약속은 미리 챙겨야 한다. 크고 중요한 일보다 다양하고 사소한 일들을 기억하고 챙기는 것이 더 힘든 법이다.

책 읽고 쓴 독후감, 두고 두고 재산된다

두 번째 숫자인 50은 한해 동안 읽는 책 분량이다. 책 읽을 시간은 사실 거의 없다. 하지만 분초를 쪼개가며 시간을 만들어야 한다. 늘 책을 가까이 두고 자투리 시간을 활용하고 주말을 투자하면 웬만한 단행본은 일주일에 끝낼 수 있다. 일년에 52주가 있는데, 설과 추석 명절 연휴를 제외하면 딱 50이라는 숫자가 나온다.

주위엔 일년에 100권을 본다거나 더 많이 읽는 사람도 봤지만 50권도 쉽지 않다. 책장이 술술 넘어갈 땐 이삼일에 끝나지만, 딱딱한 내용이거나 500페이지가 넘으면 일주일만에 독파가 쉽지 않다. 브라이언 버로가 RJR 내비스코의 몰락에 대해 쓴 '문 앞의 야만인들'이란 책이 있다. 무려 912페이지에 달하는 분량인데, 세계 최대의 사모펀드인 KKR이 인수하는 과정을 보면서 흥미진진하게 읽은 기억이 있다. 책이 너무 두껍고 무거워 가지고 다닐 수도 누워서 읽을 수도 없었다.

기자들 중에서도 유달리 책을 많이 보는 사람들이 있었는데, 대화를 하다보면 자연스레 읽은 책 내용이 언급되곤 했다. 처음엔 듣기만 했다. 반박하거나 맞받아 칠 수가 없었다. 그런 상황이 책

거짓말하지 않고 회사를 구하는 방법

으로 손을 더 뻗게 만들었다. 대학생 때도 책을 제법 읽는 편이었고 사회에 나와서도 경제경영서적을 탐독했다. 다독하는 사람들과의 잦은 만남이 독서열에 불을 지핀 셈이다.

직장인으로서 강의를 들어본 사람은 경험했겠지만, 강사가 듣는 사람들 기를 꺾어버리는 무기가 바로 책이다. 그만큼 직장인들이 책과 담을 쌓고 있다는 얘기다. 대부분의 강의에서 시작 직후 분위기를 좀 다잡는 멘트가 있다. '여러분, 일년에 서른 권 이상 읽는 분 손 들어보세요!' 거기서 당당하게 손 드는 사람 한 명도 못 봤다.

'그러면 스무 권 정도는 읽는 분!' 하고 수를 줄여도 마찬가지다. '다시, 열 권!' 이쯤 되면 몇 명은 쭈뼛거리며 손을 들기도 하지만, 기가 팍 꺾여서 강사 손 안에서 놀게 된다.

나만큼 강의를 많이 들은 사람도 흔하지 않을 성싶다. 강의를 들을 기회가 있으면 꼭 들었다. 회사에서 훌륭한 강사를 초빙했는데 피하는 게 이상했다. '업무가 바빠서' '약속이 있어서' 또는 '피곤해서' 피하는 사람을 이해할 수 없었다. 어떻게 해서든 듣기 위해 노력했다. 저녁 약속에 갔다가도 일찍 마무리하고 뛰어 와서 챙겨 들었다. 매번 좋은 강의가 적잖은 자극이 됐다.

주위에 책 쓰는 사람들도 많았다. 책을 한 권 쓴다는 것은 엄청나게 많은 고민과 연구 끝에 나오는 결과물이다. 보통 정성으로는 어림 없다. 그래서 책이었다. 그 다음부터 책 읽기는 생활의 일부가 됐다. 책을 읽으면 꼭 독후감을 썼다. 독후감이 몇 년 치가 쌓이자 엄청난 자료가 되어 여러 모로 도움됐다. 신년사나 인사말, 발표문, 보도자료나 사보 같은 원고를 쓸 때도 상당히 괜찮은 글 재료다.

숫자 40은 연간 등산 횟수다. 피트니스 센터도 다녀봤지만, 싫증내지 않고 꾸준히 할 수 있는 유일한 운동이 등산이다. 북한산은 400번이 훨씬 넘게 다녔지 싶다. 매번 코스를 달리해 오른다. 집과는 정반대 방향에 있는 우이동 코스 몇 구간을 제외한 대부분의 등산코스를 수십 차례씩은 밟아본 것 같다.

회사 상황이 늘 걱정이었기에 일요일 밤이면 찾아오는 불안감에 뜬 눈으로 지새기 일쑤였다. 금요일이나 토요일과 달리 출근을 앞둔 일요일 밤마다 불면의 밤이 너무 힘들었다. 잠자리에서 회사일이 머릿속에 떠오르면 꼬리에 꼬리를 물고 계속 생각이 이어졌다. 언제 어디서 날아들지 모를 날 선 취재 문의, 떨쳐내려하면 할수록 더 많은 고민이 맴돌았다. **일요일엔 최대한 몸을 혹사시켜 곯아떨어지게 하고 싶었다. 그러다 등산이 생활이 됐다.**

습관이 되니 일요일은 산에 오르지 않고는 배기기 힘들다. 폭우나 폭설이 쏟아지는 날을 빼고 일요일은 거의 산에서 보낸다. 북한산은 서울 안에 있지만 국내에서 제일 위험한 산이어서 해마다 전국 산악 사고의 절반이 넘는다. 하절기엔 하루에만 120만 명이 찾는 통에 사고도 많을 수밖에 없다. 그럼에도 수도권에서 북한산은 축복인 셈이다. 불수도북이나 백두대간 종주 같이 명산을 섭렵해보고 싶은 마음도 있지만 커뮤니케이션 현장에서 웬만해서 원거리로 떠날 엄두가 잘 나지 않는다. 북한산 꼭대기에서 기자와

거짓말하지 않고 회사를 구하는 방법

실랑이 한 것만 해도 몇 번인지 기억도 나지 않을 정도다.

　세 가지 숫자 250, 50, 40은 스스로에게 하는 약속이다. 하든 말든 누가 뭐라 하지 않지만 스스로에게 한 약속도 제대로 지키지 못한다는 것은 커뮤니케이터로서 용납하기 힘들기에 지키려 한다. 지금도 점심 약속이, 책이, 산이, 나를 부른다.

불가능해 보이는 자료는 구글? 아니 구걸!

꼭 필요한 자료인데 구할 길이 없는 경우가 있다. 언론에서 기획 주제를 잡아놓고 진행하다가 꼭 필요한 추가 자료가 생기는 경우가 있다. 기사 마감 때까지 어떻게 해서든지 자료를 구하기 위해 발버둥치게 된다.

국정감사 같은 중요한 자리에서 누가 업계를 대변해서 이야기라도 좀 해줬으면 하는 간절한 바람이 있었다. 변호사의 변론요지를 더 강력한 무기로 만들기 위해 필요한 자료를 미친 듯이 찾았다. 국내에서는 구할 수 없는 자료도 있었고, 특수한 사람에게만 허락된 정보도 있었다. 그 자료가 없으면 주장해왔던 것들이 근거 없는 주장이 되어버릴 상황도 있었다.

거짓말하지 않고 회사를 구하는 방법

찾아서 두드리고 노력하라, 그 어디든

기사든 회의든 주장보다 근거가 더 중요한 법이다. 세녹스 시절, 선진국 대체에너지 세제 지원이나 정책적 인센티브가 어떤가에 대해 궁금했다. 2002년과 2003년 두 번의 국정감사를 대비해 세 명이 전담 TF를 구성하고 여의도 모 호텔에 방을 잡고 자료에만 매달렸다. 보름 동안 매일 새벽 두세 시까지 국내외 자료를 찾았고, 갈무리해서 아침이면 킨코스에 제본을 맡겼다.

정작 꼭 필요한 해외 선진국들의 실사례 자료들은 국회도서관, 인터넷을 다 뒤져도 구할 수가 없었다. 특히 미국 자료가 필요했다. 몇 날 며칠 미국 웹사이트를 뒤져보기도 했지만, 자료 구하기가 너무 힘들었다. 그렇다고 포기할 수는 없었다. 그 근거가 희망의 실마리가 될 것 같았다. 미국의 환경청 EPA가 소관 부처인 것을 알아냈다. EPA 사이트 내에서 관련 법제를 또 찾았다. 하지만 판례법이라 어느 법제에 있는지, 또 법규는 어디서 찾을지도 막막했다.

이야기하기도 쑥스럽지만 결국 고민 끝에 선택한 방법은, 미국 환경청 해당 공무원에게 직접 부탁하는 것이었다. 웹사이트에 올라와 있는 EPA 각 부서와 담당자의 메일 주소를 활용했다. 한국이라는 나라에서 엄연히 기업에 근무하고 있는 사람이 도와달라고 한다면 주저할까 싶어 살짝 꾀를 부렸다.

'저는 한국에서 공부하는 학생입니다. 대체에너지와 관련해 논문을 준비 중인데, 구체적인 해외 사례를 찾을 길이 없어 부득이

귀하에게 귀국의 정책 및 세제 지원과 관련된 자료를 부탁드립니다.'

다소 쑥스러운 내용을 담은 장문의 영문 메일을 무턱대고 담당자 몇 명에게 보냈다. 답장은 사실 기대하지도 않았다. 그외에 해볼 수 있는 방법이 딱히 없었다. 이틀 정도가 지나고 메일을 확인했을 때 거짓말 같은 일이 일어났다. 답장이 와 있었다. 학생인 척 동정심을 유발시킨 것이 먹혀들지 않았나 싶다. 권위적인 공무원의 자세가 아니라, 먼 이국의 낯선이에게도 직접 답을 보내준 것이 너무 감사했다.

답장에는 친절하게도 여러 개의 링크된 사이트 주소가 있었고, 클릭해서 관련 법조문 내용을 볼 수 있었다. 그렇다고 쉽지는 않았다. 법조문 하나를 다운로드하면 거의 200페이지가 넘었다. 그 속에서 필요한 한두 가지를 찾아야 했다. 여기서 조금, 저기서 조금, 찾아내 자료를 만들었다. 끝없이 출력하고 압축하고 정리했다. 그렇게 어렵사리 만들어진 자료가 변호인 측에도 제공되었고, 언론으로도 갔고, 국회로 전달되기도 했다.

셋이서 2주 동안 출력한 A4지가 거의 5천여 장이었다. 제본한 자료집도 여러 권이었다. 오후가 되면 국회 환경노동위원회 소속 의원 보좌관이 들러서 설명을 듣고 자료도 가져갔다. 바쁜 국감 일정상 수십 장의 제본 자료를 활용하기 힘들다기에 그 수십 장을 압축하고 압축해서 2장으로 만들었고, 다시 한 장으로 줄여 전달했다. 하지만 번번이 국감은 파행되기 일쑤여서 제대로 질의된 걸 보지는 못했다.

누구라도 10분 내에 이해시켜라

평소에도 당시 집권당이던 민주당과 열린우리당 당직자들, 국회
의원 보좌관 그리고 국회본관 1층에서 근무하는 전문위원들도 만
나곤 했다. 만나서 이야기를 하다보면 내가 하는 말에 다들 공감
했지만, 세녹스 회사는 수세에서 벗어날 수가 없었다. 사실 이공계
출신이 아닌 다음에야 석유화학 관련 복잡한 용어들부터 이해가
쉽지 않다. 거기에 복잡하게 얽혀있는 세법, 정치와 업계의 논리를
전달하고 이해시키는 것도 쉽지 않은 일이었다.

법률 개정을 앞두고 있던 그 즈음 한 보좌관이 제대로 이해하
고 의원에게 전달하는 것이 힘들었던지 국회의원을 독대할 시간
을 주겠다고 했다. 스케줄 때문에 의원 회관 사무실이 아니라 이
동하는 중간에 국회 본관 중앙계단 옆에서 둘만 붙어앉았다. 시작
하기도 전에 십 분밖에 시간이 없다고 선을 그었다. 그런 그에게
자료나 근거를 펼쳐서 들이댈 수는 없었다. 수없이 많은 날 동안
자료 찾아 만들고, 설명해왔던 경험을 바탕으로 핵심만 간단 명료
하게 말로 전달했다.

말을 하면서도 머리 속으로는 자료를 요약하고 정리했고, 더 쉽
고 와닿는 표현으로 일초의 머뭇거림도 없이 설명을 했다. 의원이
손목시계에 눈길을 주었을 무렵엔 거의 결론에 이르렀고, '모쪼록
잘 부탁드립니다'는 말과 함께 일어서서 고개를 숙였다.

"젊은 친구가 설명을 조리있게 잘하는군요. 들어보니 참 일리
가 있어요. 수고했어요."

말을 마치자마자 의원은 종종 걸음으로 층계를 올라갔다. 국회의원이 잠깐이라도 시간을 내 들어준 것에 감사하다는 생각이었다. 분명 환경노동위원회 소위원회에서 한마디는 해줄 수 있을 것으로 믿었다. 국회본관 2층에서 주변을 서성거리며 모니터로 회의장 내부에서 일어나는 일들을 계속 지켜봤다. 여러 말들이 오가는 와중에 그 의원이 발언하면서 세녹스와 관련해서도 한마디를 끼워 넣었다. 그런데 회의장 내부 누구도 그 말에 대꾸가 없었다. 위원장은 다음 안건으로 넘어갔다. 어쩔 도리가 없었다. 사태는 그렇게 흘러가고 있었다.

또 한번 기회가 왔다. 거의 막바지였다는 생각이 드는데, 3심 재판이 진행되며 법정공방이 지루하게 이어졌다. 이미 힘이 빠질 대로 빠져버린 상태여서 지켜보는 것 외에 할 수 있는 것이 없었다. 영업을 하지 못한 것만 해도 수개월째였고 직원들도 많이 이탈했고 여론도 식어버린 상황이었다. 반전을 가져올 만한 계기가 전혀 없었다.

정부측에서도 쥐고 있던 목줄기를 더 틀어쥐어 이참에 모든 것을 끝내야 한다는 강박관념이 있었는지, 당시 석유사업법, 대기환경보전법 시행규칙 및 조세관련법까지 세 가지 법규의 관련 조항을 개정 발의했다. 여당보다 야당에서 더 적극적이었다. 여소야대 정국에서 당락을 결정지을 만한 영향력은 여당이 아니었다.

피날레는 법사위에서였다. 법사위로 들어가는 의원들과 벌어지는 몸싸움의 가운데에서 이리저리 떠밀리면서도 어떻게든 그간 제안했던 많은 내용들을 환기시켰다. 법사위가 끝날 때까지 회의

거짓말하지 않고 회사를 구하는 방법

실 바로 옆에서 모니터로 모든 것을 지켜봤다. 일초도 눈을 뗄 수 없었다. 위원회 회의 막바지에 이르렀을 때 법사위원장이 법률 개정안건을 상정했다.

우군이었던 국회의원이 법사위원장의 개정안 상정에 맞받아서 질타성 멘트를 날렸다. 속으로 한 가닥 희망의 불씨가 살아나는 듯했다. 그런데 어찌된 판인지 발의가 있었음에도 법사위원장은 대여섯 건의 법률들을 묶어서 한꺼번에 통과시켜버렸다. 의사봉 소리가 세 번 울렸다. 게임이 끝나는 순간이었다.

그때 통과된 다른 법안들은 4개월 후에 발효가 된다고 했지만, 세녹스와 관련된 법안 3가지는 즉시 발효가 됐다. 그 순간부터는 진짜 불법이 된 것이었다. 씁쓸한 마음을 주체할 수 없었다. **세녹스 전쟁은 그렇게 끝났다.** 작은 문건 하나 자료 하나를 찾기 위해 얼마나 노력했던가, 얼마나 많은 부탁과 조아림 끝에 나온 것인지, 또 얼마나 수없이 읽고 또 읽으며 정리하고 요약했는지 모른다. 결론은 허무했다. **허무하게 끝났어도 그 과정은 오롯이 기억속에 남았다.**

십여 년이 흐른 뒤 기자들과 다시 만나 그 자료 이야기를 꺼냈던 적이 있었다. 한국의 가난한 학생인 척 도움을 요청하는 메일을 보내서 자료를 구걸했던 이야기였다. 입장을 바꿔서 만약 가난한 동남아시아의 한 학생이 우리나라 정부 부처의 사이트를 보고 막무가내로 자료를 달라고 했다면 가능했을까 하는 의문을 던졌다. 다들 쉬운 일이 아닐 거라는 결론이었다.

작은 자료 하나 구하기 위해서 곤욕을 치르기도 한다. 기자들의 취재도 힘들겠지만 어찌보면 커뮤니케이터들이 이런 자료를 구하기 위해 조직 내 외부의 선입견과 반대를 무릅쓰는 것이 더 힘들 경우도 있다. 때로는 기사 마감시간에 분초를 다투며 겨우 조달하기도 한다. 그런 노력 끝에 멋진 기획기사가 나오면 상당한 보람이다. 하지만 기사의 공은 백 퍼센트 언론의 몫이다. 기자들은 자료를 사냥하는 탁월한 능력을 가지고 있다. 맛깔나게 자료를 잘 버무린다. 그것이 능력이다. 그 뒷받침에는 커뮤니케이션이 있다.

과묵한 입과 수다스러운 손

지금은 효용가치가 예전만 못하지만, 시계는 커뮤니케이션의 가장 기본적인 도구였다. 전화도 아닌 시계를 왜 얘기하는지 의아하겠지만, 시간은 사실 사람과 사람을 이어주는 가장 기본적인 조건이다. 사람과의 관계를 맺는 약속의 필수 조건은 '언제'와 '어디'이다. 바로 그 언제라는 것은 시계로부터 얻어야만 했다.

예전 부모들은 아이가 초등학교를 졸업하면 세 가지를 선물했다. 첫 번째가 시계였고, 두 번째는 만년필이나 볼펜, 마지막이 영어사전이었다. 이 세 가지가 어린이 단계를 벗어나 다음으로 가는 증표인 셈이었다. 어른들이 데려다주지 않고 스스로 움직이려면 시계가 필요했다. 또래집단도 넓어지고 교우관계도 활발해진다. **시계는 필수였다.**

잘 부러지고 지워지기 쉬운 연필은 초등학교의 쓰기 훈련을 끝낸 후에는 볼펜이 대체한다. 쓸 게 많은 중학교에서 깎아 쓰는 연필은 효율성이 떨어진다. 그때부터 볼펜이 필수다. 다음엔 영어 공부를 위한 사전이다. 30~40대 이상의 연배들은 다 공감하는 부분이다. 대학을 졸업하니 영어사전만 해도 한 짐이었다. 콜린스코빌드, 롱맨 같은 영영사전부터 영한사전, 한영사전 등 손때 묻은 것들이라 아직도 책장 한켠을 차지하고 있다.

요즘은 스마트폰 하나로 끝난다. 시간은 물론 뭔가 기록하는 것뿐만 아니라 영어 단어를 찾는 데에도 그만한 것이 없다. 통화와 각종 SNS 앱들뿐만 아니라 재미를 위한 것들도 설치돼 있다. 문서, 음악, 영상 등 온갖 자료들이 손끝에서 바로 해결된다.

표정, 제스처, 분위기가 다 커뮤니케이션

팩스도 필수였다. 전화선에 연결해 쓰는 팩스만 해도 가정에서는 쉽게 가질 수 없었다. 지금은 예전과 달리 커뮤니케이션 수단의 엄청난 발전으로 언제 어디서나 가능하다. 문자나 실시간 대화가 가능한 툴도 많다. 지구 저편 어디선가 천재지변이 발생하거나 대규모 사건이 발생했다는 뉴스를 손 끝에서 전파해 세상에 알린 사례도 드물지 않다.

2011년, 30년 동안의 이집트 독재정권은 국민들의 18일간의 시위 끝에 무바라크 대통령의 하야로 막을 내렸다. 당시 이집트는 인터넷을 차단시키는 극단적 조치를 취했지만 반정부 운동가와

거짓말하지 않고 회사를 구하는 방법

시민들은 트위터와 문자메시지 그리고 페이스북을 통해서 오히려 상황을 더욱 널리 전파하고 공유했다. 그렇게 소셜 네트워크의 커뮤니케이션 파워는 대단하다.

예전엔 사진 한 장을 뉴스에 싣기 위해 찍고, 현상하고 인화해서 상태 좋은 것을 골라 스캔을 떴다. 요즘은 이미지나 문서 파일을 보낼 때 손가락만 몇 번 움직이면 끝이다. 원본 상태 그대로다. 그럼에도 사람과 사람의 커뮤니케이션을 완벽하게 해주는 도구는 없다. 문자가 목소리를 대신할 수 없고, 목소리만 가지고 표정이나 분위기까지 전달되기 힘들다. 얼굴을 마주보며 이야기하는 것보다 확실한 커뮤니케이션 방법은 없다. 커뮤니케이션 코치 하영목 박사가 쓴 '프레젠테이션의 정석'에 보면 프레젠테이션에서 말의 내용이 차지하는 비중은 고작 7%에 지나지 않는다고 한다.

편리하고 간단한 것일수록 오해를 불러일으킬 소지가 많다. 메신저 창을 여러 개 띄웠다가 뒤바뀌 입력하는 바람에 오해가 생긴 일도 있었고, 한 사람에게만 전한다고 한 것이 동보로 날아가는 낭패도 있었다. 수거 기능이 있기는 하지만 상대방이 본 후라면 소용없다. **서로 얼굴을 보지 않기 때문에 편하다는 장점이 있지만 반대로 그 때문에 더 위험하다.** 부재 중일지라도 와서 보고 답신을 보낼 수도 있다는 점도 강력한 무기다. 그냥 만나는 것보다는 맛있는 것을 함께 먹는 것이 훨씬 효과적이다. 누군가와 뭘 같이 먹는다는 것은 그만큼 중요하다.

경상도에서 태어나 '침묵은 금'이라는 말을 금과옥조로 여겼다. 남자 형제들만 득실대는 집안에서 말없이 지내는 생활이 몸에 배었다. 흔히 경상도 남자들이 퇴근하면 잠이 들 때까지 세 마디 정도만 하는 것으로 알려져 있다. '아(~)는? 밥은? 자자.'가 전부라고 하는데, 과장이 아니었다. 실제로는 세 마디도 많았다.

말 수도 적은데다 내성적인 성격 탓에 메신저가 차라리 속 편했다. 말하는 속도도 좀 느려서 오히려 말보다 타자가 빠를 때가 많다. 막상 말로 할 때는 말할 거리가 없던 것이, 손으로 하는 메신저에서는 수다 양이 늘어난다. 사람들이 나를 '입은 과묵한데 손은 수다쟁이'라고 불렀다.

많은 사람들에게 한 번씩 안부 연락하는 일만 해도 적지 않은 일이고, 서로 바빠 통화마저 어려울 때가 많다. 틈 날 때마다 메신저 창을 띄우고 로그인된 지인들을 찾아서 인사라도 나누면 서로의 관계를 유지 발전시켜주는 데에 효과적이었다.

작은 변화의 정보 하나 하나가 재산이다

2003년 무렵 핸드폰과 명함집 때문에 웃지 못할 해프닝으로 한동안 고생이 많았다. PCS폰 시기였는데, 전화번호가 제법 입력되어 있었다. 그런데 그리 오래 사용한 것도 아닌데 액정이 나가버렸다. 전화를 걸고받는 기능은 이상 없어서 그대로 들고다녔다. 문제는 전화할 때마다 전화번호를 찾아야 했던 것이다. 그래서 명함집 대여섯 권을 늘 들고 다녔다. 길 가다가도 연락할 일이 생기면 길가에 쭈그리고 앉아 명함집을 뒤질 수밖에 없었다. 언제 누구와 연락해야 할지 알 수 없었기에 명함집을 다 들고 다녀야 했다.

거짓말하지 않고 회사를 구하는 방법

오는 전화를 받지 못했을 때도 큰일이었다. 누가 전화했는지 확인이라도 하려면 다른 전화나 문자가 오기 전에 얼른 통화 버튼을 눌러야 했다. 그러다가 핸드폰을 하나 더 장만했는데도 모두 예전 번호로 계속 연락을 해왔다. 쌍권총처럼 바지 양쪽 호주머니에 하나씩 넣고 다녔는데, 전화가 몰리기 시작하면 양 허벅지로 동시에 진동이 전해졌다. 벨소리 역시 쌍나팔을 불기 일쑤였는데, 어떨 땐 전화가 오지 않았는데도 벨소리가 들리는 듯한 환청에 시달렸고, 계속 진동이 오는 것처럼 없는 떨림이 느껴졌을 정도였다.

손으로 떠는 수다는 사실 문자로는 힘들다. 핸드폰 자판은 컴퓨터 키보드만큼 빠른 속도로 입력하기 어려울 뿐만 아니라 오타도 많아서 제한적이다. 컴퓨터 메신저 프로그램을 많이 활용했다. 많은 사람들과 연락하기 위해 일일이 번호 누르고 목소리를 듣는 것도 좋다. 그보다는 조금 못하지만 메신저를 통한 문자 연락도 꽤나 유용하다. **수다쟁이 손이 더 효과적인 시절이다.**

커뮤니케이터는 기자들만이 아니라 업계 사람들을 포함해서 수많은 사람들을 대하게 된다. 그러다보면 재계가 돌아가는 상황도 훤해진다. 많은 기자들을 만나 알게 되는 또 다른 정보는 언론사 내부 동향이다. 언론사는 사실 특수한 집단이고 보통 사람들이 전혀 알 수 없는 특수한 조직들이다.

커뮤니케이터에게는 그속에서 일어나는 작은 변화 하나 하나가 다 중요한 재산이다. 그런 정보는 바로 기업에 대한 영향력으로 나타난다. 승진하거나 부서 이동을 하거나 언론사들 간의 미묘한 기류 변화도 놓칠 수 없는 정보 재산이다.

한 언론사 내부에 무슨 변화가 있거나, 기자 한 사람의 업무가 바뀌는 것이 뭐 그리 대단한 사항일까 싶지만, 기사의 논조가 바뀌고, 그 매체의 시각이 바뀌고 나아가서는 그 기사로 인해 파급되는 여론의 향방이 결정된다. **입은 조용하더라도 결코 손은 수다를 멈출 수 없는 것이 요즈음 커뮤니케이터의 운명이다.**

거짓말하지 않고 회사를 구하는 방법

3,500원 짜리 칼국수 한 그릇

부정청탁 및 금품 등 수수의 금지에 관한 법률, 소위 김영란법으로 불리는 청탁금지법이 2016년 9월 28일부터 발효됐다. 이를 앞두고 여러 곳에서 진풍경들이 벌어졌다. 어느 신문기자의 자조적인 우스개 글이 메신저를 타고 번지기도 했다.

'이건 거의 세기말적 현상이다. 김영란법 시행이 일주일도 남지 않은 가운데, 마치 9월 28일이면 지구가 멸망이라도 하듯이 매일 저녁약속이 꽉 잡혀있다. 1992년 해프닝으로 끝난 다미선교회의 '휴거 사태'와 유사하다. 당시 휴거 예정일은 10월 '28일', 김영란법 시행은 9월 '28일.' 저녁이 있는 삶이 기다린다. 조금만 더 힘을 내자.'

농담처럼 들렸지만 휴거라는 대소동에 비교될 정도로 관련 업계에서는 난리도 아니었다. 시행일을 몇 주 앞두고부터 기자들이 낮에도 여기저기 간담회 같은 행사에 불려다니느라 정신 없었다. 하루에 몇 건씩 행사 스케줄이 잡히기도 했단다. 간단히 안부 연락이라도 하려 해도, 다들 행사장이라며 통화가 곤란하다고 양해를 구했다.

"인기 스타도 아닌데, 요새는 하루에 행사를 몇 개씩 뛰어다녀야 하는 상황입니다."

법이 시행되면 행사나 식사 같은 모임을 쉽게 할 수 없으니, 여기 저기서 모임을 서둘러 진행했다. 그러니 불려다니는 기자들은 몸이 몇 개라도 모자랄 지경이었다.

법 시행에 조금 앞서 광화문을 중심으로 오랜 역사와 전통을 자랑하는 한정식집들이 문을 닫았다. 화려하지 않았어도 전통이 있었고 무엇보다 그 집으로 예약하면 정성들여 모신다는 느낌이었다. 공무원이나 언론을 상대할 일이 없는 사람이라면 남의 일처럼 들릴지도 모르지만 김영란법은 내게도 그대로 적용된다. 하지만 걱정은 없다.

그중에 제일은 '코 밑의 진상'

법시행 전에 몇 번 테스트 해본 적도 있다. 여름에 아이들과 동네에서 장어구이로 저녁을 먹었던 적이 있었다. 장어 시세를 꿰고 있지 못했기에 메뉴판을 보는 순간 입이 쩍 벌어졌다. 웃고 있는 아이들의 얼굴을 보며 속으로 2인분을 주문할지 3인분을 할지 고

거짓말하지 않고 회사를 구하는 방법

민했다. 2인분을 주문했는데, 먹성 좋은 사내 애들에게 턱도 없었다. 마침 장어 물량이 떨어져 추가하지 못했다. 나는 소주 한 병에 사이드메뉴로 나온 채소와 국물만 먹었는데 식대가 거의 9만원 가까웠다. 장어는 접대 메뉴에서 빼야 했다.

또 한번은 친구 2명과 여의도 증권가 지하 막회집에서 한잔 할 기회가 있었다. 저렴한 세꼬시 안주와 딸려나온 콩나물국을 안주로 소맥을 마셨다. 중년 남자 셋이 먹기에 한 접시로는 턱없이 적어 한 접시를 추가했다. 최대한 싸게 먹었다고 생각했는데 영수증에 14만원 가까이 찍혔다. '김영란법, 쉽지 않다'는 생각이 엄습했다.

이제 접대는 쉽지 않다. 음식을 잘 차려 예를 갖춰 대하는 것을 대접이라 하고, 귀한 손님들에게 시중을 잘 들어주는 것을 접대라 한다. 김영란법이 만들어지면서 접대를 많이 해야 하는 기업들은 멘붕이 올 수밖에 없다. 시행 전후해서 적지 않은 혼란이 있었다.

접대는 부정적인 것이 아니다. 함께 음식을 먹으면 더 돈독해지는 것은 동서양을 막론하고 당연한 이치다. 보통 접대라면 비싸고 귀한 술과 음식으로 상대의 마음을 얻는 것이라 생각하게 된다. 정성의 크기를 나타내기 위한 수단으로 값비싼 음식이 이용된다.

서먹한 사람들이 친숙해지기 좋은 조건은 뭔가 먹으면서 화기애애한 대화를 나누는 것이다. 맛있는 음식일수록 효과는 더 좋다. 음식은 긴장을 풀어주는 동시에 때로는 대화의 매개체가 되기도 한다. 후배들에게 늘 이야기 하던 것이 '사람과 친해지기 위한 여러 조건들이 있지만 그중에 코 밑에 진상이 제일'이었다.

서울에서 맛있다고 하는 곳은 상당히 다녀봤다. 업무 7~8년차까지 '서울 시내 맛집 300선'을 주머니에 넣고 다녔다. 식사 하나라도 성의 있는 자리를 마련하고자 하는 욕심이었다. 소문난 집일수록 서둘러 예약해야 한다. 언론 업무의 특성상 예상치 못한 일이 많아 어떤 때는 두어 군데를 동시에 예약하기도 했다. 기자 일정을 확인해 한 군데를 취소하는 것이 방법이었다. 요즘 No-show가 사회적인 문제이니 사전에 예약을 취소해서 식당에서 헛일 하는 일이 없어야 한다. 바쁜 점심무렵엔 이것도 일이었다.

데스크나 선배 기자들은 스케줄을 스스로 조절하기에 갑작스런 변경은 잘 없다. 데스크들은 또 내부 근무를 주로 해서 신문사 근처를 선호한다. 고참들의 경우 주로 가는 출입처가 있어서 그 근처 숨은 맛집을 선호한다.

샐러리맨의 스트레스 중 하나가 '오늘 뭐 먹지?'다. 요즘은 혼밥도 흔하지만 끼니마다 뭘 먹을지 결정하는 것도 고민이 된다. 짜장면이냐 짬뽕이냐와 같이 된장찌개로 할지 김치찌개로 할지도 고민이다. 이렇게 자신의 메뉴 하나 정하는 것도 고민되는데, 여러 사람들의 기호를 맞추는 것이 쉬운 일은 아니다. 오버해도 안 되고 부족해서도 안 된다. 그렇다고 아무거나 먹을 수도 없다.

나만의 소중한 것을 함께하는 마음

심각한 회사 일과 관련한 이야기를 나누게 될 자리인 만큼 조용한 분위기가 필수였다. 우연히 옆 테이블에서 듣거나 하는 불상사를 피하기 위해 비용을 더 치르더라도 적절한 장소가 필요했다. 예전엔 주로 일식집을 찾았다. 방으로 꾸며져 있어 이야기 나누기 편했고, 비싼 만큼 맛도 좋았다. 특히, 저녁은 술이 더해져 약간의 들뜸이 있기 마련인데, 목소리도 커진다. 고기집도 거의 등이 맞닿을 정도로 테이블이 붙어 있는 홀보다 룸이 선호된다.

나와 함께했던 사람들의 반응이 뜨거웠던 곳은 일식집도 고기집도 한정식집도 아니었다. 저녁에 한잔 걸치고 늦은 밤시간 출출했던 속을 부여잡고 함께해서 그랬는지 몰라도 사람들 반응이 가장 감동적이었던 곳은 남대문시장 귀퉁이에 있는 작고 허름한 칼국숫집이었다. 초저녁부터 술과 고기로 배불리 먹었어도 술자리 파할 때가 되면 술 기운 탓인지 아니면 소화가 다 되어서인지 의외로 속이 허전했다. 이럴 때 따끈한 국물이 있는 간단한 요기거리가 딱인데, 의외로 적당한 곳 찾기가 쉽지 않았다. 광화문 인근 해장국집이 좋기는 한데 해장국은 또 다시 술을 부르기 십상이다.

자주 가던 칼국숫집이 있었다. 처음에 옆 부서 팀장 손에 이끌려 갔는데, 얼큰하고 따끈한 칼국수 한 그릇은 다음날 컨디션에도 도움됐다. 술 마신 뒤에 따라갔기에 뒷날 혼자 그 집 찾는데에 적지 않은 시간을 허비했다. 골목을 한참 헤매다 겨우 발견했는데, 멀쩡한 정신으로도 찾기 어려울 정도로 자그마했다. 그뒤로는 혼자서도 습관처럼 찾았다. 함께 갔던 기자들이 여럿인데 한번도 실망한 적이 없었다. 초저녁 화려하고 맛난 메뉴 때보다 그 칼국수에서 뱉은 감탄사가 훨씬 컸다. 지금은 올랐지만 그때 한 그릇이

단돈 3,500원이었다. 가격 대비 만족도는 최고였다.

　음식 맛도 중요하고 언제 어떻게 먹느냐 하는 것도 중요하지만 누구와 함께하는지가 더 중요하다. 자신이 간직한 비밀스런 아지트를 공개하는 것과 같이, 늦은 시각 출출한 속을 달래기 위해 찾았던 그곳은 오랜 벗에게 털어놓는 속마음이나 마찬가지였다. 그래서 시장 골목 안에 숨겨진 작은 가게를 그들은 오히려 더 귀하게 생각하는 듯했다.

　땀을 흘려가며 대접을 두 손으로 받들고 마지막 한 방울의 국물까지 음미하면서 먹곤 했다. 속을 든든하게 채운 뒤 각자 집으로 향했고, 대접 아닌 대접을 받은 그들과는 조금 더 가까워져 있었다.

거짓말하지 않고 회사를 구하는 방법

회장님보다 더 높은 '형님'

"형님이라고 한번만 불러주면 안 되겠나?"

"갑자기 왜 그런 말씀을 하십니까? 차차 부르겠습니다."

"꼭 형님이라는 소릴 듣고 싶어서 그래."

"다음부터 그렇게 부르겠습니다."

"아니, 오늘 한번만이라도 불러주면 안 될까?"

"…………"

예전에 겪었던 일화다. 커뮤니케이션 일을 하면서 기자를 포함해서 NGO단체, 여당 당직자, 국회 전문위원, 청와대 행정관뿐만 아니라 정치인과 만날 기회도 있었다. 행사장 같은 곳에서 악수만 나누고 헤어지기도 했지만 가끔은 별도로 만나기도 했다.

첫 만남에서는 명함에 있는 직위를 존칭으로 사용하게 된다. 아무리 작은 회사 회장이라도 명함에 회장이라고 되어 있으면 '회장님'이라고 부르고, 아무리 큰 회사에서 수천억원을 주무르는 큰 권한이 있어도 과장이면 짤 없이 '과장님'인 것이다. 요즘은 사장이라고 부르지 않고 대표라고 부르는 것이 더 정중하면서도 자연스러운 것 같다.

'형님', 내 스스로를 낮추는 의미

호칭은 시대의 트렌드를 반영한다. 사장님이라고 부르면 열에 일곱은 돌아봤던 시절이 있었고, 감독님이 유행하던 시절도 있었다. 방송국이나 영화사들이 많던 충무로나 여의도에서 감독님하고 부르면 다 돌아보던 시절도 있었다. 실장님도 유행했었지만 아무래도 호칭 중에서 가장 권위 있는 것은 '회장님'이 아닐까 싶다. 누구나 큰 조직을 만들어 이끄는 리더나 명망 있는 사람이 되고 싶어하기에 회장님 호칭을 마다할 사람은 없다.

하지만 내가 사용하는 극존칭이 따로 있다. 커뮤니케이션 분야에서도 신뢰 관계가 오래 지속되면 이 극존칭을 사용한다. 잘 모르는 사람들은 오해할 수도 있겠지만, 바로 '형님'이라는 말이 가장 극존칭이라는 나만의 궤변을 가지고 있다.

'형님'은 인간적으로 스스로를 상대보다 낮추는 말이다. 인간 그 자체를 따르겠다는 의미를 포함한 말로써 존경심, 친밀도, 관계성, 태도 등 모든 것을 녹여서 표현하는 말이다. 뒷골목 보스에게 이 호칭을 사용하는 것도 아마 일맥상통하리라 본다. 사내에서

거짓말하지 않고 회사를 구하는 방법

'부장, 상무, 부사장'으로 불리지만 사적인 자리에서는 '형님' 또는 '큰 형님'으로 통하는 관계도 많다.

나는 '형님'이라는 호칭에 아주 특별한 의미를 부여한다. 절대 아무에게나 그 호칭을 사용하지 않는다. 제 아무리 나이가 많고 직급이 높고 사회적으로 인정받는다 해도 그 사람 자질이 내가 생각하는 범주에 들어오지 않으면 '형님'이라는 호칭을 입에 담지 않았다.

삼국지에서 주인공 유비, 관우, 장비는 서로 의기투합하여 의형제를 맺는다. 유비가 맏형, 다음이 관우, 장비가 막내다. 사실 큰 형인 유비보다 동생인 관우가 더 연장자다. 관우는 비록 나이가 더 많았지만 스스로를 낮추어 유비를 형님으로 모셨고 훗날 주군으로 받든다. 유비의 사람됨을 알아봤기에 형님으로 모셨던 것이다. 그게 진정한 관계고 그런 유비를 알아보고 마음이 통하는 커뮤니케이션이 있었기 때문이다.

연배 있는 사람들과의 모임에서 형님이라고 부르는 사람도 있었고 그냥 대표나 사장님으로 부르는 사람도 있었다. 처음 만난 사람들은 그 차이를 잘 몰랐지만 몇 번 만나다보면 내게서 대표나 사장이라고 불리는 것보다 형님으로 불리고 싶어들 했다. 하지만 형님이라는 말이 지닌 가치를 생각해 존경하고 따를 만하다는 판단이 설 때야 형님으로 모셨다. 지위가 높거나 지식이 많거나 돈이 많아서가 아니라 인품이 기준이었다.

'형님', 뜻을 좇아 따른다는 의미

예전에 같이 일하던 선배가 국회의원 비서관 출신이라 인맥이 상당히 넓었다. 집권당 당직자들은 물론이고 전국 각지의 사업가들과도 두루 친분을 맺고 있었다. 가끔 함께 자리를 가지기도 했는데, 그때는 어떻게든 회사가 살아남도록 도움을 청하고 다닐 때였다. 어느 날 선배와 몇몇 사업가들이 함께하는 저녁자리에 끼게됐다. 안면이 조금 있던 한 사업가가 내게 특별히 친하게 지내자면서 '형님'이라는 말을 끄집어냈다.

"자네는 항상 정중하고 각듯한 태도가 변함 없구만."

"감사합니다."

"항상 깔끔하게 입고, 흐트러진 걸 못 봤어."

"아, 예…."

"회사도 자네에게 기대가 엄청 크겠어. 우리와도 잘해나가면 좋겠어. 그런데 나한테 너무 정중하게 대하는 것 같아. 이제 편하게 형이라 불러."

"예? 무슨 말씀이신지요? 뵌 지 얼마 안 되는데 어떻게 감히…."

"자네한테 형님이라는 소리를 꼭 듣고 싶어. 그러니 형님이라고 부르게."

"차차 부르겠습니다."

"오늘 형님이라는 소리를 꼭 좀 듣고 싶어."

그때 옆자리에 함께했던 선배가 한마디를 거들고 나섰다.

거짓말하지 않고 회사를 구하는 방법

"사장님, 좀 기다리시지요. 이 친구는 쉽게 형님이라고 부르지 않습니다. 저와 2년이 넘게 같이 일하고 있는데, 절 형님이라고 한 적이 한번도 없습니다. 하하하."

무슨 일인지 그 대표는 통사정을 하듯 말을 이어나갔다. 저녁 식사에 이어 술자리에서도 몇번을 졸랐다.

"그러면 오늘 딱 한번만이라도 형님이라고 불러주게."

"다음에 뵐 때 그렇게 부르겠습니다. 제가 사람 가리는 것처럼 오해하시는 거 같습니다만, 아직 제가 어떤 놈인지도 잘 모르실 텐데요."

"괜찮아, 다른 사람은 필요 없고 자네한테 형님이라는 소리를 오늘 꼭 좀 듣고 싶어. 한번만이라도 형님이라고 불러주면 안 되겠나?"

옆에 있던 선배가 한술 더 떠서 거들고 나섰다.

"형님이라고 부른다고 혀가 닳는 것도 아닌데, 한번 불러드려. 죽은 사람 소원도 들어준다는데…."

참 어색한 상황이었다. 그 사업가는 지방에 번듯한 기업체를 운영하고 있었다. 다른 사람이 부르는 호칭은 개의치 않으면서도 내게서 형님 소리를 듣고 싶어 저녁 내내 안달이었다. 괜한 것 가지고 오해받기도 싫고, 분위기 망치기도 싫어서 그날 두 번인가 '형님'으로 불렀다. 덕분에 그날 저녁 자리는 유쾌하게 끝났다. 하지만 다시 만났을 때는 두 번 다시 형님이라는 말을 입에 올리지도 않았다.

조금만 친해져도 형님 동생이라 부르는 사람이 많다. 아래 위한 살 정도는 친구로, 그 이상 벌어지면 자연스레 형님 동생이다. 친근감의 표현이기도 하지만 영업이나 커뮤니케이션 같은 경우 업무상으로도 상당히 도움된다. 형님이라 부른다는 것은 친밀함을 넘어 더 큰 의미가 있다. 君師父一體(군사부일체)라 하여 그림자도 밟지 않고 섬겨야 할 세 사람이 있다. 그런 연장에서 '형님'은 뜻을 좇아 따르고 함께하겠다는 커뮤니케이션 의지다.

속으로 외쳐 부르는 사부곡(師父曲)

한국 사회에서 네트워크는 상당히 중요하다. 선배와 후배, 사수와 부사수는 보통 인연이 아니기에 지역, 학교, 직장 그것도 아니면 모임에서라도 선후배로 서로 엮이는 것이다. **일을 누구한테서 배웠는지도 중요하다.** 명성을 들어서 익히 알고 있는 선배 밑에서 일을 했다는 것만으로도 인정받는다. 상대방이 선배를 알고 있거나 함께 일해본 경험이 있다면 그냥 묻어간다. 누구를 만나든지 호구조사가 대화의 초반을 장식할 때가 많다.

사부님으로 모시는 두 분이 있다. 모두 대우그룹의 마지막을 함께한 정통 홍보맨이었다. 대우그룹에서 하루도 일을 해보지 않았는데 어떻게 인연이 되었는지도 신기할 따름이다. 2005년 봄, 대우그룹 김우중 전 회장을 모실 기회가 있었다. 검찰 조사를 받을 때 말석에서나마 사부님을 조력했다. 그 인연과 평계로 대우그룹과 인연을 가진 사람들을 만날 때면 늘 나 스스로를 '대우인의 피가 절반쯤 흐르고 있는 사람'이라고 좀 과장된 소개를 했다.

배수의 진을 친다는 것

관련 법조항이 개정된 이후 2005년 무렵 세눅스의 말년은 희망이 전혀 보이지 않았다. 메이저리그의 유명 선수이자 감독이었던 요기베라의 명언, '끝날 때까지는 끝난 게 아니'라는 말처럼 마지막까지도 뭔가 한 가닥 희망을 품고 있었다.

그때는 회사가 힘든 상황임을 알고 있던 기자들이 오히려 밥을 사겠다거나 술을 한잔 살 테니 나오라는 얘기를 먼저 했다. 마지막 반전을 시도하려면 그들과의 네트워크가 무엇보다 소중했다. 그 인연은 어떻게든 지키고 싶었다.

당시엔 하루 하루가 버티기 힘들었다. 심지어 출퇴근이나 밥값도 버거울 정도로 회사가 암울했다. 밀린 급여가 쌓여 있었고, 컵라면과 햇반으로 사무실에서 허기를 채웠다. 가정 생활을 꾸려나가는 것도 쉽지 않았다. 버젓이 기자들 만나서 식사나 차 대접을 하는 것은 언감생심이었다.

기자가 먼저 연락해서 만나자고 하니 그처럼 감사한 일이 또 없었다. 하늘이 무너져도 솟아날 구멍이 그런 기자들과의 인연에서 생길 수 있을 거라 생각했다. 정 답답할 때면 당시 한 언론 매체의 대표직을 하고 있던 첫째 사부님을 찾아가서 조언을 구했다.

초기 세녹스의 홍보대행을 했던 업체의 대표이사였다. 회사가 힘들어지자 몇 개월 치의 홍보대행 수수료조차 받지 못한 채 계약은 파기됐다. 회사와의 관계는 파국이었지만, 줘야 할 돈도 주지 못한 회사에 몸담은 내가 번번히 도움을 요청하는 뻔뻔스런 관계를 이어갔다. 한번도 그런 내색 없이 온갖 조언을 아끼지 않았다. 그러다 2005년 봄, 전화를 걸어와 한마디를 불쑥 던졌다.

"내 선배가 전화할지도 몰라. 들어보고 판단해!"

무슨 이야기인지 감을 잡을 수 없었다. 십여 분 뒤에 핸드폰이 울렸다. 대우그룹 마지막 홍보담당 전무이사였고, 전설 같기만 하던 분이 전화기 너머에서 말을 건네오고 있었다.

"내일 오전 10시에 광화문 종로구청 근처에서 봅시다."

통화를 하는 동안에도 그랬고 끊고 나서도 한참동안 어찌 이런 분이 내게 연락하는 일이 있을까 하는 생각뿐이었다. **메이저 리거들이 이름 없는 동네 야구선수에게 기회를 주는 것 같았다.** 세녹스는 더 이상 가망 없어 잔류하던 사람들이 따로 나와 바이오디젤 제품을 수입 판매하거나 차라리 중국 쪽으로 진출해서 판을 벌여보자고 꿈틀거리던 시기였다. 자금이 부족한 사정에 쉽지 않았고, 동남아에서 쉽게 구할 수 있는 팜유에 관심이 모아졌다. 사무실 임대 후 집기도 들여놓고 사업계획까지 준비하고 있었다.

전설로만 생각했던 그분이 직접 전화까지 해왔다. 일을 해오면서 가장 목말랐던 것이 '내가 하는 커뮤니케이션이 제대로 된 것인지에 대한 검증'이었다. 전화 끊고 한참을 생각했다. 아무것도 정해진 게 없지만 인생의 새로운 국면이 펼쳐지고 있는 시점이라는 생각이었다.

옆에 있어 주는 것이 제일 큰 가르침이다

결국 그날 밤에 모든 것은 정리했다. 마치 뭔가에 홀리기라도 한 듯이 밤에 경영진의 집까지 찾아가 작별인사를 나눴다. 그리고 다음날 오전 종로구청 근처에서 사부님을 만났다. 생각보다 작은 체격이었지만 은은히 풍기는 인간적 면모가 왠지 모르게 끌렸다. 사부님은 이미 비밀 아지트 하나를 마련해두고 계셨다. 종로구청 옆 오피스텔로 자리를 옮겼다. 그러고는 단도직입적으로 말했다.

"같이 일을 할 사람이 하나 필요하네."

두 번 생각해보지도 않고 바로 대답을 했다.

"예, 제가 하겠습니다."

"어떤 일인지 들어보지도 않고 결정해도 되나?"

뵙기 전부터 동경하고 존경하던 분을 앞에 두고 있었기에 두 번 생각해볼 필요가 없었다. 하나라도 제대로 배우고 싶은 심정뿐이었다. 그런 마당에 같이하자는 제안을 받으니 생각해보고자시고 할 것도 없었다. 즉각적인 답에 오히려 사부님이 뜻밖이라 생각하셨는지 얘기를 들어보고 결정하라 했지만 이미 맘을 굳히고 있었다.

"결혼은 했다고 들었고, 애도 있나?"

"예, 두 돌 지난 사내아이 하나 있습니다."

"의료보험이 필요할 거 같은데."

"아뇨, 요새는 지역의료보험도 괜찮습니다."

"정규 조직이 아니라서 제대로 된 급여 지급도 힘들지 몰라."

"괜찮습니다. 애초에 급여보다 하나라도 더 배우는 것이 더 중요하다고 생각했습니다."

"그럼 같이해봅시다. 일단 귀가했다가 내일부터 챙겨보도록 해요."

"예, 그런데 굳이 내일부터 할 필요 있겠습니까? 바로 시작해도 괜찮습니다만."

"아, 그럴까요? 그러면 각 언론사 데스크로 보낼 레터부터 한 장 써봐요. 내용은 작은 장소를 하나 마련했고 슬슬 준비해서, 조만간 제대로 연락을 드리겠다는 정도로…."

"예, 알겠습니다."

결정은 신속했다. 바로 일에 착수했다. 첫 만남부터 일 시작까지 종로구청에서 사무실까지 걸어온 시간을 빼면 불과 삼십 분도 되지 않는 시간 안에 정리됐다. 그 짧은 만남과 대화가 인생의 큰 강물이 흐르는 방향을 전격적으로 바꿔놓았다. 그날 오후 각 매체 산업부장에게 보낼 초안을 보시고 사부께서 한마디 하셨다.

"글은 좀 되네."

처음으로 뭔가 제대로 인정받은 느낌이었다. 수년간 커뮤니케이션 관련 일을 해왔지만 혼자 생각하고 혼자 실행할 수밖에 없어 잘 하고 있는 것인지 항상 불안했다. 사람 하나 소개받을 수 없었고, 막힐 때 도움을 요청할 만한 사람도 옆에 없었다.

그렇게 사부님을 만났다. 인생의 큰 변곡점이었다. 그냥 사부님이 아니라 대한민국 커뮤니케이션 분야에서 손가락으로 꼽을 수 있는 몇 안 되는 분이 가까이 계신다는 생각에 절로 힘이 생겼다. 같이 일하면서 실제 직접 이것저것 지시하거나 가르쳐준 건 별로 없었다. 하지만 옆에 있는 것만으로도 이미 많은 것을 배울 수 있었다. 사부님이 들으면 어떨지 모르겠지만, 대우그룹의 마지막을 잘 알고 있는 기자를 만날 때면 자칭 타칭 '사부님의 마지막 애제자'로 스스로를 소개해왔다. 두 분 사부님께는 늘 감사하는 마음 가득 가지고 산다.

거짓말하지 않고 회사를 구하는 방법

7장.
네버엔딩
커뮤니케이션

바라는 것은 당신의 안전입니다

2010년 월드컵 전후의 일들이 기억에 많이 남는다. 뭘 기대했던 것은 아니었다. 아프리카로 출장가는 기자들에게 조금이라도 도움을 주려 한 일이었다. 회사는 아프리카대륙의 남단, 남아프리카공화국에 생산법인을 두고 있다. 무역이나 유통 또는 판매 법인을 아프리카에 둔 기업들은 있어도 생산법인을 운영하는 국내 기업은 아주 드물었다. 아프리카의 유럽이라 불리는 남아공마저도 생산 공장을 돌리기엔 난제들이 많은데 다른 국가들이야 말할 필요도 없었다. 남아공 생산법인은 2000년에 인수하여 십 년 이상 성공적으로 운영되고 있었다.

사소해도 남들 모르는 정보가 힘이다

2009년으로 접어들면서 월드컵 분위기가 나기 시작했고, 붐을 타고 남아공에 진출해 있던 국내 대기업과 코트라의 홍보전도 달아올랐다. **남아공이 아프리카에서 가장 발달하긴 했지만 상상할 수 없을 정도로 치안이 불안했다.** 남아공 정부가 치안을 강화한다고 했지만, 사실 월드컵이 열리던 시기조차 각국의 취재진들이 호텔이나 경기장에서 강도나 도난 같은 사고를 빈번하게 당했다.

남아공에서 십 년 이상 근무했던 선배나 남아공 현지 동료들이 한국을 다녀갈 때마다 이야기를 숱하게 들었다. 들뜬 기분으로 출장 간다는 기자들을 봤을 때 걱정되지 않을 수가 없었다. 지금도 그렇지만 편도 비행시간만 24시간이 넘게 걸리는 남아공은 쉽게 갈 수 있는 곳이 아니었다. 쉽게 갈 수 없다는 점도 그 시기에 맞춰 수많은 기자들을 남아공으로 불러들인 이유 중의 하나였다.

처음엔 우연히 출장 소식을 들었지만 그 다음부터는 일부러 출장 예정자를 찾았다. **우리 회사를 어필하려는 마음보다는 출장 가는 모든 기자들이 안전하게 다녀올 수 있다면 하는 바람뿐이었다.** 모르는 사이라도 만나서 이런저런 이야기도 해주고 그럴 여건이 안 되면 전화 통화라도 했다. 기자들에겐 해외 출장이 흔하지만 아프리카는 예외라는 것을 알렸다. 일부러 입소문이 날 수 있도록 유도했다.

'남아공 취재를 가기 전에는 꼭 사전에 주의사항을 듣고 가십

거짓말하지 않고 회사를 구하는 방법

시오.'

남아공은 생각처럼 안전한 곳이 못 되었기에 여러 가지 주의할 점을 알려주었다. 현지에 도착한 뒤 취재처 방문까지 어정쩡하게 시간이 남을 경우엔 현지법인에서 근무 중인 동료로 하여금 공항으로 픽업을 나가도록 하겠다고 제의했다.

"그럴 필요 없습니다. 공항에서 택시로 점심 때까지만 코트라로 가면 됩니다."

"도착 시간이 7시반일 텐데요. 점심 때까지 혼자 있으면 위험합니다."

"그걸 어떻게 아세요?"

"현지법인 근무자들이 종종 오가기 때문에 항공 스케줄은 알고 있습니다. 공항에서 혼자 있는 것도 그렇고 밖에 나가면 더 위험하니까, 저희 현지 근무자를 보내겠습니다."

"뭘 그렇게까지…."

"아닙니다. 안전이 제일이니까요. 저희쪽에서 사람을 보내서 모시고, 아침 식사 같이 하시면 코트라까지 모셔다 드리겠습니다."

"……"

'우리 회사도 형편이 좀 된다면 남아공 현지 법인을 활용해 다양한 홍보를 할텐데' 하는 안타까움은 있었지만 어쩔 수 없었고, 안전하게 모시는 것 정도는 현지법인을 운영하는 기업에서 당연히 해야 한다고 생각했다. 다행히 현지에서 일하던 동료가 부탁을 흔쾌히 들어줬다. 아침 일찍 한 시간 가까이 차를 몰고 공항까지 가서 생면부지 기자를 데리고와 식사하고 남는 시간을 함께 보낸다는 것이 쉽지 않은 일인데 지금 생각해도 너무 감사하다.

누가 출장을 가든 공항 마중과 아침 식사를 제공했다. 남는 시간엔 차 마시고 공장 구경 삼아 산책도 하고 코트라로 데려다주기도 했다. 어떨 때는 기자가 현지 취재를 마치고 저녁에 시내 구경이라도 하고 싶다면 밤 외출도 함께했다. 또 어떤 기자는 뜻하지 않게 반나절이나 시간이 난 덕분에 둘이서 국내와는 비교도 안 되는 비용으로 골프까지 즐겼다고 전하기도 했다.

남아공은 낮에도 위험하지만 밤에는 더 무시무시하다. 취재차 현지에 갔다온 한 기자는 "요하네스버그 시내 유명호텔에서 묵었는데, 새벽 무렵에 총소리가 몇 번 들렸어요. 호텔 방에서 이불 뒤집어쓰고 얼마나 무서웠는지 몰라요."라고 소회를 밝히기도 했다.

공항 픽업과 아침 식사라고 해봐야 큰 돈 드는 것은 아니었지만 먼 이국 땅에서 그런 환대를 받은 감회는 남달랐던 모양이었다. 떠나기 전 안내 정보와 현지에서 챙겼던 동료 덕분에 출장 갔던 기자들은 취재를 보내준 기관이나 기업보다 우리 현지 법인이 더 인상 깊었던 것 같았다. 덕분에 바라지도 않았던 우리 회사 기사를 대문짝 만하게 실어주곤 했다. 돈 한푼 들이지 않고 정성으로 빚어낸 결과였다.

처음엔 다들 믿기 힘들어 했다. 아프리카의 유럽으로 알려진데다, 월드컵도 유치했고 무엇보다 21세기에 그런 일이 있을까 했다. 현지에서는 일단 무채색 옷으로 입는 것이 덜 위험하다. 해가 지면 호텔 문 밖을 나서지 말고, 차로 이동할 때도 교차로 신호등이 빨간불이어도 차를 멈추지 말라. 멈추면 차 창을 깨고 강도를 당할 수도 있다. 일단 강도가 덤빌 때는 절대 저항하지 말고 얼른 줘버리는 것이 생명을 지키는 길이라 했다.

그들의 안전을 위해 관심과 배려를 제공하다

남아공이 위험한 이유는 인접 국가들 때문이기도 하다. 국민 소득 수준이 말이 안 될 정도로 낮고 수입도 없는데다가, 아프리카 특성상 국경을 쉬이 넘나들 수 있기 때문이었다. 100불이면 인명을 해치는 일도 서슴없이 한다는데, 경찰 도움도 기대할 것이 못 된다는 것이었다.

기자들도 '설마, 남아공은 꽤 발전한 나라인데'라고 하다가도 생생한 얘기에 다들 입을 다물지 못했다. 소문이 나자 출장 가기 전에 나를 일부러 만나고 싶어들 했다. 전화를 통해서라도 조언을 구했다.

당시 방송국도 남아공을 주제로 프로그램을 제작했는데, 어떻게 알았는지 모 방송국의 2010년 신년 특집 다큐멘터리 촬영을 위해 PD 3명이 찾아왔다. 남아공 할렘가를 집중적으로 취재, 촬영하고 싶다고 했다. 그 말을 듣는 순간 아연실색할 수밖에 없었다.

"할렘가는 남아공 사람들도 꺼립니다. 목숨이 담보되지 않는 위험한 일입니다."

남아공 관련 얘기를 들려주자 못 미더워하는 눈치가 역력했다. 미지에 대한 낭만적인 생각과 건장한 남자 셋, 모두 군대를 다녀왔고 유단자도 있는데다 험하다고 하는 외국의 다른 곳들을 취재한 경험도 많아서 두려울 것 없다고 했다. 열흘 동안 현지 가이드를 동행해서 촬영하고 신년 초에 방송할 생각에 PD들은 모두 의욕이 충만해 있었다.

"좋은 생각입니다만, 다큐멘터리 하나가 목숨을 걸 만큼 가치가 있는지 한 번 더 생각해보십시오."

때마침 현지에서 근무하는 팀장이 국내에 잠시 들어와 있던 참이어서 짬을 내달라고 부탁했다. 무려 두어 시간 가까이 대화가 오갔다. 결국 PD들은 재고하겠다는 결론에 이르렀고 다시 편집회의를 하겠다고 말을 남기고 돌아갔다. 며칠 뒤 연락이 왔다.

"편집회의 결과 촬영 계획이 취소되었습니다."

감사의 뜻을 전해왔다. 비로소 안도의 한숨을 내쉬었다. 남아공을 폄하할 의도는 전혀 없지만, 남아공 현지에 먼저 진출해서 생산 법인을 운영하는 회사의 커뮤니케이터로서 의무감을 스스로 부여했다. 다른 나라 취재진이 경기장 주차장과 심지어 묵고 있던 호텔방에서도 돈이며 장비를 빼앗겼다는 뉴스가 계속 나왔다. 그런 상황에서 적어도 한국 취재진에게 불상사를 조금이라도 줄인다면 그 자체가 보람이라 생각했다. 그래서 기자들을 만날 때면 남아공 출장 계획이 있는지 계획을 묻고 확인했다.

뭔가를 바라고 의도적으로 했다면 그런 속내는 금방 들통났을 것이지만 순수하게 걱정해주는 마음은 의외의 수확으로 이어졌다. 한동안은 정말 열심히 남아공을 입에 달고다녔다.

거짓말하지 않고 회사를 구하는 방법

커뮤니케이터 : 시크릿 에이전트

커뮤니케이션 담당자로 살아오면서 늘 듣는 이야기가 있다.

'술 잘 마시겠군. 폭탄주는 몇 잔이나 마시나?'

'밤새 술 마셔도 끄덕 없어야 하는 거 아냐?'

'몸으로 때우는 것 아닌가?'

'기자 몇 명이나 알고 있나요? '○○일보, ○○○씨 아니요?'

'바쁜 아침에 신문이나 보고 있고, 팔자 좋다.'

'광고나 협찬으로 돈 써가면서 기사 내는 거 누가 못해?'

'신문에 나오는 기사들 다 돈 받고 하는 거 아냐?'

'돈 쓸 줄 만 아는 팀! 회사 돈으로 비싼 것 먹고다녀서 좋겠다.'

'○○신문, 그런 매체 누가 보기나 하나?'

'이것도 못 빼?' '이것 밖에 못 내?'

'어제 ○○신문에 난 기사 좋던데, ○○신문에도 실어봐.'

'아니 그것도 몰라?'

'왜, 여기저기 쑤시고 캐묻고 다녀?'

대개 커뮤니케이터 하면 사람들이 떠올리는 것들이 이런 정도다. 아마도 드라마의 영향도 무시 못하리라. 기업의 어릿광대 정도로 생각하는 사람도 있어서, 회식자리에서는 흥을 돋워주는 사람으로 여기기도 한다. 누가 되었든 그들이 알고 있는 지식과 정보 이상의 것을 알고 있어야 한다고 오해하기도 한다.

끼와 재능이 커뮤니케이터의 기본은 아니다

이런 오해는 커뮤니케이터 중에 뛰어난 재능을 가진 사람들이 유달리 많기 때문인 것 같다. 언론을 비롯한 외부 관심을 끌어야 하고 외부 행사를 비롯한 많은 일들로 외근이 잦다. 공시며 재무며 기업 내부사정에 대해 누구보다 많이 안다. 최고경영진의 의중이 무엇인지, 어떤 이야기를 했는지 두루 파악하고 있다.

본사에 있으면서 공장 돌아가는 사항을 훤히 본다. 접대도 많아서 음주가무부터 골프, 당구, 바둑, 고스톱이나 카드 같은 잡기의 고수들도 많다. 글 쓰는 능력이 있으면서 사업을 꿰뚫는 안목과 화술이 뛰어난 사람도 많다. 사내에서 섭외나 취재를 다니며 주목받는 상황도 많고 전략회의 같은 부담스런 자리도 스스럼없이 끼는 참모다. 업무의 특성상 웬만한 부서보다 훨씬 다양한 경험을 하게 된다.

사실 나는 잡기라곤 할 줄 아는 것이 없다. 술 마시며 대화 나누는 정도는 좋아하지만 노래방에서는 마이크 근처에도 잘 가지 않는 스타일이고, 골프는 아직 채도 한번 잡아보지 못했다. 어쩌다 친구들과 스크린골프장엘 가더라도 박수나 치고 배달시킨 짜장면이나 축내는 위인이다. 당구를 조금 치기는 하지만 대학 1학년 때 실력 그대로 지금도 150 수준이다.

사람들은 잘 믿으려들지 않는데, 포커는커녕 고스톱도 칠 줄을 모른다. 화투 그림이 뜻하는 숫자를 알지 못한다. 수학여행이나 엠티를 비롯해서 어디서든 고스톱 치던 친구들 등을 바라본 기억뿐이다. 주윤발, 유덕화, 주성치가 나왔던 홍콩 느와르물도 영화 자체를 좋아했지 주인공 손바닥 카드 패의 절묘함에 대해서는 전혀 몰랐다. 주인공이니까 당연히 이기는 패인가 보다 했다.

지금도 골프는 하지 않는다. 혹자는 '큰 일을 하려면 골프를 쳐야 한다'거나 **'골프도 못 치면서 무슨 커뮤니케이션을 한다고 하냐?'**고도 한다. 골프를 하게 되면 한마디로 노는 물이 달라진다는 식이다. 일견 맞는 말 같지만 꼭 그렇지만은 않다. 활동 범위가 더 넓어지면 아무래도 깊이 있는 대화를 많이 나눌 수 있기에 더 낫다. 하지만 커뮤니케이션이라는 것이 어느 날 어느 곳에서 완성되는 것이 아니다. 평소 그와 얽힌 모든 생활이 다 커뮤니케이션의 연장 선상에 있다. 불과 얼마 전까지만 해도 젊은 기자들이 나에게 수시로 골프를 함께 가자고 졸라댔다. 막 입문해 재미를 느낄 시기인데, 같이 갈 만한 사람이 없어서였다. 심지어 어떤 기자들은 자기들 비용으로 부킹까지 해서 초대도 했지만, 골프 칠 팔자가 못 되는지 하필 비상이 걸려 그마저도 불발됐다.

내성적인데다가 말수도 적다. 커뮤니케이터로 20년 가까이 일하다보니 이쪽 방면으로는 경험을 많이 쌓았다. 모두 몸으로 겪었다. 매 사건, 이슈 하나 하나 머리에 쥐가 날 정도로 고민했다. 수없이 많은 기자들이 허점을 파고들며 여기저기 찔러대는 걸 방어하면서 더해진 경험이다. 산업과 경제에 관심있는 사람이라면 흥미진진하게 들을 수 있는 이야기 20년 치가 머릿속에 들어있다. 에너지, 건설, 건자재, 전선, 금융, 스포츠, 자동차부품, 바이오까지 다양하다. 써먹을 데도 없지만, 뉴스를 생산하는 사람에게는 참고서로 꽤나 유용하다. 산업, 금융, 증권 등 언론사의 부서를 막론하고 만나는 기자들마다 살아있는 이야기에 귀를 기울였다.

첩자 혹은 코스트센터라는 오해는 감수하라

커뮤니케이터들이 겪는 큰 고민 두 가지가 있다. 하나는 첩자로 오해를 받는 것이고, 다른 하나는 코스트센터로서 비용을 쓰기만 한다는 지적이다. 기업이 보수적이거나 커뮤니케이션에 대한 경험이 부족해서 생기는 일이다.

첩자로 오해받아 사내 주요 사안에 대한 접근이 차단되기도 한다. 기획, 재무, 전략 부서 쪽에서는 커뮤니케이션 담당에게 노출되면 외부로 알려지기라도 할까봐 쉬쉬하기도 있다. 외부로 알려져선 안 되는 프로젝트 초기나 중반기까지는 비밀에 부친다. 커뮤니케이터가 모르는 사안이 기사화되었을 때 대응이 더 힘들다는

거짓말하지 않고 회사를 구하는 방법

것을 몰라서 그렇다.

큰 프로젝트들은 증권사, 은행, 자산운용사, 회계법인, 법무법인 등의 여러 기관들이 함께 참여하게 된다. 비밀유지 약정을 체결하고 진행하더라도 사실상 외부 노출을 막기 힘들다. **처음부터 커뮤니케이터가 내용을 잘 아는 것이 낫다고 인지하기까지는 상당한 기간이 필요하다.** 오해를 극복하면 최고경영진이 주관하는 고위급 회의에도 참석하게 된다.

코스트센터 타이틀은, 어쩔 수 없다. CF나 광고, 공익기관 기부금이나 행사 후원 같은 경우 앞의 숫자가 무엇이든 동그라미 일곱 개 이상 붙을 때가 많다. 사보나 웹진을 다달이 발행하는 경우 연간 수억원은 손에 쥐고 있어야 하고, 기자나 외부 관계자들과 미팅, 식비, 술값도 무시할 수 없다. 명절에 소소하게 준비하는 선물도 100개, 200개가 넘어가면 비용 또한 무시할 수 없다.

커뮤니케이터가 뛰면 사장님 가슴이 철렁한다

20년 동안 희한한 경험도 많았다. 일단 욕을 많이 먹는다. 밥 먹는 것보다 욕을 더 많이 먹는다. 일상다반사다. 회사 분위기가 좋을 때도 그렇고 좋지 못할 때도 일반 직원들과는 좀 달리 행동해야 될 때가 많다. **회사가 힘들수록 커뮤니케이터는 사내에서 급히 뛰어다니면 안 된다.** 복도나 계단을 황급히 뛰어다닌다는 것은 임직원들에게 큰 일 터졌다고 대놓고 광고하고 다니는 것이다.

위기에 빠진 회사 실적이 좋을 리 없다. 공시만 내면 공시된 숫자를 맘대로 발라내 엉뚱한 얘기가 나오기 십상이었다. 긍정적 포인트로 시장에 충격파를 줄여야 했다. 분초를 다투는 상황이면 계단을 두세 칸씩 뛰어다니는 경우가 허다했다. 한번은 결재판을 들고 계단을 뛰어내려가는 나를 보고 CEO가 놀란 얼굴로 불러 세웠다.

"회사에 무슨 큰 일 났기에 그렇게 뛰어다니는 건가?"

"큰 일 난 것은 아닙니다. 업무를 빨리 처리하려는 마음에 …"

"깜짝 놀랐어, 당신이 뛰어다니면 내 가슴이 철렁한다네."

"알겠습니다. 죄송합니다."

스케줄이 많을 때는 일년 내내 회사 구내식당을 한번도 이용하지 못했다. 총무부 막내가 '회삿밥 안 먹는 사람'이라고 놀려 대기도 했다. 모처럼 구내식당에 줄을 섰는데, 보는 사람들마다 뭔가 큰 일이라도 터진양 걱정을 했다.

"구내식당에서 밥 먹는 것을 보니, 뭔가 안 좋은 일이라도 있는 거 아냐?"

"회사에 뭔 급한 일이 생겼나요?"

"아니, 무슨 급한 일이 생겼기에 회사에서 밥을 먹나요?"

그러다보니 갑작스런 점심 약속 변경 연락을 받는 경우에는 가끔 외딴 곳에 가서 혼밥을 했다. 가급적 회사에서 몇 블록 떨어진 식당을 이용했다. 그래야 회사 사람들 눈에 띌 염려가 없었다.

뛰어난 커뮤니케이터일수록 마음의 상처가 많다. 내색하지 않

을 뿐이다. **직원이지만 생각이나 활동 폭은 남달라야 한**
다. 내부든 외부든 기업이 좋은 평판을 쌓기 위해서는 20년이 필
요하지만 기사 하나에 웬만한 회사는 그야말로 '훅' 가는 경우도
생긴다. 커뮤니케이터는 충격 상황에서 완충 역할을 하면서 마음
에 굳은 살을 한겹 한겹 쌓아간다.

프로든 아마든, 선수에겐 선수 대접을

오래 하다보면 산전수전 다 겪기 마련이지만 커뮤니케이션 업무를 오래 하면 색다른 경험을 꽤 하게 된다. 물론 어떤 분야든 오랜 전문가로 일하는 사람이라면 남들이 쉽게 알 수 없는 깊은 경험을 보유하게 된다. 그래서 전문가다.

대학교 학보 기사, 어떤 파장 불러올까?

대학 학보사 1면 톱 기사 보도를 막았던 일이 있었다. 기업 커뮤니케이터는 주로 기성 언론을 상대한다. 학보는 산학연계의 차원이나 인재 모집 또는 기업 소개 같은 정도가 상상이 된다. 하지만 내가 모 대학 학보사와 얽혔던 경험은 차원이 달랐다.

거짓말하지 않고 회사를 구하는 방법

학보사에서 의욕적으로 준비한 톱 뉴스가 게재되는 것을 막아야 했다. 서울에 위치한 K모 대학은 공대로 유명하다. 요즘은 입시 경쟁이 워낙 치열해서 명문대학은커녕 인서울도 쉽지 않다. 그 학교는 규모가 크지는 않지만 실력 있는 인재들이 공대로 많이 몰리는 편이고 K공대 출신은 인정받는 분위기다. 나의 조카도 H대와 K대를 놓고 고민하다가 K대를 지원했고, 졸업한 뒤 국내 굴지의 중공업 회사에서 QC 담당으로 일하고 있다.

이 대학에는 오래전부터 골칫거리가 있었는데 학교법인 재단 이사장의 비리와 각종 전횡으로 내홍을 겪어오던 일이다. 사실 이 학교 외에도 국내 여러 학교법인들에서 그런 문제가 속으로 곪고 있었다. 그 학교가 관심의 대상인 것은 내홍이 오래 되고 심각하기도 했거니와 학교법인이 매각 대상에 올랐기 때문이었다.

신문 사회면에 더러 거론되기도 했지만, 하루이틀 된 사안도 아니었기에 크게 이슈가 되지는 못했다. 학생들이나 교직원들도 내놓고 이야기는 못해도 제대로 이끌어갈 새 주인을 간절히 원하고 있었다. 돈 많은 기업이 인수해서 투자했으면 하는 바람은 기업이나 학교나 다르지 않다.

당시 근무하던 회사는 동시 다발적으로 여러 프로젝트들을 진행했는데, 학교와 관련해서는 단 한번도 거론된 적이 없었기에 전혀 생각지도 못했다. **어느 날 한 대학생 기자로부터 취재 전화를 받았다.**

"저희 학교법인 인수 후보자가 되셨다고 들었습니다. 취재차 몇 가지 여쭤보고 싶은 것이 있습니다."

"예? 여기는 학생이 궁금해 할 만한 내용이 없어요. 전화를 잘 못 한 거 같습니다."

그러잖아도 복잡한 일이 많았는데, 전화를 건 학생의 말을 제대로 들을 생각도 않고 끊으려 했다. 당연히 잘못 전화한 것이라고 생각했는데, 놀라운 얘기를 듣게 되었다.

"K대학 학교법인을 귀사에서 인수하고자 참여하셨고, 이번에 우선협상대상자로 선정이 되었다고 들었습니다."

대학생이 '우선협상대상자' 같은 용어를 입에 올릴 일은 없었기에 순간 이게 무슨 얘기란 말인가, 처음에는 귀를 의심했다. 기업 인수합병도 모자라서 이젠 학교법인까지 인수한다는 말인가 하는 생각이었다. 오랫동안 커뮤니케이션 일을 한 경험에 비춰볼 때 섣불리 한마디 했다가는 큰 문제로 직결될 수 있겠다고 직감했다.

"제가 잘 알지 못하는 부분이라, 좀 더 확인이 필요할 거 같습니다."

이름, 연락처를 챙긴 뒤 전화를 끝내고 사내 여기저기 헤집고 다녔다. 재무, 법무, 기획 등, 그 결과 찔끔찔끔 조각 정보들을 모을 수 있었다. 내용은 오너 가족이 본인의 사재를 활용하여 학원 인수를 생각했고, 아마도 제출한 입찰 금액이 가장 컸던지 우선협상 대상자로 지정되었는데, 회사가 학교를 인수하는 것으로 알려진 모양이었다.

기업인수를 많이 하고 돈 많은 회사로 알려져 있어서 학생들과 교직원들에게는 반가운 소식이 아닐 수 없었겠지만, 회사 입장에서는 난감 그 자체였다. 기성 언론에 알려지기라도 하는 날에는

거짓말하지 않고 회사를 구하는 방법

심각한 상황이 될 것이 분명했다. 여론의 속성상 원하든 원치 않든 가만히들 있지 않을 것이었다. 거기다 수많은 학생들과 교직원들 간의 자가발전은 전혀 예상치 못한 문제를 낳을 수도 있었다.

혹시나 하는 마음에 임원 몇을 더 만나 내린 결론은 입찰에 참여는 했으나, 여력이 충분하지 않아, 제대로 진행될지 불투명하다는 것이었다. 회사도 다른 이슈들이 많아서 지원할 수 없었기에 공론화되어서는 절대 안 되고, 조용히 넘어가는 것이 상책이라는 판단을 내렸다.

입장 바꿔 생각해보면 돈 많은 기업이 학교 재단을 인수하게 되었다는 것은 학교 정상화를 넘어서 투자와 발전이라는 희망을 주는 소식이다. 당사자인 학생들과 교직원들에게는 얼마나 기다리던 소식이었을까 싶다. 학교에서는 가장 큰 이슈가 되는 것이어서, 학생 신분의 기자라도 회사를 취재하는 것은 당연했다.

앉아서 전화가 또 오기를 기다리고 있을 수 없었다. 득달같이 택시를 타고 무작정 K대학으로 향했다. K대학 이름을 들어보긴 했어도 위치는 알지도 못했다. 오래 걸리지 않아 도착했고 학보사가 있을 만한 학생회관 쪽으로 향했다. 가면서 그 취재 기자에게 전화를 했다. 직접 만나고 싶어 학교로 왔으니 잠깐 만나자고 청했다. 전화기 너머의 학생은 당황한 눈치가 역력했다.

학보사도 신문사이고, 학생 기자도 기자다

확인 후에 연락하기로 했는데, 불쑥 학교까지 한달음에 쫓아와 만나자고 하는 것 자체가 좀 오버인 듯 느껴질 만도 했다. 하지만 그런 것을 따질 상황이 아니었다. 학생회관 앞 벤치에 앉아 '대규모 자금이 동원되는 기업인수는 물론 학원의 인수에서도 딜이라는 것이 얼마나 복잡하고 예민한 문제인지' 그리고 '이런 프로젝트를 진행해야 하는 회사의 민감할 수밖에 없는 입장'을 설명했다. 이제 대학교 2학년인 학생이 M&A와 관련해 알아듣도록 설명하는 것이 쉽지는 않았다. 자초지종을 들은 뒤, 그 학생은 나의 입장을 받아들였다.

거기서 끝이 아니었다. 학보사 선배 기자들이 있고, 편집국장과 간사 선생까지 만나서 해결해야 할 일들이 남았다. 나 역시 대학교 영자신문사에서 3년 동안 수습기자부터 편집국장 생활까지 겪어본 터였기에 학생기자의 생리에 대해서 잘 알고 있었다.

"간사님은 30분쯤 뒤에 학보사 사무실에서 만날 수 있는데, 편집국장님은 수업 중이라 한두 시간 더 기다려야 합니다."

그 기자는 다른 취재가 있고 수업도 가야 한다며 자리를 떴다. 전화로 말은 전했으니 직접 만나 해결하라며, 3층에 편집국이 있다는 말만 남기고 사라졌다. 학생회관 주위를 배회하면서 자판기에서 뽑은 커피를 마시면서 학생들이 삼삼오오 분주히 왔다갔다 하는 모습을 감상했다. 햇살 포근한 가을 오후 캠퍼스와 전혀 어울릴 것 같지 않은 샐러리맨의 모습은 그들과 다른 세상 사람인 듯 느껴졌다.

편집국에서 학생 편집국장, 간사 선생과의 장황한 대화가 이어졌다. 기쁜 소식을 빨리 전하고 싶어하는 두 사람과 노출되어선

거짓말하지 않고 회사를 구하는 방법

곤란한 회사 입장이 첨예하게 대립했다. 그 주 후반이었던지라 급하게 톱 기사를 대체할 것이 마땅히 없다는 것도 그들의 또 다른 입장이었다. 학생과 교직원들이 목이 빠지게 기다리고 있는 소식을 내보내지 말아달라고 하는 기업의 입장을 납득하기란 쉽지 않은 일이었다.

"정 어려우시면, 한두 주 정도 뒤에 내시면 어떻겠습니까?"

기성 언론사 기자들에게 하는 말투 그대로 그야말로 간청을 했다. 그렇게 어렵사리 간사까지 이해를 시켰다.

"저희로서는 납득이 잘 되지 않지만, 큰 규모의 자금이 오가는 일이고, 그룹 팀장님이 직접 방문했다는 것만 해도 보통 일은 아닌 것 같습니다. 편집회의를 다시 열어서 뉴스 게재를 한두 주 정도 뒤로 밀겠습니다."

편집국장은 딱 부러진 성격이었다. 겨우 수습한 뒤에 가지고 갔던 간단한 기념품 몇 개를 담은 쇼핑백을 전달하고 나왔다. 그렇게 상황을 종결 짓고 택시로 복귀하면서 회사에 알렸다.

"온갖 신문사 기사를 막다 못해 이젠 학보사까지 막으러 다니는구먼."

재경담당 임원과 옆 부서 팀장들이 대견하다는 뜻을 담아 살짝 농담조로 말을 건네왔다.

"학보사라고 무시하면 안 됩니다. **대학 학보도 국회도서관, 전국의 다른 대학교나 공공기관으로 배포되기도 합니다.** 또 아는 사람들에게 보내기 때문에 어디서 뭐가 터질지 모르잖습니까? 하하."

또 한 건 그렇게 처리했다. 학보에 실린 기사가 제도권으로 퍼질 수도 있기에 사전에 틀어막아야 하는 커뮤니케이터로서의 생각은 당연했다. 한 주 또는 두 주 정도 연기됐던 기사는 끝내 게재되지 못했다. 인수작업은 그렇게 말만 있다가 실행되지 않았다.

결론적으로 기사를 막았던 것은 다른 오해를 불러오는 불상사를 미연에 막은 셈이었다. 어렵게 기업의 입장을 이해해준 학생들이 고맙다. 아마 그 학생들이 지금은 사회인이 되어 있을 것이니, 그때 내 심정을 더 이해하지 않을까 생각된다.

거짓말하지 않고 회사를 구하는 방법

커뮤니케이션은 조선이 한 수 위

여론 정치라는 것이 있다. 원칙은 미리 정해두되 매 사안 직접 의견을 구해서 결론 내리는 것이다. 생각만 해도 번거로울 것 같다. 복잡할 것도 같고 매 사안 대립하는 양측 의견을 일일이 듣고 협의해서 결정하자면 효율성이 떨어질 것도 같다. 하지만 그렇게 내려진 결정은 강한 실행력을 가지게 된다. 쉽지는 않겠지만 실행을 위한 결정을 이끌어내는 해법으로서는 오히려 진보된 방법이 아닌가 싶다. 여론 정치는 사실 우리 선조들이 먼저 해왔다. 21세기인 지금 벌어지는 정치판보다 더 진보된 정치 시스템이었다.

흔히 지나온 역사는 과거로 치부하고 뒤떨어진 것으로 규정해 버린다. 하지만 그때가 오히려 지금보다 앞선 것들이 많았다는 생각을 버릴 수가 없다. 그중 하나가 조선의 뛰어난 기록 문화다. 여론 정치의 단면을 제대로 볼 수 있다. 기록이라 해서 열심히 적기만 한 것이 아니라 적는 사람이 잘 적을 수 있도록 그 권한을 인정한 원칙에서 출발했다. 그런 점에서 조선왕조실록은 지구상에 현존하는 가장 우수한 기록물이라 생각한다.

움직임은 左史가, 말은 右史가 담당한 현장 중계

조선왕조실록에는 당대의 생생한 목소리가 그대로 담겨있어 마치 현장 중계라도 하는 듯한 우수한 기록이자 훌륭한 역사서이다. 실록은 3단계를 거쳐 편찬되었다. 한 임금이 세상을 떠나면 춘추관에서 실록청(實錄廳)이 만들어진다. 실록청은 영의정을 비롯한 삼정승과 판서 같은 고위직들이 겸임하는 자리와 춘추관 소속의 전임으로 나뉘는데, 서술 권한은 겸임 고위직들이 아니라 전임 하위직 즉 사관들에게 있었다.

실록청은 우선 세상을 떠난 임금과 관련된 사료들을 광범위하게 모으는데 사관들이 매일 기록한 기록물들이 가장 중요한 기초 자료였다. **임금과 신하들이 주고받은 말은 물론, 동작까지 묘사되어 있다는 데에 놀라움을 금할 길이 없다.** 말과 동작까지 자세하게 묘사할 수 있는 것은 움직임을 기록하는 좌사(左史)와 말을 기록하는 우사(右史)가 각각 담당하고 있었기에 가능했다.

경연 기록물, 즉 임금과 정사를 토론했던 경연관들도 경연 때에 나누었던 내용들을 기록으로 제출했는데, 사관의 기록물인 시정

일기(施政日記)와 경연관의 제출 기록 등이 실록 편찬의 기초 사료가 되었다.

기초 사료들을 모아놓고 나서도 세 차례의 편찬과정을 거쳐야만 하는데, 사료를 모아서 1차로 작성한 원고를 초초(初草)라고 하고, 검토하고 수정한 원고를 중초(中草)라 하며, 이를 다시 수정 보완한 것이 최종본인 정초(正草)가 된다. 정초를 교서관(校書館)에서 인쇄해 서울 춘추관(春秋館)과 지방 외사고(外史庫)에 봉안했다. 그러고나서 초초, 중초, 정초는 물에 씻어 지워버리는 세초(洗草)를 했는데 세검정 부근 차일암에서 세초연이라는 행사를 베풀어 실록편찬의 노고를 위로하는 잔치를 벌였다.

'기록하는 권리' 직필의 신념을 지켜온 역사

중요한 것은 사고에 보관된 실록은 국왕도 볼 수 없었다는 점이다. 정사에 필요한 부분은 승정원 관리 같은 사람들이 해당 부분만 등서(謄書)해서 볼 수 있었다. 사관들의 경우 대신들은 물론 임금도 두려워하지 않고 직필(直筆)할 수 있는 권한을 철저하게 보장했다. 성군으로 추앙 받는 세종대왕도 실록 기록이 궁금하여 몇 번씩이나 사서를 보여달라고 한 적이 있는데, 당시 재상인 황희가 그때마다 단념할 것을 권하였고, 결국에는 임금도 사서 보기를 포기했다.

우리나라는 예로부터 사관의 '기록하는 권리'를 철저히 지켜왔다. 사관은 이를 천명으로 생각하며 한 획 한 획에 신념을 다했다.

그렇게 해서 탄생한 것이 바로 조선왕조실록이다. 오늘날 많은 민주주의 국가에서 언론의 자유를 보장한다고 하지만 우리 선조들만큼 확실하게 기록에 대한 권한 존중을 생활화했던 국가가 어디 있을까 싶다. 이런 기록 정신이 오늘날도 살아숨쉬고 있음을 보여줬으면 하는 바람이다.

과거(過去)라는 말이 그렇듯, 조선시대라는 말도 오래되고 케케묵은 듯한 느낌이다. 하지만 더 뛰어나다고 생각되는 측면도 많다. 특히 커뮤니케이션과 관련해서는 지금 생각해도 놀라울 정도의 체제와 시스템을 창조하고 정착시켰다.

조선 정치 커뮤니케이션의 핵심은, 삼사(三司)가 바로 그 주인공인데, 절대지존인 왕과의 소통을 위해 만들어진 세 가지의 기관, 사헌부(司憲府), 사간원(司諫院), 홍문관(弘文館)이다. 이 세 기관은 그냥 왕명을 받아서 하달하거나 집행한 것이 아니라 간쟁(諫諍)을 했다. 간쟁은 어른이나 임금처럼 윗사람에게 옳지 못하거나 잘못된 일을 고치도록 간절하게 말하는 것인데, 한마디로 왕에게 '이러지 말라, 저렇게 하라'는 식의 의견을 올린 것이다.

상당히 체계적인 견제장치를 정착시켰던 것이고 사대부 정치의 꽃이라 할 수 있겠다. 삼부에서 일했던 사람들을 대간(臺諫)이라고 하면서 또 언관(言官)이라고도 했다. **언관이라는 표현에서 알 수 있듯이 커뮤니케이션 담당인데, 우리의 선조들은 이런 커뮤니케이션을 체제에 녹여서 가장 중요한 통치 원리 중의 하나로 삼고 있었다.**

삼사 중에서도 특히 사간원이 왕에게 간쟁하는 역할을 맡은 집

거짓말하지 않고 회사를 구하는 방법

단인데, 한마디로 왕에게 싫은 소리를 하는 사람들이 모인 기관이다. 아랫사람에게 뭔가 이야기하거나 시킬 때도 적절한 논리와 근거가 필요한데 하물며 절대지존인 임금에게 싫은 소리를 하기 위해서는 어마어마한 고민의 과정을 거치지 않았을까. 그런데 사간원은 의외로 자유로운 분위기였다고 하니 아마 요즈음의 브레인스토밍과 같이 격식 없는 토론에서 더 좋은 생각이 나오는 것을 알지 않았을까 한다.

사헌부는 규율이 아주 강한 곳이었다. 다른 관료들의 직무를 감찰하고 공직의 기강을 바로 세워야 했기에 내부 규율이 매우 엄격할 수밖에 없었다. 운영예산도 늘 부족해서 여기저기서 자금을 융통해 사용했다. 오래되고 헤지다시피 한 관복을 입으며 청렴 결백의 상징으로 꼿꼿한 삶을 살았다고 한다. 회의할 때 늘 차를 마시면서 진행했기에 회의를 다시(茶時)라고 했다. 나중에는 사헌부가 사간원의 역할인 간쟁을 자주 떠맡았는데, 왕이 간쟁을 받아들이지 않을 경우 그대로 물러서는 법이 없었고 사직을 하거나 더 강한 방법으로 밀어붙이는 것도 두려워하지 않았다. 정론직필(正論直筆)이라는 언관이 가야 할 길을 제대로 알고 있던 곳이 아닌가 한다.

홍문관은 정치연구와 왕의 자문역할을 주로 담당하던 곳이다. 처음에는 세조가 집현전을 혁파한 뒤 세운 문서보관소에 불과했으나 성종이 사림에게 힘을 실어주면서 위세가 올라갔다. 세조, 즉 성종의 할아버지가 폐지한 집현전을 차마 바로 부활시킬 수는 없었기에 내린 차선책이었다. 세종 시절 유명했던 집현전 정통성을 이어받은 만큼 학구적인 분위기였다. 사헌부나 사간원처럼 권력에 대한 견제가 주 업무는 아니었지만 학문을 숭상하는 조선이었던 만큼 그 중요성은 계속 이어진 것이다.

사간원과 사헌부가 간쟁을 했는데도 왕이 계속 받아들이지 않을 경우에는 홍문관 관리들도 나서서 간쟁에 참여했다. 그만큼 홍문관도 무시할 수 없는 기관이었고, 왕의 자문을 담당하는 곳이 태도를 바꾸어 도리어 왕을 견제하게 되면 제아무리 왕이라도 그 의견은 무시할 수 없었던 듯하다. 정책결정의 최종변수였던 만큼 정승 중에 홍문관을 거치지 않은 사람이 드물다.

조선의 삼사는 군주의 권력남용을 견제하는 성향을 가지고 있었기에 왕 입장에서는 당연히 껄끄러울 수밖에 없었다. 그럼에도 단박에 없애지 않고 통치 시스템 속에서 계속 운영했다는 것은 그만큼 체제의 우수함을 입증하는 것이라 생각한다.

다수결 민주주의를 뛰어넘는 커뮤니케이션 정치

조선 500년 역사 동안 왕이 이런 간쟁을 무시하고 독단을 저지른 적이 없지 않지만 그래도 항상 커뮤니케이션을 통해 어려운 일을 처리해나간 것을 보면 과연 조선 이외의 어느 국가에서 이런 최고의 커뮤니케이션 통치가 가능할까 싶거니와 지금의 정치 시스템과 비교해보더라도 오히려 더 우수하지 않나 생각된다. 커뮤니케이션을 통한 적절한 결정은 다수결에 의한 결정보다 우수한 시스템이다. 오늘날 민주주의의 대표 방식으로 알고 있는 다수결은 그

거짓말하지 않고 회사를 구하는 방법

런 커뮤니케이션 시스템이 더 이상 작동하지 않는 막판에 선택하는 방법이 아닐까?

견제와 균형 속에서 체제를 유지시켜온 우리의 선조가 수백 년 동안 지켜온 것이 진짜 커뮤니케이션이라는 생각이다. 스마트폰과 IT 기반의 시스템은 현대 커뮤니케이션의 물리적 전달을 현격히 발전시켰지만, 그만큼 더 효과적이고 효율적인 커뮤니케이션이 이루어지고 있는지는 의문이다. 요즘도 과연 선조들이 그랬던 것처럼 목숨과 같은 사명감을 가지고 시대정신에 맞게 커뮤니케이션 할 수가 있을까?

조선의 커뮤니케이션 시스템의 뒤에는 정도전이 있었다. 지금은 정도전을 자유롭게 이야기할 수 있지만 얼마 전만 해도 미스테리한 인물 그 자체였다. 뭔가 훌륭한 듯하면서도 함부로 얘기하면 안 되는 인물 같았던 기억이다. 조선 왕조는 사라지고 대한민국의 정부가 들어서고 그뒤로 체제의 변화와 시대적인 분위기가 바뀌었음에도 함부로 정도전에 대해 이야기하는 자는 사상이 의심스러운 사람으로 오해될 정도였다.

정도전은 조선 건국을 도모하며 법률 정치 경제 사회 문화 그리고 왕실 생활에 이르기까지 그의 땀이 깃들지 않은 곳이 없었다. 그랬던 그였지만 정작 기록에는 야비한 인물 정도로만 그려져 있다. 정도전에 대한 실질적 재평가가 있기 전까지 잘 모르는 사람들은 옛 문헌에 기록된 그대로를 믿을 뿐이다. 실록에서 죽기 직전의 기록은 '배불뚝이'로 묘사되어 있다. 조선초기 백성들은 하루 한끼도 제대로 먹기 쉽지 않던 시절이었음을 감안한다면, 배가 나왔다는 것만 하더라도 욕심 많고 재산까지 탐하는 인물로 설정이 된 것이나 다름없다.

정도전은 고려 우왕 시절 원나라 사신의 마중을 거부했다는 이유로 전라도 나주로 유배를 간다. 10년 간의 유배 생활에서 심문(心問), 천답(天答) 등을 저술했고, 유배생활을 끝내고 이성계를 만나면서 자신의 포부를 실현하기로 결심한다. 이성계가 위화도 회군으로 권력 핵심으로 부상하자 개혁세력을 규합하여 조선 건국을 실행한다. 조선이라는 국호를 짓고, 도시계획을 세우고, 법전을 편찬하고, 정치와 인사를 관장했다. 한마디로 '건국 초기 조선의 모든 것을 했다'고 해도 과언이 아닐 정도인데, 배불뚝이가 될 수 있었을까 의심스럽다.

정도전은 이성계를 내세워 조선이라는 국가를 세우고 기틀을 세웠다. 문헌이나 제도에만 그치지 않고 한양의 도시계획 하에 거리를 설계하고 경복궁을 만들고, 궁 내 각종 시설물에 대한 설립과 명칭까지 총괄하여 지휘하고 진행했다. 세계에서도 유래를 찾기 힘든데, 경복궁 전각 하나 하나에도 이름을 붙여서 그 의미를 실천하고자 했고, 4대문에도 '인, 의, 예, 지, 신'의 사상을 심었다.

한양의 중심도로인 세종로와 태평로의 골격을 만들고 태평로에 해당하는 광화문 남쪽 거리 좌우로는 6조와 삼군부를 비롯한 중앙관청들을 세우고 동서남북대문을 만들었다. 동서대문을 연결시키는 운종가에는 상인들이 자리잡게 하고 북쪽은 북촌으로 관청과 상류층 주택가였고 남쪽인 남촌은 상인이나 하층민들의 주거지가 되었다. 이런 과정에서 백성들을 사랑하는 마음의 증거로

거짓말하지 않고 회사를 구하는 방법

피맛골 같은 독특한 거리도 형성된 것이다. **눈에 보이는 것이든 보이지 않는 정치 시스템 같은 것이든 정도전 덕택에 이루어진 것이라 볼 수 있다.**

태종이 비록 정도전의 삶에 직접 종지부를 찍고 그의 기운이 살아나지 못하도록 철저히 짓밟기는 했지만 시행한 정치철학 대부분은 정도전의 사상에서 기인했다. 태종은 정도전이 살던 집을 허물고 그곳에 마구간을 만들고, 땅의 기운이 올라오지 못하게 말이 짓밟게 했을 정도로 철저하게 정도전을 지웠다. 그곳은 1970년대까지 서울 경찰청 기마대 자리로 이어졌다. 서울시 종로구 수송동 146번지로 종로구청 정문 서쪽 화단 있는 곳이다.

우리는 드라마에서 당파로 나뉘어 서로 헐뜯는 모습만 봐왔는데, 사실 지존이 앞에 버티고 있음에도 중신들이 자신의 생각을 표하고 서로간의 생각을 모아나가는 제대로 된 커뮤니케이션 형태는 조선 외에는 쉽게 발견하기 힘들다. 시스템의 병폐로 동서남북인들이 붕당을 지어 전체 국가의 이익 앞에 자신들의 이익만을 도모하던 폐단이 일어난 점은 안타깝고도 서글픈 일이다.

휴가, 혹시 먹는 건가요?

커뮤니케이션 업무를 한 뒤로 제대로 휴가를 가본 적이 없다. 십여 년간 휴가 날짜를 합쳐봐야 열흘 남짓 되려나 모르겠다. 거의 포기하고 살았다. **집에서는 찍히다 못해 내놓은 아빠가 되었다.** 커뮤티케이션 팀장 십년 정도까지만 해도 아내가 해마다 휴가 계획을 묻긴 했으나, 그뒤로는 휴가 얘길 꺼내지 않았다. 아내는 방학한 아이들과 여행 떠나기 하루 전쯤에야 통보했다. 덕분에 가족이 휴가 간 집에서 홀로 휴가 아닌 휴가를 보냈다.

회사에 이슈가 많기도 했거니와 언제 올지 모를 날카로운 취재 대응을 대신해줄 사람이 없었다. 포기하면 되려니 했지만 한시도 맘을 놓을 수 없는 형국이었다. 다른 업무라면 담당자가 자리에 없거나 휴가 중이면 미뤄지기도 했겠지만, 언론은 기다려주는 법

거짓말하지 않고 회사를 구하는 방법

이 없다.

휴가지에서 난처한 취재 전화라도 받게 되면 상황은 더 힘들어진다. 회사 내에 있다고 통화 내용이 달라지는 것은 아니지만, 외부에서 취재 연락을 받으면 불안감이 더하다. 관련된 자료가 머릿속에 있긴 하지만, 눈 앞에서 바로 확인 가능한 것과 엄연히 다르다. 피해갈 수 있는 것도 아니다.

휴가지에서 받는 취재 문의는 차라리 악몽

문제 기사가 나왔을 때도 회사에 있다면 보고하고 바로 달려가서 어떻게 해볼 수도 있지만, 휴가지에서는 그러지 못하기에 연락 자체가 악몽이다. 그러다보니 휴가를 쓸 엄두를 내지 못했다. 가끔 아침에 눈을 뜨니 12월 마지막 날이라 아까워서 오전 반차를 겨우 몇 번 쓴 적이 있다.

초년병 시절부터 겪은 혹독한 경험들은 노이로제처럼 괴롭혔다. 해가 뜨는 것이 무서웠다. 2002년 검찰 고발과 함께 진행된 1심 소송에 이은 승소, 전국적 관심 폭발, 후속제품 준비 등이 이어졌다. 진짜 대체에너지로 출시할 예정이었다. 이름하여 '휘발유를 대신할 지구상 유일 물질'이라는 의미를 담아 'Sole'과 미지의 물질 'X'를 결합해 쏠렉스로 명명했다.

그때 핸드폰을 2개를 가지고 다녔는데, 출근할 때 석간매체 기자들 전화로 시작해서 하루 종일 잠시도 쉬지 않고 번갈아대며 벨이 울린 적도 있다. 주말은 물론 명절연휴 때도 계속이었다. 명절에 시골에서도 전화에 계속 매달렸다. 언론은 사소하고 예상치 못한 것까지 집요하게 파고들었다.

통화를 하고나서 검색을 해보면 어김없이 기사가 올라와 있었다. 명절을 하루 앞두고 차례 준비에 여념이 없을 그 시각에도 기사는 올라왔고, 친척들과 함께 있다가도 벨이 울리면 부리나케 핸드폰을 들고 나가기 일쑤였다. 별 얘기를 하지 않아도 기자들은 뉴스를 봤다. 어떻게 할 수 있는 상황도 아니어서, 번번이 고향집에 내려간 경영진에게 불편한 맘으로 연락하는 수밖에 없었다.

"얘네들은 명절도 없나? 왜들 이래? 다들 미치기라도 한 거야?"

명절을 하루 앞둔 연휴에 당번을 서면서 남들 하지 않을 때 뭔가 하나 건지고 싶은 심정은 이해가 된다. 하지만 입장 바꿔 놓고 보면 어땠을까? 연휴 내내 맘은 콩밭에 있었다.

"할 수 없지 뭐."

"예, 연휴 잘 보내십시오."

10년차 정도 되어서야 농담도 하고 넉살도 부리지만 그래도 매번 뭔가 헤집는 취재에는 당황할 수밖에 없다. 떠넘길 수도 없고 누가 대신해줄 수도 없다. 소수 인원으로 일당백을 해야 했다.

기본적인 베이스는 인간 관계다. 같은 말이라도 다른 사람이 했을 때는 오해 생기기 십상이다. 민감한 이슈에서 단어 한두 개 잘 못 나갔을 때 그 여파는 엄청나다. 조사 '은'을 '도'로 바꾸는 것만 해도 상당한 의미 차이가 있다.

거짓말하지 않고 회사를 구하는 방법

약속 잡기 귀찮아 하는 사람에게 관계는 없다

모 유통업체 대표이사를 지낸 분과 대화 중에 기자들과 얽힌 이야기가 나왔다.

"일년에 약속이 적을 때는 300건 정도, 많을 때는 400건 정도였어요."

"무슨 약속이 그렇게 많았나?"

"365일 중 근무일수가 250일 정도 되고 매일 점심 약속이 있었고, 저녁은 일주일에 기본적으로 두어 번은 있으니 100건 정도가 됩니다. 합치면 기본적으로 350번 정도가 됩니다. 실제 그보다 더 많았지만요."

"대단하네. 특수한 경우였겠지. 내가 사장으로 있을 땐 어쩌다 한번 기자들과 술 한잔 하는 정도였지. 난 기사 때문에 언론중재위원회에 나갔던 적도 많아."

"예? 그렇다고 언론중재위원회에 그렇게 나가셨을 상황이?"

"이상한 기사가 뜨면 최고경영진이 제소하라고 하는 통에 어쩔 수 없었어."

"......"

대화를 나누다보니 약속 횟수에서 언론과 싸운 얘기로 흘렀다. 경험은 있지만 언론과 여론을 피상적으로만 생각하고 저지르기 쉬운 대표적인 사례가 아닌가 싶다. **아무리 발이 넓어도 모든 기자를 다 알 수는 없다.** 특히 경제 산업의 범위를 벗어나 사회부에서 취재하게 되면 감당하기 힘들다. 회사로서는 자존심을 세우면서도 가성비 높고 효과적인 방법으로 언론중재위에 제소하는 방식을 택했던 것이리라.

그것은 제대로 된 커뮤니케이션을 하고 있지 않았다는 증거다. 그런 이슈가 있거나 예견된다면 미리 커뮤니케이션의 길목에 진을 치고 있어야 한다. 가능하다면 매체별로 이슈를 취재하는 기자단을 파악해둬야 한다. 어떻게해서라도 그들 주변을 어슬렁거려야 한다. 회사 입장이나 상황에 대해서 알릴 것은 알리고, 가까워지면 결과는 훨씬 나아진다. 그게 아니고 이리저리 피하기만 하면 예상치 못한 폭탄을 만나게 될 수밖에 없다. 그래서 평소에 시간 투자하고 노력을 쏟아야 한다. 가지 많은 나무에 바람 잘 날 없듯이, **이슈 많은 회사의 커뮤니케이터에게 휴가는 언감생심이다.**

미안하다, 황금 같은 주말에는 결혼식이 줄줄이다

2010년 여름이었다. 재무개선에 돌입한 지 3년째가 되던 그해는 그룹의 최고경영자도 구원투수로 영입해서 속도전을 펼쳤다. 휴가는커녕 주말에도 불려나가기 일쑤였다. 일요일 오전 모처럼 아이들과 함께 시내 수영장으로 향했다. 차도 밀렸고 표를 사서 입장하는 데만도 적잖은 시간을 허비한 뒤에야 물가로 자리했다.

주먹밥으로 허기진 배부터 채우고 아이들을 목욕탕인지 수영장인지 구분도 되지 않는 물 속에 들여보냈다. 잠시 땀이라도 식힐 겸 한강을 바라보며 산책 중이었는데 문자메시지가 하나 날아

거짓말하지 않고 회사를 구하는 방법

왔다.

"비상회의 소집, 오후 5시 대회의실"

가족들은 두고, 혼자 가려 했지만 그러고 싶지 않다는 아내 뜻에 도착한 지 30분도 안 되어 황급히 옷을 갈아입히는 아빠 엄마를 쳐다보던 아이들 표정이 지금도 눈에 선하다. 되돌아가는 내내 온갖 생각에 머리가 복잡했다. 비상회의는 재무 성과에 대한 점검이었다. 사고가 아니어서 다행이었지만 휴일은 날아가고 없었다.

이슈 상황이 아니더라도 주말에 쉬기만 하는 커뮤니케이터는 없다. 예고 없이 발생하는 장례식, 황금 주말이면 어김없는 결혼식이 줄줄이 있고, 기사 때문에 주말 내내 발을 동동 구르거나 언론사를 찾아헤매기 일쑤다. 일요일 오후 마트에서 장 보기도 꺼려했다. 가족들 원성이 자자했다. 그야말로 월화수목금금금이다.

사마의가 제갈량을 누른 비결

2000년 여름 신혼여행 삼아 일주일 가량 상해와 그 일대를 여행했다. 아내 친구가 홍콩 사람과 결혼해 상해에서 살았다. 경비도 절약할 겸 친구 집에 머물며 상해와 주변 항주, 소주 지역을 돌아다녔다. 저녁 때면 그 집 남편이 요리했는데, 한국식 요리로 신경을 많이 써줬다. 대화는 영어로 했는데, 어쩌다 중국역사와 삼국지이야기가 나왔다. 한국 남자라면 중고시절부터 삼국지 정도는 다읽지 않나 싶다. 하다못해 만화 삼국지라도 접하게 된다. 나는 정비석, 이문열, 김홍신의 삼국지를 종류별로 몇 번씩 읽었다. 아직도 책장에 두고있기에 자연스레 삼국지의 인물상에 대해 얘기했다. 그런데 의외로, 중국인이 삼국지에 대한 기초지식조차 없어 놀라웠다. 사찰에서 신으로 모시는 관우 이름을 아는 정도가 다였다.

거짓말하지 않고 회사를 구하는 방법

석사과정까지 마친 엘리트였는데도 말이다. 삼국지에 대해 제일 많이 아는 나라는 오히려 우리나라겠구나 하고 생각했다.

인내, 사마의의 인내!

삼국지 인물들에 대해 나이가 들면서 생각이 달라졌다. 20대까지는 전투력이 누가 제일 강한가가 궁금했다. 충의의 대명사인 관우가 전투력에서 여포를 넘어서지 못함이 안타까웠다. 30대엔 공명의 지략과 철저함에 대한 생각이 많았다. 봉추와의 비교에서도 돋보였고 매력이 있었다. 공명의 병법을 노트에 정리하며 공부했고 손자, 오자서의 병법까지 탐독했다.

40대에 들어서 샐러리맨으로 세파에 시달리면서 생각은 또 달라졌다. 유비의 우유부단함보다 조조의 처세를 생각했다. 패배와 위기속에서도 위나라의 시조가 된다. 그래서인지 2000년대 이후 조조를 주인공으로 내세운 처세술, 경영 서적들이 유달리 많았다.

요즘은 삼국지의 전면에 등장하는 주연급 인물보다 오히려 많은 주목을 받지 못했던 사마씨들에게 관심이 더 간다. 관우가 허망하게 죽자 장비는 분노를 다스리지 못해 오히려 부하에게 죽고, 유비마저 절치부심하다 세상을 떠난다. 촉한의 운명은 제갈량의 두 어깨에 달려있었는데, 북벌에 나선 제갈량이 오장원에서 위나라와 일전을 앞둔다. 그때 갑자기 돌풍에 대장기가 부러지자 운명이 다한 것으로 보고 시름시름 앓다가 세상을 떠난다. 촉한의 운명도 그것으로 끝이다.

한편, 위나라 대장군 사마의는 삼방곡에서 제갈량의 화공을 당했다. 모진 화공은 모든 군사와 식량을 삼켰고 패전은 시간 문제였다. 목숨이 경각에 다다랐을 때, 비가 와서 목숨을 건진다. 하지만 그 비참한 중에도 사마의는 하늘이 자신을 돕는다고 생각했다. 평생 조조와 그 친족들에게 의심받고 무시당했으며, '죽은 공명에게 산 중달이 당하지 못한다'는 수모에도 끝내 버텼다. 제갈량의 탁월함을 칭송할 때 사마의는 언제나 2류였다. 조조가 사람을 시켜 칭병으로 드러누운 사마의를 찔렀을 때 놀라는 척도 할 수 없었다.

유비, 조조, 손권 이 세명의 걸출한 인물들 모두 천하를 통일하지 못했다. 하지만 2류 인생을 전전한 사마의는 결국 서진 건국의 기초를 닦았고, 그 후손이 삼국통일 대업을 달성한다. 탁월함의 상징이었던 제갈량은 실패를 다룰 줄 몰랐다. 국가 운명을 군기가 부러지는 사소한 징조에 걸었다. 반면 **사마의는 실패에서 살아남는 법을 배웠다.** 모함과 수모, 2류 인생의 설움, 죽을 고비에서 잡초처럼 일어나는 법을 알았고 하늘이 자신을 돕는다고 믿었다. 최후의 승리는 탁월함에 있지 않다. 그건 인내하는 자에게 있다는 것을 온몸으로 보여준다.

또 한 사람은 사마천이다. 중국 최고의 역사서로 평가받는 사기를 지은 인물이다. 48세에 생식기를 제거하는 궁형을 당하고 환관의 신분으로 사대부의 멸시를 받으며, 운신의 폭이 넓지 못했음에도 끝내 사기를 완성했다. 궁형의 자괴감에서 헤쳐나올 수 있는 남자가 과연 몇이나 될까. 공교롭게 두 인물 모두 사마 성씨의 소유자다. 만년 2류 인생을 살아온 듯보였지만 그들은 수모를 견디고 모함을 이겨낸 인내의 승리자다.

여론 앞에서 자존심 세우는 어리석음은 버려라

40대 후반에 들면서 전에는 눈에 띄지 않던 사마의라는 인물을 보고 많은 생각을 하지 않을 수 없었다. 나는 대학입시부터 지금까지 남 모르는 트라우마가 있다. '떨어진다'는 것에 대한 두려움이다. 두 살 세 살 터울의 3형제 집안에서 1984년부터 2000년까지 17년 동안 셋 중 하나는 늘 시험 중이었다. 그 오랜 동안 집에서 미역국과 계란은 금기였다. **어떤 물건도 떨어뜨리거나 깨는 일은 불길함 그 자체였다.**

사회에 나와서도 이어져서 물건을 떨어뜨리거나 뭔가 비뚤어진 것은 참을 수가 없었다. 욕실에서 비누나 치약 뚜껑을 떨어뜨려도 나도 모르게 안색이 변했다. 책장에 꽂힌 책이나 벽에 걸린 액자가 조금 비뚤어져도 안절부절이었다. 남의 사무실 액자도 비뚤어져 있으면 회의 내내 신경이 거슬렸다. 커뮤니케이터로서의 긴장이 더해져 그랬던 것이 아닐까 한다. 일사불전을 앞두고 기껏 깃대 하나 부러진 걸 마음속에 담아두고 시름시름 앓다가 생을 마감한 공명의 심정이 이렇지 않았을까.

사마의를 접한 뒤로 생각을 바꿔먹었다. **때론 2인자 정신도 필요하다.** 범인이 사마의처럼 참고 버틴다고 나라를 세울 수 있다는 건 아니지만 강함보다 오래 버틸 수 있는 지구력이 필요하다. '강한 자가 살아남는 게 아니라, 살아남은 자가 강한 것이다'라는 말이 식상한 표현 같기도 하지만. 얼마 전 100세를 바라보는 철학자 김형석 교수께서 하신 말씀이 기억에 남는다.

"인간이 이 세상에 태어난 것은 그저 인내 하나 배우러 오는 것 같다."

여기에 덧붙여 내가 후배들에게 하는 말이 있다.

"커뮤니케이션, 잘해서 오래 하는 것이 아니라, 오래 하다 보면 잘하게 된다."

기업도 할 말이 많을 때나 자존심을 세우고 싶을 경우도 한 발짝 물러나 말을 아끼는 것이 나을 때가 많다. 여론 앞에서 자존심은 일단 제쳐두어야 한다. 하지만 현실에서는 이런 커뮤니케이터의 의견이 잘 받아들여지지 않는다.

큰 일이 터져서 변호사와 커뮤니케이터가 동시에 불려가면 상반된 입장일 때가 있다. 법적으로 소송에서 따져봐야 한다는 것이 한쪽 입장이라면 커뮤니케이터는 법보다 더한 국민정서와 여론 앞에 낮은 자세로 임할 것을 피력하게 된다. 결국 기업 자존심 문제에 봉착되면, 문제가 야기된다.

세녹스 때 받았던 많은 질문이 검사 성적이었는데, 100점 만점에 80점이면 합격일 때, 언론과 NGO는 90점이 더 좋고 81점은 문제라는 식으로 지적했다. 정부 부처가 커트라인을 올려야 법적인 합격을 문제 삼지 말라는 식으로 대응했다. 지금보다 경험도 부족했고 상황 대처능력도 떨어졌기에, 제대로 얘기한다는 것이 번번이 대립되기 일쑤였다.

정서상의 문제였다. 깊은 관계로 가지 못했기에 생긴 문제였고, 충분히 커뮤니케이션하지 못했기 때문이었다. 회사가 경찰이나 검찰 조사를 받는 경우 법무팀장을 대동하느냐 커뮤니케이션 담당과 함께 나타나느냐는 상당히 중요한 메시지를 준다. 아무 말 않더라도 비친 모습 그 자체를 여론은 예단한다. 실익이 어떨지 상황에 따라 다르겠지만 대립보다는 대화가 상황을 푸는 데에 이로울 것이다. 아무리 하고픈 이야기가 많아도 참고 숙이는 편이 나을 때가 있다.

가가가가가

대학생 때 농촌 봉사활동을 매년 갔다. 1~2학년 때는 노태우 대통령 시절로 학생들 농촌 봉사활동에도 정부는 매우 민감해 했다. 전세버스로 갔는데, 출발 때부터 전투경찰이 진을 쳤다. 가다가 시골장터 같은 곳에 멈춰 집회라도 벌일까봐 그런 곳은 어김없이 막고 있었다. 제대 후에는 김영삼 대통령 시절로 사회적 분위기는 그전과 많이 달랐다. 막지 않으니 뚫으려 대립하지 않았고, 별다른 사고나 문제 없이 즐거운 분위기에서 봉사했던 기억이 새롭다.

네 번의 봉사활동 중 기억에 남는 시골 아주머니 한 분이 있다. 그 아주머니의 독특한 소통이 재미있었다. 봉사활동은 대개 마을 이장과 상의해서 논, 밭, 집안 일 가리지 않고 학생들이 조를 짜서 집집마다 방문해 도움을 주는 식으로 진행됐다. 그날은 1학년 때

거짓말하지 않고 회사를 구하는 방법

봉사활동의 둘째 날이었다. 창고에 쌓여있는 양파를 팔 수 있도록 다듬고 그물망에 넣어 정리하는 일이었다. 7월의 더운 날씨에 바람도 잘 통하지 않고, 어두컴컴하면서 먼지 날리는 광에 쭈그리고 앉아서 해야 했다.

거시기하고 거석하다

아침부터 시작했는데 양파 무더기는 줄어들 기미도 없고, 다듬어서 자루에 담고 쌓기를 반복하니 온통 땀 범벅이었다. 젖은 살갗에 양파 뿌리며 껍질에 흙 먼지까지 달라붙어 엉망이었다. 주인 아주머니는 미안해하면서도 일감이 줄어드는 걸 보면서 미소를 감추지 못했다. 아주머니 혼자 들 일, 집안 일 에 수확한 양파 포장까지 했는데, 상하기 쉬운 양파는 적잖은 걱정거리였다고 했다.

그런데 묘하게도 아주머니가 구사하는 말은 문장의 거의 모든 것이 '거시기'의 경상도식 줄임 말인 '거석'뿐이었다.

"여기가 참 거석한 곳이어서, 일하기 거석할 텐데….."

"올 양파 농사가 거석해서 내가 거석해요."

오전 일 대충 마치고 점심은 숙소에서 라면으로 때울 생각에 시간아 어서 가라 하고 있었는데, 아주머니가 점심 상을 차려냈다. 열무김치에 풋고추, 양파절임이 다였는데, 허기진 터라 갓지은 밥 냄새만으로도 회가 동했다. 밥을 먹는 동안 옆에서 아주머니가 계속 말을 걸었다.

"에이구, 찬이 참 거석해서 맴이 거석해요."

"밥이 거석해도 많으니까 거석들 해요"

서울 사람들은 무슨 말인지를 도통 알아듣기 힘들겠지만, 경상도가 고향인 나와 선배들은 소통에 전혀 어려움이 없었다. 희한하게도 동사와 형용사 부사어 같은 용언은 죄다 '거석'으로 표현하는데도 듣는 우리는 다 이해됐다. 심지어 어떤 말은 거석이 전부일 때도 있었지만 그마저도 이해가 되는 것이었다. '참, 거석이 거석해서 거석하네요' 같은 말이었다.

'황산벌'이라는 영화에서 가장 기억에 남는 장면은 화려한 전쟁신이 아니라 백제군이 사용한 전라도 말 중에서 '거시기'에 대해 경상도 사람인 신라군이 해독 불가로 난처해하는 대목이었다.

거시기를 거시기하니까 거시기 혀 불자

신라 첩자가 입수한 정보인데 도무지 해독불가였다. 대신 경상도 사람은 '가가가가가'만 해도 대여섯 가지 표현이 가능하다. 띄어 말하기를 어떻게 하냐에 따라 전혀 다른 의미가 되는데, 이 또한 서울을 비롯해 다른 지역 사람들은 도저히 이해불가다.

커뮤니케이션 핵심이 여기에 있지 싶다. 한 지역 사람들끼리는 아무리 '거시기'라는 표현을 많이 쓰더라도 다 통했다. 옆에서 대화를 들으면 내내 거시기라는 말밖에 들리지 않는다. 거시기라는 것이 명사, 대명사, 동사, 형용사, 부사 등 가리지 않고 다 사용되는데 한 문장에서 앞에 나온 거시기와 뒤에 나온 거시기는 전혀 다른 것이다. 기껏 첩자가 중요한 군사 정보를 듣고오긴 했는데,

거짓말하지 않고 회사를 구하는 방법

'거시기'로 채워져 있으니 자동적으로 해독불가의 암호가 되어버린다는 코미디였다.

조직 내부에서도 커뮤니케이션 문제가 허구한 날 생긴다. **회사에서 '거석'이나 '거시기'를 사용하지 않는데도 커뮤니케이션이 잘 안 된다.** 한 자리에서 함께 이야기하면서도 서로 이해한 정도가 다르고 파악한 내용이 다르다. 함께 들었는데 누구는 이쪽이라고 하고 또 누구는 저쪽이라 하는 상황도 빈번하다.

개떡같이 말해도 찰떡처럼 알아듣는다면

커뮤니케이션에서 문제만 딱 떼놓고 보면 말을 잘하고 잘 듣는 문제 같지만 사실은 관계의 문제다. 또 주변 상황이나 배경과 어우러진 문제다. 어떤 조직은 그냥 '그거' 정도로만 표현해도 다 알아듣고 동일하게 움직인다. 수십 년을 함께한 마을 사람들이 거석과 거시기를 아무리 많이 사용해도 알아듣는 것처럼 말이다. 반면에 어떤 조직은 누가, 언제, 어디서, 무엇을, 어떻게까지 얘기해도 제각각 움직이는 일이 허다하다.

조직의 힘은 커뮤니케이션에서 나온다. '개떡같이 말해도 찰떡같이 알아듣는다'는 말이 있다. 사실 개떡같이 이야기하는데 찰떡같이 알아들을 사람은 별로 없다. 형제지간이나 죽마고우를 생각해보면, 서로 생각이 비슷할 경우 개떡같이 말해도 찰떡처럼 통하는 경우도 있다. 조직 내에서 서로에 대한 이해도에 기초한 커뮤니케이션의 경우 그렇지 못한 조직과는 비교가 안 된다.

기본적인 가치관이 달라서 문제가 발생하는 경우도 많다. 커뮤니케이션이 잘 되면 조직의 가치관이 제대로 형성되겠지만 그렇지 못할 경우 서로 생각하는 척도가 다를 수밖에 없다. 심지어 정확한 지시를 손에 쥐어줘도 준 사람 받은 사람이 다르고, 일에 대한 무게감이 다르다.

'완벽(完璧)'이라는 고사를 통해서도 알 수 있다. 귀한 옥돌을 캐어 왕에게 진상했지만, 가치를 알아보지 못한 왕의 짧은 안목 탓에 오히려 다리가 절단되는 천형을 받는다. 초나라 여왕(厲王), 무왕(武王)에게 그 가치를 전혀 인정받지 못한 변화(卞和)의 옥돌은 문왕(文王)이 겨우 알아봤다. 후에 진나라 소양왕은 이 옥구슬을 성 15개와 바꾸자고 제안하기도 했을 정도로 대단한 가치를 지니고 있었지만, 가치를 모르는 이에게는 한낱 돌멩이에 불과했다.

특히, 정보는 가치를 제대로 알 경우 효과가 증폭되지만 그렇지 못할 경우 이상한 해프닝으로 끝나고 만다. 언론사도 변화가 많다. 먼저 안다고 기업경영에 엄청난 도움이 될까 싶지만, 정보에 발빠르다는 것은 관심의 척도요, 커뮤니케이터 실력의 가늠이다.

지난 2011년 모 경제언론사가 유력 온라인 매체 하나를 인수하기 위해 사전 정지작업을 하고 대표끼리 만났다는 첩보를 입수했다. 기업간 인수합병은 베개를 같이 쓰는 사람에게도 비밀로 한다는 말이 있다. 바로 보고했다. 그런데 어이없게 보고받은 임원은 그 자리에서 그 언론사 고위직에 있는 친구에게 확인 전화를 했다. 대답은 '그런 사실 없다'였다. 엉터리라고 면박만 받았다. 2주 정도 뒤에 좀 더 구체적인 정보를 입수했다. 조심스레 보고하

거짓말하지 않고 회사를 구하는 방법

며 '확인하시면 당연히 아니라고 할 것'이라고 선수를 쳤다. 그런데 또 확인 전화를 했고 역시나 저쪽에서는 잡아뗐다.

'정보 가치를 모른다. 보고하지 않는 것이 낫다'는 판단이 들었다. 그 이후 아무리 발빠르게 정보를 입수해도 보고하지 않았다. 뒷집 호박이 떨어진 것이 우리와 무슨 상관이냐 하겠지만 떨어지기 전에 미리 알고 다음을 생각하는 것과 떨어지고 난 뒤에야 호박이었구나 하는 것은 전혀 다르다.

법에도 눈과 귀가 있다

흙수저로 태어나 아등바등 열심히 살아왔지만 돌아보면 여전히 손에 쥔 것이 아무것도 없다는 사실이 힘들게 한다. 학교 다닐 때부터 지금까지 한눈팔지 않고 최선을 다해 살았는데, 지금도 여유 없는 삶은 여전하고 노후에 대한 걱정이 조금도 덜어지지 않았다.

회사는 소송 중, 나도 소송 중

개인적으로 가장 힘들었던 때는 세녹스 판매가 금지되고 소송 중이던 2004년이었다. 월급도 많이 밀려 생활이 말이 아니었는데 구입해 살던 집 앞에 새 아파트가 지어지면서 심각한 일조권 침해가 우려됐다. 회사 소송에 이어 개인적인 소송도 진행해야 했다.

거짓말하지 않고 회사를 구하는 방법

집 앞에 있던 기와집 4채를 허물고 9층짜리 나홀로아파트가 올라가고 있었다. 대출받아 어렵사리 장만한 빌라였는데, 5층이었다. 빌라의 다른 집들은 거실이 서쪽이었는데, 우리 집만 동쪽이라 하루 종일 볕이 좋았다. 손 뻗으면 닿을 만한 거리에 아파트가 올라가면서 대번에 햇빛 한 자락 들지 않는 상황이 되었다.

회사 일로 법정에 자주 가고 변호사도 만났지만, 송사는 피하고 싶었다. 건축 전문가나 법률 전문가에게 어렵사리 자문을 구한 결과 승소해도 보상은 집값의 10% 이하였다. 변호사 비용과 일조권 시뮬레이션 비용을 빼면 남을 것도 없었다. 하지만 소송은 해야 했다. **결국 '건축공사 중지 가처분신청' 소장을 혼자 작성했다.** 관련 자료, 각종 법조문과 판례를 모았다. 구청 서류도 떼고, 헌법, 소방법, 건축관련법 공부도 필요했다. 틈을 쪼개가며 몰두했다.

소장은 작성했는데, 문제는 최소 300만원 정도가 들어가는 일조권 시뮬레이션이 문제였다. 일조권연구기관 도움 없이도 인정될 방법이 필요했다. 고민하는 그 며칠 사이에도 아파트는 두어 층이나 올라갔다. 모 대학부설연구소에서 싸게 해준다고 권하기도 했지만 비용상 스스로 해결하는 수밖에 없었다.

'애 업은 엄마' 사진으로 소송서 유리한 고지에

'법에도 인정이 있다'는 말을 믿었다. 당시 큰애가 첫돌 전이어서 업고 다녔다. 도로 너비를 잴 때 애 업은 아내의 모습까지 사진에

담았다. 빌라의 담과 아파트 펜스까지 거리를 잴 때도 마찬가지였다. 소장에 첨부할 사진들이었다. 가까이에서도 찍고 멀리서도 찍었다.

이웃 건물 옥상에서 아파트에 가려진 빌라 사진도 찍고, 너비나 거리감, 상황 이해를 돕는 자료도 사진으로 만들었다. **각 사진에는 애 업은 아내의 모습이 보이도록 했다.** 구구절절 글보다 사진 몇 장이 더 큰 의미를 전달할 것이라 믿었다.

어렵사리 완성한 소장을 서울지방법원 서부지원에 제출했다. 떨려서 며칠 동안 잠도 못 잤다. 소장이 법적요건은 갖췄는지, 판사는 읽어보기나 할지, 변호사나 공인연구기관 참여 없이도 인정될지 고민의 밤이 계속됐다.

일주일 정도 지났을 때 등기우편이 배달됐다. '출두명령서'였다. 나와 아파트 건축소장, 양측에게 송달됐다. 출두명령서를 받고 보니 잘은 몰라도 소장 내용과 사진이 효력을 발휘한 것 같았다. 한시름 놓았으나 그 이후가 더 걱정이었다. 상대가 변호인을 대동하여 싸우자고 한다면 어떻게 해야 할지 불안했다.

그런데 생각지도 못했던 일이 벌어졌다. 출두명령서가 배달된 다음날 오전에 아파트 건축소장이 헐레벌떡 집으로 찾아왔다. 거실이며 방을 살펴보더니 '소장 요구대로 배상할 테니 취하해달라'고 사정했다. 속으로 쾌재를 불렀다. 옆에 있던 아내가 은근히 존경스런 눈길로 나를 쳐다봤다. 배상한다는 마음이 바뀔까 싶어 단박에 오케이하고 싶었지만, 잠깐동안 많은 생각을 했다. 사실 배상받는다 한들 집 공사를 전부 하기엔 부족했고, 그 방면엔 문외한

거짓말하지 않고 회사를 구하는 방법

이었다. 일단 건축소장에게 커피를 한 잔 대접하면서 속내를 털어놨다.

"소송을 제기한 것은 돈이 목적이 아닙니다."

"예? 배상금을 받기 위해 소장을 내셨잖아요?"

"젖먹이 애도 있고, 햇빛이 들지 않아 어두워진 내부환경을 바꾸는 것이 목적입니다."

아파트 건축을 방해하려는 생각은 없으며, 침해되는 문제점만 개선되면 배상금은 필요도 없다는 바람을 전했다.

"소장님께 개인적으로 찾아가 문제를 제기했다면 대화가 힘들거라는 생각에 법의 힘을 빌렸습니다."

적이 된 상황에서도 진심은 통한다

집 공사를 누군가에게 맡겨야 하는데, 그럴 바에는 '그쪽 아파트 공사를 하다가 짬 날 때 우리집 공사를 해준다면 비용도 줄이고 여러 모로 편하지 않느냐'고 말했다. 어차피 아파트 건축을 위해 대량으로 자재를 구입했을 것이니 작은 빌라 벽면 공사 추가 정도야 자재비, 인건비 합해도 배상금보다 훨씬 적지 않겠냐는 생각이었다.

건축소장은 그 자리에서 흔쾌히 받아들였고 소송은 다음날 취하됐다. 우리집 구조변경 공사도 말끔하게 진행됐다. 거실 반대쪽인 서쪽 벽을 뚫고, 'ㄴ' 형태의 부엌을 'ㅣㅣ' 모양으로 바꿨다. 모든 것을 새 자재로 설치했다. 대리석 아일랜드 식탁이며 수납장 몇 개까지 더 만들어줬다. 덕분에 빌라에서 앞뒤로 베란다가 있는 유일한 집이 되었고 집값도 올랐다. 또, 뜯어낸 기존의 주방가구들은 모두 동생네로 보냈다. 김해에서 오래된 아파트에 살고있던 동생네도 주방 전체를 바꾸면서 집값이 올라간 것도 추가적인 이득이었다.

살면서 뜻하지 않게 송사에 휘말리는 일이 생긴다. **송사란 게 대부분 커뮤니케이션이 한계에 다다랐기에 법적 판단에 기대는 것이다.** 잘 모르고 고생도 덜기 위해 전문가에게 맡기게 된다. 궁하면 통한다고, 최선을 다하다보니 얻은 것이 많았다. 당시 판사가 자료를 얼마나 봤는지 모르지만 법에도 커뮤니케이션을 위한 최소한의 눈과 귀는 있다고 믿게 됐다. 건축을 일부러 방해하고 상대 심기를 건드려 불편한 관계를 초래하는 것이 아니라 서로 원원하는 방법으로 진심을 전달하면 적이 된 상황에서도 통할 것은 통한다는 소중한 경험을 얻었다.

거짓말하지 않고 회사를 구하는 방법

대검 60 : 법원 50 : 회사 0

판검사도 아니면서 대검찰청과 법원을 밥 먹듯이 드나들었는가 하면, 회사원이라면 누구나 자주 가는 회사 구내식당은 일년 동안 한번도 이용하지 못하던 때가 있었다. 송사에 얽히기를 바라는 사람이 누가 있을까만, 커뮤니케이터는 회사와 관련된 경우라면 법원, 검찰청 아니라 더한 곳에도 간다. 밖에서 맛있는 것 먹고 다닌다고 생각하겠지만 점심 한끼를 위해 한 시간씩 걸리는 거리를 이동하고 민감한 사안과 까칠한 사람을 대하는 것은 유쾌한 일이 아니다.

매일 매일 비슷하면서도 조금씩 다르게

맨주먹으로 기업을 일구고, 승승장구하다가 국내 3대 그룹의 총수가 되었지만, IMF 즈음에 그룹은 완전히 흩어지고, 7년 반 동안 해외를 떠돌아다닌 이가 있었다. 귀국과 함께 바로 검찰조사가 시작됐다. 그것도 대검찰청에서. 모든 언론은 서슬이 퍼런 기사를 쏟아냈다. 추징금이 23조나 되었는데, 마치 대한민국이 입은 경제손실 전체가 그 사람으로 인한 것인 양, 하루도 잠잠할 날이 없었다.

매일 아침 출근하면 전 매체 기사를 꼼꼼하게 체크해야 했다. 날카로운 기사는 빼고 웬만한 것들만 골라서 추렸다. A4지에 가지런히 붙여서 자료집을 만들었다. 기사가 많은 날은 가려뽑아 만든 자료집만 해도 A4지로 40~50페이지였다. 매일 바뀌는 여론의 온도 차를 세밀히 파악하는 것이 업무의 시작이었다.

이 작업만으로도 오전이 거의 가버린다. 온라인기사도 보고 다른 자료도 정리한 뒤 점심식사를 한다. 잠깐 쉬었다가 2시에 서초동으로 향했다. 3시쯤 대검찰청에 도착했다. 매일 대검기자실을 방문하는 일도 처음엔 간단한 의도로 시작됐다. '출출할 때 간식거리 좀 사가면 좋겠지?'라는 사부님의 의견이었다. '호랑이 굴로 직접 들어가자'는 생각인 셈이었다.

몇 번은 치킨과 음료수, 가끔은 케이크 같은 간식을 들고갔다. 첨엔 기자들과 안면도 없었고, 기자실에 들어갈 명분도 없었기에 간식거리라도 핑계 삼아야 부담이 덜했다. 오후 3시가 넘어 마감시간이 다가오면 바쁘지만 속은 출출할 때였다. 자리를 비울 수

거짓말하지 않고 회사를 구하는 방법

없는 그 시간에 간식과 음료수는 환영받을 수밖에 없었다.

기자들과 함께 먹었던 적은 없다. 기자실 가운데 테이블에 음식을 먹기 좋게 펼쳐놓고 음료수도 준비해두면, 마감한 기자들을 선두로 다들 달려들었다. 그때쯤 기자들과 인사를 나누고 밖으로 나왔다. 건물 바깥 담배 피는 곳에 있으면 기자들이 오게 되어 있었다. 한 경제지 기자가 입맛을 쩝쩝 다시면서 다가왔다.

"같이 드시지, 왜 밖에 나왔어요?"

말 걸어준 것만해도 고마웠다. 나란히 서서 담배를 물었다.

"고생하시는 분들 드리려고 사온 것입니다."

담배를 피우며 얘기를 나눴다. 기자들은 다들 내가 대우 직원이려니 생각하고 있었다. 대우 내부의 분위기, 앞으로의 방향이나 계획에 대해 질문들을 했다. 사실, 나는 대우에 근무한 적이 없었기에 아는 것이 없었다. 뭔가 비밀이 새어나가려 해도 나갈 수 없는 상황이었다.

이야기하던 기자가 들어간 뒤에 다른 기자가 나오면, 그렇게 또 담배와 함께 대화를 이어갔다. 다행스럽게도 질문 레퍼토리가 비슷했다. **처음 기자에게는 정리가 덜된 채로 답을 했지만, 반복되면서 내용에 제법 살이 붙고 다듬어져서 스토리가 갖춰졌다.**

대검 경비원에게 갑자기 불려간 사연

대검찰청은 일반인들은 갈 일이 거의 없다. 소송을 하더라도 법원청사나 서울지검 같은 곳은 들락거릴 일이 있지만 대검은 아니다. 대검에 갈 만한 사람이면 이미 보통 사람이 아니라고 봐야 한다. 대검은 방문자가 많지 않고 출입도 까다롭다. 정문에서 용건과 피방문자의 확인 절차가 있어야 들여보낸다. 처음에 몇 번은 정문 통과가 영 부담이었다. 기자에게 전화로 부탁해서 들어갈 수밖에 없었다. 경찰과 비슷한 남색 정복을 차려입은 경비에게 꼬치꼬치 질문을 받게 되면 나도 모르게 쭈뼛거리곤 했다.

그런데 그리 길지 않았다. 일주일이 조금 더 지나자 경비들이 얼굴을 알아봤고 그뒤로는 용건을 확인하지 않았다. 약간의 연출은 있었다. 뭐랄 사람도 없었지만, 삼복더위에도 항상 넥타이까지 제대로 갖춘 정장을 했다. 서초역에서 대검까지 뙤약볕에 걸어가면 제대로 땀 투성이가 된다. 그 모습을 냉정하게 대하기는 어렵다. 경비들에게도 먹혔고, 기자들에게도 효과가 그만이었다.

"어느 분을 모시는지 모르지만, 참 그분 복도 많다. 이 더위에 매일 이렇게 고생해주는 사람이 있으니!"

"오늘은 너무 덥네요. 어서 들어가세요."

"날 더운데, 사무실에서 선풍기에 땀이라도 좀 식히고 가세요."

깐깐하던 경비들이 오히려 먼저 인사하고 생각해주는 말을 했다. 심지어 이런 일도 있었다. 대검 정문을 통과하면서 낯익은 경비원에게 인사를 하고 언덕길을 걸어 올라가려는데, 나를 불러세웠다.

"거기 잠깐만요."

"예? 저요? 무슨 일이신가요?"

거짓말하지 않고 회사를 구하는 방법

조금 익숙해졌다지만 법, 검찰, 대검, 경비, 이런 단어들은 친숙해질 수 없는 낯선 것들이었기에, 덜컥 겁이 났다.

"잠깐 같이 갑시다."

내색은 하지 않았지만 무슨 일일지 종잡을 수가 없었다. 정복 입은 경비원이 앞장서서 걸어갔다. 불안해 하면서도 뭔가 물어볼 용기조차 내지 못했다. 한참 뒤따라 갔더니, 기자실이 있는 별관 건물 2층 구내식당으로 쑥 들어갔다. 그러고는 어서 오라고 손짓했다.

조사실이나 사무실이 아니라서 안도감이 들었지만 무슨 영문인지 알 수 없었다. 그는 아이스크림 냉동고 문을 활짝 열고 고르라고 권했다. 순간 적잖이 당황스러웠다. 간식거리를 들고올 때 여분의 음료수를 경비원 분들에게 드린 적은 있지만, 대접받을 것이라곤 상상도 못했다. 당시 유행하던 녹색 아이스크림을 골랐다.

"에이, 좀 더 비싸고 맛있는 걸로 고르세요."

"이거면 됐습니다. 너무 감사합니다만 계산은 제가 하겠습니다."

"무슨 말씀이세요? 어느 분 때문에 매일 오시는지 모르지만, 이 더위에 고생하는 걸 보니 아이스크림이라도 한번 대접해 드리고 싶었어요. 마침 지금 교대시간이라. 하하."

그 말을 듣는 순간 감사하다는 생각뿐이었다. 식당에 앉아 이런 저런 얘기를 나눴다. 누구 때문에 무슨 연유로 매일 들락거리는지는 묻지도 않았고, 서로 말도 꺼내지 않았다. '날 더운데 뙤약볕에서 정복 차림으로 장시간 서있으면 힘드시겠다'고 건넸고, '교대로 근무를 하니 걱정할 만큼 힘들지는 않다. 오히려 매일 방문하는 게 더 힘들겠다'는 대화가 오갔다.

나 말고 대검 경비원에게 아이스크림을 얻어먹어 본 사람이 또 있을까? 매사에 정성을 다하면 그에 감동하는 사람이 생긴다. **정성이야말로 진정한 커뮤니케이터의 자세라는 다짐을 새겼다.**

힘들 때의 관계, 커뮤니케이션의 든든한 밑천이 된다

출입이 반복될수록 기자들과도 친해졌다. 처음에 담배만 피우기 멋적어서 날씨 얘기나 주고받던 대화는 어느새 고민거리나 개인사까지 이어졌고, 대검 수사 진행상황을 포함해 내부 이야기도 주고받는 관계로 발전했다. 내가 주워들은 작은 얘깃거리에도 귀를 기울여주곤 했다.

지금 생각해도 흐뭇한 기사는 '회장님과 김치'다. 사실 대우그룹 기업내부 사안은 겪어본 적도 들어본 적도 없었기에 얘기할 수도 없었다. 그럼에도 날 선 여론을 돌릴 수 있다면 하는 생각이 간절했다. 그러다 우연히 점심식사로 김치찌개를 맛있게 드셨다는 얘기를 들었다. 들었던 내용 전부가 '회장님'과 '김치'밖에 없었다. 그룹 총수였지만 엄연히 한국사람이었고, 정처 없이 해외를 떠돈 뒤 검찰 조사실에서도 원했던 것이 김치였다면 스토리 감으로는 충분했다. 기자실 앞에서 담배를 피면서 얘기 끝에 회장님과 김치 얘기를 슬쩍 꺼냈다.

거짓말하지 않고 회사를 구하는 방법

"회장님께서 해외생활이 많이 힘드셨던 거 같아요. 김치찌개를 맛있게 드셨다고 합니다. 장 수술 때문에 해외에서 고생이 많았는데, 그런 와중에도 김치 생각이 간절했던 것 같습니다."

회장님이 해외에서 어렵사리 병원 치료를 받았던 얘기, 고생한 얘기는 이미 기사에 나왔던 소재였다. 거기에 김치 얘기를 살짝 더하니 그럴싸한 스토리 하나가 금세 완성됐다. 그날 오후 몇몇 기자들과 김치 얘기를 나눴다.

한 이틀 뒤부터 칼럼이 쏟아져나오기 시작했다. 내가 느꼈던 감정을 기자들도 똑같이 느꼈던 것이라 생각된다. 여론의 날카로운 각은 그렇게 조금씩 부드러워지고 있었다. **거기서 인연을 맺었던 기자들과는 일년에 한두 번은 연락하고 얼굴도 보면서 지냈다.**

석 달 가까이 거의 매일 대검 기자실을 방문했다. 기자실에 있던 대부분과 술자리까지는 아니어도 식사 한두 차례씩은 가졌던 것 같다. '발품 팔고 직접 대면하는 관계가 진짜 관계'라는 생각이 굳어진 계기다. 세녹스 재판 때도 법정에 족히 50번은 갔었다. 그렇게 알게 된 기자들은 나중에 다른 부서로 발령이 나고 승진들도 했다. 그들과의 관계가 커뮤니케이션의 든든한 밑천이었다.

여론, 개를 훔치는 완벽한 방법

'기사만 쓰지 않으면 기자만큼 좋은 직업도 없다'는 우스갯소리가 있다. 답답한 사무실에 얽매여있을 필요도 없고 다양한 분야의 사람을 만나 보고 듣고 경험할 수 있다. 기자라는 타이틀 하나만으로도 언론이라는 코끼리 등에 올라타고 있는 그들을 올려다보게 만든다. **기자의 가장 강력한 무기는 '쓰는 것'이다.** 기사에서 힘이 나온다. 그들이 무엇을 물어보든지 대답하는 이는 부담과 책임을 느낄 수밖에 없다.

독자가 알아야 하는 것이 무엇인지는 쓰는 사람의 관심에 달려 있다. 같은 사안이라도 언론 매체들마다 기사의 무게 중심이 다르다. 질문을 받는 입장에서는 왜 그런 것을 묻는지 난처해하지만 기자는 무엇을 쓰지 않겠다는 말을 하는 법이 없다. 그래서 카메라를 끄거나 수첩을 덮고 난 뒤에 오히려 더 많은 특종이 나온다.

그들이 무엇을 쓸지 알 수 없다는 사실이 결국 언론의 힘이다. 또 기자들은 무엇을 써달라고 하는 것보다 무엇을 쓰지 말라고 하는 요구에 더 큰 분노를 느낀다.

기자를 논리로 꺾어 이기려는 마음이 화를 부른다

기업 커뮤니케이션 일이 항상 까칠하고 건조한 취재와 응대만 있는 것은 아니다. 동시대를 살면서 부대끼고 겪는 애환을 직간접적으로 공유한다. 자연스럽게 공감대가 형성된다. 소속과 입장은 달라도 마치 한솥밥을 먹는 사이처럼 끈끈하게 발전한다. 그 단계까지 가기가 만만치 않을 뿐이다. 처음에는 사람보다 일이나 이슈를 앞세울 수밖에 없다. 그러다보니 까칠하게 접근하게 되고 그들을 논리로 꺾겠다는 생각을 가지기 쉽다.

커뮤니케이션 업무를 시작하고 몇 년 동안은 이런 생각 속에 빠져 있었다. 물론 꺾겠다는 생각이 아니라 **취재하는 그들의 불완전한 논리를 나의 완벽한 논리로 막아내고 싶은 마음이었다.** 어렵사리 사업 준비를 해왔고, 숱한 난관을 극복하며 진행해온 과정에 대해 인정받고 싶었다. 법원, 국회, 정부부처 앞에서도 굽히지 않았던 자존심이었기에 언론 앞에서도 당당하고 싶었다. '**왜 우리만 문제라고 말하느냐**'는 입장이었다. 지금 생각해보면 딱딱하게 논리부터 앞세우지 말고 좀 더 진솔하게 공감을 얻었더라면 어땠을까 싶다. 물론 대세가 뒤집어지지는 않았을 테지만 말이다.

세녹스가 사회적으로 이슈가 되던 어느 날, 한 방송사의 카메라맨과 기자가 들이닥쳤다. 힘 있는 쪽에서 많은 제보를 했다는 얘기도 듣던 터였다. 그 방송사뿐만 아니라 다른 데서도 연락이 많았지만, 대세가 불리해지던 그때는 접촉 자체가 부담이었다. 카메라를 앞세운 기자는 기세가 등등했다. 일단 임원 사무실로 안내했고 자리에 앉자마자 깐깐한 물음이 쏟아졌다.

한 시간 동안 임원과 함께 차를 마시면서 얘기를 나눴다. 처음에 궁지로 몰던 질문 공세가 차츰 누그러졌다. 각종 자료집도 보여주고 그간의 과정에 대한 이야기를 이어나갔다. 한참 듣던 기자가 어느 순간 고개를 숙이고 한마디를 쏟아냈다. 반전이었다.

"듣고 있자니 눈물 날 거 같네요."

'이런 일도 있구나.' 그간 사람들을 만나면서 숱하게 했던 얘기였는데 그런 반응은 처음이었다. 처음엔 잡아먹을 듯한 기세로 왔는데 감동이라니 의외였다. 무슨 얘기에 어디서부터 그런 감정을 느끼게 됐는지 확실하지 않았지만 다행이라는 안도감을 넘어 뿌듯한 보람이 느껴졌다. '이런 이야기에 누군가 감동받을 수 있구나.'

"들었던 것과 다르네요. 할 수 있는 건 다 하고 절차도 밟아왔는데, 이런 상황이라니 좌시하지 않겠습니다."

그날 밤 균형감을 제대로 갖춘 뉴스가 방송을 탔던 것은 당연했다. 회사 입장이 많이 반영되고 긍정적인 측면을 부각시켜 준 것은 큰 수확이었다. 더구나 프라임 시간대였다. 힘 없는 기업 입장에서는 한 줄기 빛과 같았다.

거짓말하지 않고 회사를 구하는 방법

열린 관계는 상승작용을 동반한다

한참 뒤에 또 다른 기자의 눈에 눈물이 고이게 한 일이 있었다. 회사가 힘들어져 홍보대행사 일을 하며 투잡을 뛰었을 때였다. 담당 클라이언트 신제품을 들고 유통담당 기자들을 만나고 다녔다. 점심 때 만난 사람은 모 일간지 차장직급의 여성 기자였는데, 업계에 소문이 자자했다. 자료가 조금 허술하면 기업 담당을 야단치기도 하고 사소한 것까지 지적하는 스타일이라 부담스럽기도 하고 두려움의 대상이기도 했다.

나도 이미 된 경험을 했기에 제대로 눈을 쳐다보기도 어려웠다. 신제품 관련 자료를 메일로 보냈는데, 그냥 기다릴 수가 없어 자료를 챙겨서 나섰다가 낯을 붉힌 일이 있었다. 무작정 신문사로 찾아갔다가 붐비는 편집국 한 가운데서 선 채로 인사만 하고 자료를 내밀었는데, 엄청난 면박을 받았다. '종이 아깝게 출력은 왜 하냐'는 것이었다. 들고 갔던 자료는 주지도 못하고 돌아나오는 내내 뒤통수가 뜨끈뜨끈했다. 하지만 다음날 1단짜리 신제품 소개 기사가 신문에 실려 있었다.

어렵게 식사 자리에서 만나긴 했으나, 눈치 봐가며 얘기할 수밖에 없었다. 말이 난 김에 개인적으로 소송했던 것이며 덕분에 갓난 애기랑 여관에서 일주일간 고생했던 얘기까지 한 시간이 넘게 대화를 나눴다. 그런데 어느 순간 기자의 눈에 눈물이 가득 고인 것이 보였다.

"웬만하면 눈물 안 흘리는데, 오늘은 어찌된 일인지…."

눈가를 훔쳐내는 모습에 당황스러웠다. 알고보니 워킹맘이었다. 그래서 동요가 일어난 모양이었다. 그뒤로는 전체 업계가 무서워하는 그 기자도 내게는 부담이 없었다. 언제 어디서 만나든 살갑게 대했다. 몇 년 뒤 부장으로 승진했다는 소식을 들었다. 일간지 매체의 여성 부장, 상상보다 더 어려운 일이라는 것을 잘 안다.

커뮤니케이션 업무에서 절대 놓치지 않는 것이 있다. **일에만 매몰되지 말고 사람에게 관심을 가지는 일이다.** 먼저 마음을 열고 대하면 상대도 문을 연다. 어떤 사람은 시간이 걸리기도 하는데, 결국에는 열린다. 열린 관계는 상승 작용을 동반한다. 그렇게 관계가 지속되면 성과로 이어진다. 단, 순서가 바뀌지는 않는다.

마음을 얻는 일, 커뮤니케이션

우연(偶然)이 이어지면 인연(因緣)이 되고, 인연이 이어지면 필연(必然)이 되지만, 우연도 인연도 필연도 끊어지면 악연(惡緣)이 된다는 글을 어디선가 본 적이 있다. 종교와 상관 없이, 오늘 한번 커뮤니케이션하고 말 것이 아니라, 긴 세월을 두고 인연을 소중하게 간직하며 나와 조직의 발전을 도모해나가야 하기에 수고로움도 마다하지 않는다. **함께 가야 멀리 갈 수 있다.**

때로는 진심으로 외치는데도 공허한 메아리가 오거나 받아들여지지 않는 경우도 있다. 하지만 다음이나 그 다음 번에는 바뀐다. 결국에는 사람이다. 사람과 부대끼며 맺어진 관계가 쌓여 뉴스

거짓말하지 않고 회사를 구하는 방법

가 되고 여론이 된다. 사람의 마음을 얻어야 여론을 내 편으로 만들 수 있다. 사람마다 방식은 다 다르다. 그래서 어렵다. **여론을 완벽하게 훔치는 법은 사람을 얻는 일에 달려있다.** 정답(正答)은 없지만 해답(解答)은 있다.

거짓말하지 않고 회사를 살리는 방법
(살얼음판을 걷는 기업들을 위한 커뮤니케이션)

초판 1쇄 발행 2018년 4월 15일

지은이 구동진
펴낸곳 리마커블
펴낸이 김일희

주문처 신한전문서적
전화 031-919-9851
팩시밀리 031-919-9852

리마커블은 ㈜퍼플카우콘텐츠그룹의 단행본 출판 브랜드입니다.

출판신고 2008년 03월 04일 제2008-000021호
주소 서울특별시 영등포구 도림로 464, 1-1201 (우)07296
대표전화 070-4202-9369
팩시밀리 02-6442-9369
이메일 4best2go@gmail.com

ISBN 978-89-97838-96-7 (03320)

책값은 뒤표지에 있습니다.
잘못된 책은 구입한 곳에서 바꾸어 드립니다.

잊을 수 없는 책, 리마커블! Remarkab!e